Dirk Kamm

Thailand auf dem Weg zum Industriestaat?
Probleme und Perspektiven des Strukturwandels der thailändischen
Wirtschaft in den achtziger Jahren

MITTEILUNGEN
DES INSTITUTS FÜR ASIENKUNDE
HAMBURG

---------- Nummer 206 ----------

**Dirk Kamm**

# Thailand auf dem Weg zum Industriestaat?

Probleme und Perspektiven
des Strukturwandels der thailändischen Wirtschaft
in den achtziger Jahren

Hamburg 1992

Redaktion der Mitteilungsreihe des Instituts für Asienkunde:
Dr. Brunhild Staiger


Gesamtherstellung: Druckerei Bernhardt & Plaut, Hamburg
Textgestaltung: Dörthe Riedel


ISBN 3-88910-101-1
Copyright Institut für Asienkunde
Hamburg 1992

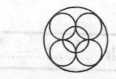

VERBUND STIFTUNG
DEUTSCHES ÜBERSEE-INSTITUT

Das Institut für Asienkunde bildet mit anderen, überwiegend regional ausgerichteten Forschungsinstituten den Verbund der Stiftung Deutsches Übersee-Institut.

Dem Institut für Asienkunde ist die Aufgabe gestellt, die gegenwartsbezogene Asienforschung zu fördern. Es ist dabei bemüht, in seinen Publikationen verschiedene Meinungen zu Wort kommen zu lassen, die jedoch grundsätzlich die Auffassung des jeweiligen Autors und nicht unbedingt des Instituts für Asienkunde darstellen.

# Inhaltsverzeichnis

Schaubilderverzeichnis 7

Tabellenverzeichnis 7

Abkürzungsverzeichnis 8

Hinweise zur Schreibweise 10
Allgemeine Informationen zu Thailand 10
Wechselkurse (Ende Juni 1990) 10

Vorbemerkungen zur Definition des Begriffs "NIC" 11

I Einführung 15

II Zum Stand von Theorieansätzen zur wirtschaftlichen
 Entwicklung in der Dritten Welt 22

III Die wirtschaftliche Entwicklung Thailands von 1950-1980:
 Ein Kurzrückblick 33

IV Die strukturellen Rahmenbedingungen in Thailand 39
   1 Natürliche Ressourcen 39
   2 Die Wirtschaftsstruktur 41
      2.1 Agrarsektor 41
      2.2 Industriesektor 47
      2.3 Dienstleistungssektor 52
   3 Die Infrastruktur 57

V Nationale Entwicklungsplanung, wirtschaftspolitische
 Entscheidungsprozesse und die Rolle des Staates in Thailand 61
   1 Der Planungsprozeß 61
      1.1 Die Entwicklungspläne 1961-1981 62
      1.2 Der Fünfte Entwicklungsplan (1982-1986) 65
      1.3 Der Sechste Entwicklungsplan (1986-1991) 68
      1.4 Ausblick auf den Siebten Entwicklungsplan (1992-1996) 71
   2 Rolle und Einfluß von Regierungsbehörden auf den
 Planungsprozeß 72
   3 Gesellschaftliche und politische Entwicklungen 76

# Inhaltsverzeichnis

| | | | |
|---|---|---|---|
| VI | Interne und externe Faktoren der thailändischen Wirtschaftsentwicklung in den achtziger Jahren | | 83 |
| | 1 | Politik der Strukturanpassung und des Wirtschaftswachstums | 83 |
| | | 1.1 Perspektiven der landwirtschaftlichen Entwicklung | 83 |
| | | 2.2 Industriepolitik und Entwicklung | 88 |
| | | 1.3 Soziale Probleme des Wirtschaftswachstums | 98 |
| | | 1.4 Finanzierung des Wachstums | 111 |
| | 2 | Internationale Aspekte der Wirtschaftsentwicklung | 114 |
| | | 2.1 Außenwirtschaftsbeziehungen | 115 |
| | |     2.1.1 Fallbeispiel ASEAN und Indochina | 122 |
| | | 2.2 Ausländische Direktinvestitionen | 131 |
| | | 2.3 Bilaterale und multilaterale entwicklungspolitische Zusammenarbeit | 137 |
| | |     2.3.1 Fallbeispiel Bundesrepublik Deutschland | 139 |
| VII | Schlußbetrachtung und Ausblick auf die neunziger Jahre | | 142 |

**Anmerkungen**

| | |
|---|---|
| zu Kapitel I | 147 |
| zu Kapitel II | 147 |
| zu Kapitel III | 149 |
| zu Kapitel IV | 151 |
| zu Kapitel V | 155 |
| zu Kapitel VI | 157 |

**Summary in English**     167

**Literaturverzeichnis**     173

# Schaubilderverzeichnis

| | | |
|---|---|---|
| Schaubild 1: | Thailand (Städte und Regionen) | 14 |
| Schaubild 2: | Landlosigkeit in Thailand | 87 |
| Schaubild 3: | Skizze des Eastern Seaboard Development Programme | 94 |

# Tabellenverzeichnis

| | | |
|---|---|---|
| Tabelle 1: | Anteil der verschiedenen Sektoren am BIP zu den jeweiligen Preisen und der Erwerbstätigen | 35 |
| Tabelle 2: | Entwicklung der Zahlungsbilanz und der Devisenreserven | 36 |
| Tabelle 3: | Die wichtigsten Exportgüter von 1950-1980 | 37 |
| Tabelle 4: | Produktion von Mineralien | 39 |
| Tabelle 5: | Deckung des Primärenergieverbrauchs 1980 und 1990 | 41 |
| Tabelle 6: | Produktion der wichtigsten landwirtschaftlichen Erzeugnisse | 42 |
| Tabelle 7: | Anbaustruktur | 44 |
| Tabelle 8: | Holzproduktion | 44 |
| Tabelle 9: | Weltproduktion von Krabben und Garnelen 1988 | 46 |
| Tabelle 10: | Produktion des verarbeitenden Gewerbes nach Sektoren | 47 |
| Tabelle 11: | Anzahl von Firmen des verarbeitenden Gewerbes nach Regionen | 48 |
| Tabelle 12: | Wachstumsraten des Bausektors | 51 |
| Tabelle 13: | Tourismus in Thailand | 53 |
| Tabelle 14: | Börse von Thailand | 56 |
| Tabelle 15: | Produktion, Verbrauch und Importe von kommerzieller Energie | 59 |
| Tabelle 16: | Verbreitung von Armut nach Regionen | 100 |
| Tabelle 17: | Zusammensetzung der Einkommensverteilung der Bevölkerung am BSP in Gruppen | 101 |
| Tabelle 18: | Arbeitslosigkeit nach Bildungsgrad: 1987-1988 | 102 |
| Tabelle 19: | Bruttoinlandsprodukt nach Regionen | 105 |
| Tabelle 20: | Stadt-Land Migrationsbewegungen - 1965-1970 und 1975-1980 | 106 |
| Tabelle 21: | Staatshaushalt | 112 |
| Tabelle 22: | Ausfuhr nach Warengruppen | 116 |
| Tabelle 23: | Einfuhr nach Warengruppen | 119 |
| Tabelle 24: | Außenhandel nach Ländern | 120 |
| Tabelle 25: | Ausländische Direktinvestitionen ausgewählter Länder in Thailand | 133 |
| Tabelle 26: | Verteilung der ausländischen Direktinvetitionen nach Sektoren | 135 |

# Abkürzungsverzeichnis

| | |
|---|---|
| ADB | Asian Development Bank |
| AIT | Asian Institute of Technology |
| ASEAN | Association of Southeast Asian Nations |
| BOB | Bureau of the Budget |
| BIP | Bruttoinlandprodukt |
| BMA | Bangkok Metropolitan Area |
| BOI | Board of Investment |
| BSP | Bruttosozialprodukt |
| CPI | Consumer Price Index |
| DAE | Dynamic Asian Economies |
| EC | European Community |
| ECGC | Export Credit Guarantee Corporation |
| EEF | Exchange Equalization Fund |
| EG | Europäische Gemeinschaft |
| EIA | Environmental Impact Assessment |
| EL | Entwicklungsländer |
| EOI | Export Oriented Industrialization |
| EPZ | Export Processing Zone |
| ESCAP | Economic and Social Commission for Asia and the Pacific |
| ESDC | Eastern Seabord Development Committee |
| ESB | Eastern Seaboard |
| ESDP | Eastern Seaboard Development Programme |
| FDI | Foreign Direct Investment |
| FEER | *Far Eastern Economic Review* |
| FPO | The Fiscal Policy Office |
| FTI | Federation of Thai Industry |
| F&E | Forschung und Entwicklung |
| GATT | General Agreement on Tariffs and Trade |
| GDP | Gross Domestic Product |
| GNP | Gross National Product |
| GSP | Generalized System of Preferences |
| GTZ | Gesellschaft für technische Zusammenarbeit |
| ha | Hektar, Hectare |
| IBRD | International Bank for Reconstruction and Development |
| IMF | International Monetary Fund |
| IL | Industrieländer |
| ISI | Import Substitution Industrialization |
| IWF | Internationaler Währungsfonds |
| MOF | Ministry of Finance |
| MOI | Ministry of Industry |

## Abkürzungsverzeichnis

| | |
|---|---|
| NAIC | Newly Agro-Industrializing Country |
| NAISE | Newly Agro-Industrializing and Service Oriented Economy |
| NEB | National Environment Board |
| NESDB | National Economic and Social Development Board |
| NIC | Newly Industrializing Country |
| NIE | Newly Industrializing Economy |
| OECD | Organization for Economic Cooperation and Development |
| ONEB | Office of the National Environment Board |
| RCDP | Regional Cities Development Program |
| R & D | Research and Development |
| RTG | Royal Thai Government |
| SME | Small- and Medium-Scale Enterprises |
| SL | Schwellenländer |
| TDRI | Thai Development Research Institute |
| TNC | Transnational Corporation |
| UN | United Nations |
| UNDP | United Nations Development Programme |
| UNIDO | United Nations Industrial Development Programme |
| US | United States |
| USAID | United States Agency for International Development |
| VN | Vereinte Nationen |
| WB | World Bank |

Allgemeines

## Hinweise zur Schreibweise

Die thailändische Schrift besitzt ihren eigenen unverwechselbaren Charakter. Das thailändische Alphabet umfaßt 46 verschiedene Buchstaben und beinhaltet antike Formen der Sprachen Sanskrit, Pali, Mon und Khmer. Schwierigkeiten und zwangsläufige Ungenauigkeiten ergeben sich bei dem Versuch einer Übersetzung in das lateinische Alphabet mit seinen 26 Buchstaben. Trotz der Entwicklung eines offiziellen Systems durch das Royal Institute of Thailand - es zeigt auf, welcher thailändische Buchstabe mit dem westlichen Alphabet korrespondiert - gibt es praktisch keine festgelegten Regeln, d.h. bis heute ist es möglich, ein thailändisches Wort in divergenten Schriftformen in das lateinische Alphabet zu übertragen.

Die vorliegende Arbeit lehnt sich soweit wie möglich an die Vorgaben des Thailand Royal Institute an. Dies gilt jedoch nicht für die verwendeten Originalzitate, bei denen der Verfasser die von den jeweiligen Autoren angewendeten deutschen oder englischen Umschriften beibehält. Abschließend möchte der Autor darauf verweisen, daß in Thailand die Vornamen von größerer Bedeutung sind als die Nachnamen. Alle Thai Namen sind daher vollständig aufgeführt und im Literaturverzeichnis unter ihren Vornamen eingeordnet.

## Allgemeine Informationen zu Thailand

| | |
|---|---|
| Fläche | 514.000 km$^2$ |
| Hauptstadt | Bangkok, 6 Mio. Einw. (1989, Schätzung) |
| Einwohner | 56 Mio. (1990) |
| Bevölkerungsdichte | 109 Einw./km$^2$ |
| Bevölkerungswachstum | 1,7% (1989, Schätzung) |
| Religion | Buddhismus 95% (Staatsreligion), Islam 4%, Hinduismus 0,4%, Christentum 0.3% |
| Quelle: | Bundesstelle für Außenhandelsinformationen, Bonn 1990. |

## Wechselkurse (Ende Juni 1990)

1 Baht (B) = 100 Satang
1 B = 0,065 DM
1 B = 0,039 US$
Quelle:   Bundesstelle für Außenhandelsinformationen, Bonn 1990.

## Vorbemerkungen zur Definition des Begriffs "NIC"

Der Begriff Newly Industrializing Countries und mehr noch das davon abgeleitete Kürzel NICs ist mittlerweile ein fester Begriff der internationalen sowie nationalen entwicklungs- und handelspolitischen Diskussion. Eine neuere Wortschöpfung bei dem Versuch einer Beschreibung jener Entwicklungsländer (EL), die insbesondere durch hohe Wirtschaftswachstumsraten als Aufsteiger in der Weltwirtschaft gelten, ist der Begriff der Newly Industrializing Economies (NIEs). Die Organization for Economic Cooperation and Development (OECD) spricht mittlerweile sogar regionalspezifisch von den Dynamic Asian Economies (DAEs) für den asiatischen Bereich.

Diese terminologische Vielfalt für die - im deutschen Sprachgebrauch - Schwellenländer (SL) gründet sich auf eine fehlende und von der wissenschaftlichen Diskussion bisher nicht geleistete allgemeingültige Definition, d.h. es bestehen keine festgelegten Abgrenzungskriterien. Trotzdem wurde eine Klassifizierung dieser EL notwendig, die mit ihrem Erfolg auf dem Weltmarkt zu Veränderungen im Weltwirtschaftssystem beitragen und sich durch einen im Vergleich zu anderen Ländern der Dritten Welt verhältnismäßig fortgeschrittenen Entwicklungsstand auszeichnen. Kennzeichnend für die Schwellenländer ist dabei jedoch, daß ihre gesellschaftliche und soziale Entwicklung mit dem wirtschaftlichen Aufstieg nicht Schritt gehalten hat.

Ähnlich verhält es sich bei der Zuordnung von Kriterien, die einem Entwicklungsland das Attribut eines NIC verleihen. Die Definitionen sind weltweit nicht einheitlich festgelegt und variieren daher teilweise beträchtlich. Untersuchungen bei internationalen Organisationen und nationalen Wirtschaftsverbänden haben ergeben, daß das wichtigste Kriterium für ein Schwellenland der Grad der weltwirtschaftlichen Verflechtung ist. Diese zeigt sich in Umfang und Zusammensetzung der Exporte. Weiterhin wird auch das Einkommen pro Kopf als wichtiger Indikator erachtet. Die OECD und der Internationale Währungsfonds (IWF) nehmen z.B. die Anteile an der Weltindustrieproduktion und am Weltfertigwarenexport als Maßstab für ihre Klassifizierung. Danach werden nur sechs Länder als Schwellenländer eingestuft: Südkorea, Taiwan, Hongkong, Singapur sowie Brasilien und Mexiko. Das Bundesministerium für Wirtschaftliche Zusammenarbeit (BMZ) kommt dagegen mit anderen Kriterien - einer Kombination von Pro-Kopf-Einkommen und wirtschaftlichen wie sozialen Faktoren - zu einer Auflistung von 25 bis 30 Schwellenländern, die jedoch zum großen Teil noch keinen deutlichen industriellen Aufschwung erreicht haben.

Die vorliegende Untersuchung betrachtet die Begriffe NIC, NIE und SL als inhaltlich identisch und somit untereinander substituierbar. Des weiteren orientiert sich die Analyse bei der Bestimmung von Kriterien, die einen NIC- Status begründen, an den Vorgaben der OECD und des IWF und übernimmt folgende häufig verwendete Indikatoren: ein Pro-Kopf-Einkommen, das 2.000 US$ im Jahr übersteigt, einen Anteil des produzierenden Gewerbes am Bruttoinlandsprodukt von mindestens 25% sowie die Voraussetzung, daß die industriellen Exporte mehr als die Hälfte des gesamten Exportvolumens in dem betreffenden Land betragen.

**Für Andrea
more than ever**

**Schaubild 1:** Thailand (Städte und Regionen)

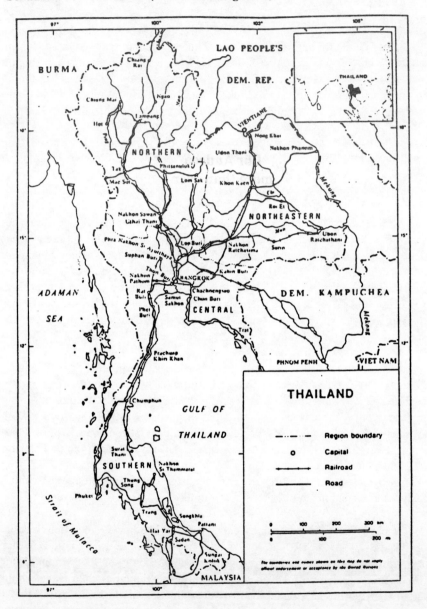

Quelle: UNDP, Development Co-operation Thailand, 1987 Report, Bangkok 1988.

# I Einführung

Die Wirtschaft des in Südostasien auf der indochinesischen Halbinsel gelegenen Königreichs Thailand befindet sich zur Zeit in einem spektakulären Boom. Thailand ist im Begriff, sich zum 'fünften Tiger' der asiatisch-pazifischen Region zu entwickeln. Bereits in den neunziger Jahren will man zu den sogenannten 'four tigers' Hongkong, Singapur, Südkorea und Taiwan aufschließen und ebenfalls den Status eines Newly Industrialized Country (NIC) erreicht haben.[1]

Während in den letzten Jahrzehnten besonders die wirtschaftliche Entwicklung der ostasiatischen Region die Aufmerksamkeit der Weltöffentlichkeit auf sich zog, verlief der wirtschaftliche Aufstieg Thailands bis vor kurzem ziemlich unbeobachtet. Wachstumsraten von 9% im Jahre 1987, 11% bzw. 10,4% in den Jahren 1988 und 1989 und voraussichtlich 9,2% für 1990 haben dies jedoch grundlegend geändert.[2] 1988 hatte Thailand mit einer Wachstumsrate von 10,9% erstmals die Aufnahme in die Reihe der Länder mit zweistelligem Wachstum gefunden. Dieses Ergebnis war auch deshalb bemerkenswert, da 1988 mit Ausnahme Singapurs alle anderen NICs ein geringeres Wachstum verzeichneten und das Gesamtwirtschaftswachstum sämtlicher Länder des asiatisch-pazifischen Raums nur 5,6% betrug. Das Jahr 1989 brachte Thailand schließlich endgültig an die Spitze der asiatischen Länder und machte es zu einem der wachstumsstärksten Länder der Welt.[3]

Angesichts des hohen Wirtschaftswachstums ist es wahrscheinlich, daß Thailand, ausgehend von den statistischen Werten, mittelfristig den Status einer Newly Industrialized Economy (NIE) erreichen wird. Die Wirtschaftsprognosen für die kommenden Jahre antizipieren eine weiterhin positive Entwicklung, wenn auch die Wachstumsraten niedriger sein dürften als in den Jahren 1988/89. Für Thailand selbst kam die Entwicklung so unerwartet, daß sowohl die Bank of Thailand (BOT) als auch die staatliche Planungsbehörde, National Economic and Social Development Board (NESDB), ihre Prognosen des erwarteten Wirtschaftswachstums mehrfach nach oben revidieren mußten.

Die Ursachen für den wirtschaftlichen Erfolg Thailands sind vielschichtig. Hauptträger der wirtschaftlichen Dynamik ist die Außenwirtschaft, d.h. der Export von Industriegütern, der Tourismus sowie ausländische Investitionen. Der niedrige Außenwert des am US-Dollar orientierten thailändischen Baht erhöht dabei sowohl die internationale Wettbewerbsfähigkeit als auch die Attraktivität Thailands als Reiseziel. Ferner wurde die Entwicklung durch externe Faktoren wie die günstige Konjunktur in den Industrieländern und gestiegene Weltmarktpreise für wichtige thailändische Exportgüter begünstigt.

Zudem weist Thailand im Vergleich zu anderen Nachbarländern eine Reihe positiver Standortfaktoren auf. Produktionsstandorte in Japan und der Mehrzahl der vier asiatischen NICs sind mittlerweile sehr kapitalintensiv. Hieraus resultiert ein hoher Anstieg von Kapitalzuflüssen sowohl aus diesen als auch aus anderen Ländern in den im Gegensatz zu früher politisch und sozial relativ stabilen Investitionsstandort Thailand. Ausschlaggebend hierfür sind vor allem die komparativen Kostenvorteile, die Thailand zu bieten hat, wobei dem Verhältnis des Lohnniveaus zum Produktivitätsniveau eine besondere Bedeutung zukommt.[4] Auch ist die wirtschaftliche Zukunft Hongkongs aufgrund der Übernahme der britischen Kronkolonie durch die Volksrepublik China im Jahre 1997 unsicher geworden; und es wird vorausgesagt, daß insbesondere Thailand von der zu erwartenden Kapitalabwanderung profitieren wird.[5] Des weiteren erscheint das Königreich mit einer Bevölkerungszahl von ca. 55 Mio. Einwohnern auch unter dem Aspekt des Absatzmarktes für ausländische Investoren äußerst attraktiv.

Als Erklärung für diese allgemein günstigen makroökonomischen Entwicklungen lassen sich mehrere Faktoren aufzeigen. Beispielhaft wären zu nennen: ein sorgfältiges Wirtschaftsmanagement durch Regierung und Wirtschaftseliten, das im Kern auf einer konservativen fiskalischen und monetären Politik beruht; ferner eine wirtschaftliche Diversifizierung sowohl in der Branchenstruktur als auch im Außenhandel. Außerdem besitzt Thailand im Gegensatz zu anderen Dritte-Welt-Ländern eine trotz steigender Tendenz vergleichsweise konstant niedrige Inflationsrate.[6]

Im Vergleich zu anderen Entwicklungsländern gelten für Thailand weitere, für die Dritte Welt generell 'untypische' Charakteristika: Weder verfügt das Land über zu hohe Auslandsverbindlichkeiten noch fehlen die notwendigen finanziellen Mittel für eine weitere wirtschaftliche Entwicklung, zwei Umstände, die auf eine relative Entscheidungsfreiheit Thailands bei der Bestimmung seines zukünftigen Entwicklungsweges hindeuten.

Ebenfalls damit verbunden ist die innenpolitische Entwicklung Thailands. Die letzten zehn Jahre waren von einer Stabilität gekennzeichnet, die in der Vergangenheit selten erreicht wurde. Der *Economist* schrieb hierzu:

> Undoubtedly the single most important factor in Thailand's recent economic progress has been the stable political background that has given the investors and traders confidence. Between 1932 ... and 1980 ..., Thailand had nine successful coups, a vague number of unsuccessful ones, and 13 constitutions. Since 1980 it has had the same constitution and only two unsuccessful coups, both of them significantly different from their predecessors.[7]

Auch die internationalen Entwicklungen scheinen Thailand zu begünstigen. Die weltweiten politischen und ökonomischen Veränderungen der letzten Jahre - wie die Auflösung der internationalen Blockkonfrontation und daraus resultierende neue Qualitäten der weltpolitischen und weltwirtschaftlichen Zusammenhänge - wirken sich auch auf die politische und wirtschaftliche Situation Südostasiens aus. Eine neue Form politischer Stabilität zeichnet sich für die Region ab. Die vielzitierte Dominotheorie, wonach ganz Südostasien einschließlich Thailand dem Kommunismus anheimfällt, ist mittlerweile kein Thema mehr. Der Rückzug sowjetischer Truppen aus Afghanistan, eine sich abzeichnende Lösung des langwährenden Kambodscha-Konflikts und die schrittweisen Reformen in Vietnam bieten heute die Chance zur Verbesserung nicht nur der politischen Kontakte, sondern auch der regionalen Handelsbeziehungen.

Diese Entwicklung ist u.a. aufgrund der geographischen Lage für Thailands Wirtschaft von besonderer Bedeutung und eröffnet eine Vielzahl von Möglichkeiten. Der ehemalige 'ASEAN-Frontstaat' besitzt die Voraussetzungen, zu einer regionalen Wirtschaftsmacht zu werden. Diese Möglichkeit begünstigte den stürmischen Wirtschaftsboom, der durch die Verlagerung von Fertigungsindustrien aus Japan, Taiwan, Hongkong und Südkorea zusätzlich gefördert wurde. Des weiteren bietet eine langfristige Öffnung Indochinas die Chance zur Bildung neuer, für die weitere Entwicklung wesentlicher Absatzmärkte und die Möglichkeit zu einer späteren Auslagerung von Produktionsstätten, ähnlich dem Beispiel der asiatischen NICs.[8]

Dennoch sind einige Probleme und Defizite in der thailändischen Wirtschaftsentwicklung unübersehbar. Die Strukturunterschiede zu den anderen asiatischen NICs sind trotz dieser vorteilhaften wirtschaftlichen Entwicklung weiterhin beträchtlich. Mit einem jährlichen Pro-Kopf-Einkommen von 1.177 US$ für 1989 liegt Thailand noch weit hinter den asiatischen NICs und selbst Malaysia.[9] Darüber hinaus bestehen wesentliche Unterschiede in der Ausgangssituation zwischen Thailand und den anderen NICs:

> Thailand ist keine Enklavenökonomie wie Hongkong oder Singapur, für die exportinduziertes Wachstum möglicherweise die einzige Option ist, um die wachsende Bevölkerung zu versorgen. Noch ist Thailand ein politisch und wirtschaftlich aufgepäppeltes Land wie Südkorea oder Taiwan, das als 'Schaufenster des Kapitalismus' über lange Zeit antikommunistisch motivierte Subventionen und Aufbauhilfen kassieren konnte.[10]

In jüngster Zeit mehren sich kritische Stimmen, die vor einer zu einseitig ausgerichteten wirtschaftlichen Entwicklung Thailands warnen und auf die möglichen negativen Auswirkungen des besonders rapiden Wirtschaftswachstums hinweisen, wenn nicht parallel dazu wichtige Maßnahmen vor allem in der Infrastruktur und dem sozialen Bereich vollzogen werden. Insbesondere Ökonomen diskutieren eingehend, ob ein schnelles Erreichen des NIC-Status für Thailand wirklich wünschenswert ist oder ob nicht auch andere, behutsamere Entwicklungsmöglichkeiten und -strategien denkbar wären. Thailand könne beispielsweise zunächst ein NAIC, ein Newly Agro-Industrializing Country werden, ein Status, der der Struktur der thailändischen Ökonomie mit knapp über 60% der Beschäftigten in der Landwirtschaft sicher näher käme und folglich auch schneller zu erreichen wäre. Auch wird vor den Problemen gewarnt, die eine exportorientierte Industrialisierung in sich birgt. In diesem Zusammenhang wird oft auch auf die Bedeutung des Verteilungsaspekts für die gesellschaftliche Entwicklung hingewiesen.

Eine Studie unter dem Titel "Die mittelfristigen Perspektiven und Herausforderungen für die thailändische Volkswirtschaft" für die Asiatische Entwicklungsbank (ADB) konstatiert, daß eine Exportförderung, die von vielen Seiten gegenwärtig als ein Mittel zur Entwicklung Thailands zu einem NIC angesehen wird, per se kaum ausreichen wird, um darauf wirtschaftliches Wachstum dauerhaft zu begründen.[11] Vielmehr "... sollte das mittelfristige Wirtschaftswachstum Thailands durch die Entwicklung interner Märkte und durch eine Intensivierung der ländlichen Entwicklung ebenso wie durch Förderung der Exporte beschleunigt werden."[12]

Die aktuellen Hauptprobleme der thailändischen Wirtschaft liegen gegenwärtig vor allem in Unzulänglichkeiten der Infrastruktur sowie der Konzentration wirtschaftlicher Aktivitäten auf die bereits überlastete Hauptstadt Bangkok und einem zunehmenden Mangel an technisch qualifizierten Facharbeitern.

Für die vorliegende Studie dient Thailand als Modell für eine Diskussion wirtschaftlicher und wirtschaftspolitischer Entwicklungsprobleme von Dritte-Welt-Ländern. Ganz besonders Thailand scheint aus Sicht des Autors für die zu führende Diskussion ein interessantes Beispiel zu sein, da das Königreich Thailand nach einigen Jahren kontinuierlichen Wirtschaftswachstums an der Schwelle zu einigen für die zukünftige Entwicklung des Landes elementaren Entscheidungen steht. Die auf breiter Ebene geführte Diskussion um Thailands zukünftige Entwicklung bietet gute Voraussetzungen für eine Analyse der tatsächlichen Entwicklungs- und Wirtschaftssituation Thailands. An der Diskussion über die sich bietenden Entwicklungsmöglichkeiten sind die unterschiedlichsten gesellschaftlichen Gruppen beteiligt. Ausgangspunkt der Diskussionen ist die Frage, ob Thailand ein NIC werden kann und auch soll, da die Verfolgung eines solchen Ziels weitreichende Strukturentscheidungen und eine Festlegung auf eine bestimmte Entwicklung mit sich bringen würde.

Einführung 19

Bevor nachfolgend in detailliertem Rahmen Gründe und Zielvorstellungen dieser Untersuchung aufgezeigt werden, sei bereits an dieser Stelle angemerkt, daß einige Punkte der bisher in die Thematik einführenden Darlegungen im weiteren Verlauf der Analyse erneut aufgegriffen und vertieft behandelt werden, sofern sie für die vorgegebene Problem- und Fragestellung relevant sind.

Thailand wurde zwar längst vom internationalen Fremdenverkehr und insbesondere auch vom deutschen Publikum als attraktives Touristenziel entdeckt, hingegen kaum als attraktiver Wirtschaftspartner und Investitionsschwerpunkt von deutschen Investoren. Dabei bietet Thailand auch als Handelspartner für die nichtasiatische Welt noch viele bisher ungenutzte Möglichkeiten. Bezeichnend dafür ist, daß es zwar eine Vielzahl von Reiseführern gibt, aber nur relativ wenig Publikationen, die sich eingehend mit der politischen und wirtschaftlichen Entwicklung Thailands befassen. Wichtige Aufsätze finden sich in Fachpublikationen mit der spezifischen Behandlung von aktuellen Teilproblemen.

Im englischsprachigen Bereich ist Literatur dagegen in weit größerem Umfang vorhanden. Bei den für die vorliegende Studie verwendeten Publikationen handelt es sich neben einer Anzahl von Monographien und Dokumenten hauptsächlich um Artikel aus der internationalen Fachpresse mit Beschränkung auf Teilaspekte der Wirtschaftsentwicklung Thailands. Da zahlreiche thailändische Wissenschaftler und Regierungsorganisationen ebenfalls in englischer Sprache publizieren, bilden englischsprachige internationale und thailändische Veröffentlichungen die Basis dieser Arbeit.

Eine befristete Mitarbeit des Autors bei der Economic and Social Commission for Asia and the Pacific (ESCAP), einer regionalen Wirtschaftskommission der Vereinten Nationen, bot die Möglichkeit zur Nutzung eines erheblichen Materialbestandes von Veröffentlichungen und Tagungspapieren der Organisation selbst sowie ihres Aufgabenbereiches. In den verschiedenen ESCAP-Abteilungen mit sich teilweise überlagernden Tätigkeitsfeldern konnten Informationen und Materialien zu den verschiedensten Aspekten der thailändischen Wirtschaft gesammelt werden. Gleichsam hilfreich war eine daran sich anschließende Mitarbeit bei der Deutschen Botschaft in Bangkok im Wirtschaftsreferat und Referat für Entwicklungspolitische Zusammenarbeit. Zudem bestand die Möglichkeit, eine Reihe von Gesprächen mit Angehörigen verschiedener Institutionen zu führen und Darlegungen über ihre Einschätzung der wirtschaftlichen Entwicklung Thailands zu erhalten. Des weiteren konnten aktuelle politische und wirtschaftliche Informationen in sehr guter Qualität aus den beiden englischsprachigen Tageszeitungen des Landes *The Nation* und *Bangkok Post* bezogen werden sowie aus einer Reihe von Wirtschaftspublikationen der Universitäten in Bangkok.

Zusammenfassend bleibt jedoch festzustellen, daß es an größeren Überblicksdarstellungen ebenso wie an analytischen Untersuchungen der wirtschaftlichen Gesamtproblematik Thailands fehlt. Der Autor hofft daher, daß diese Studie ein kleiner bescheidener Beitrag sein möge, das gerade bei deutschen Veröffentlichungen bestehende Defizit zu verringern.

Ziel der vorliegenden Arbeit ist das Aufzeigen der Faktoren, die zu dem Industrialisierungsprozeß und dem fortdauernden Strukturwandel der thailändischen Wirtschaft in den achtziger Jahren führten. Gefragt wird dabei nach dessen Hintergründen, Grundlagen und Rahmenbedingungen. Dazu gehören in einem nächsten Schritt auch die Betrachtung von Entwicklungsplanung und -strategie sowie die Untersuchung der am wirtschaftlichen Entwicklungsprozeß beteiligten gesellschaftlichen Gruppen. Weiterhin beabsichtigt diese Arbeit, den Einfluß innerer und äußerer Faktoren auf den wirtschaftlichen Entwicklungsprozeß Thailands zu analysieren und bereits erkennbare Grenzen und Widersprüche der Wirtschaftsentwicklung zu benennen.

Die zentrale Fragestellung der Arbeit beschäftigt sich dabei insbesondere mit den in die thailändische Wirtschaftentwicklung und Wirtschaftspolitik einfließenden Sachverhalten, Interessen und den sich aus den Veränderungen ergebenden politischen, ökonomischen und sozialen Auswirkungen und Folgen. Vorgestellt und diskutiert werden insbesondere die internen und externen Faktoren in den relevanten Wirtschaftsbereichen. Darüber hinaus wird versucht, anhand der dargestellten Fakten zu einer Beurteilung über die Chancen, Möglichkeiten und Schwierigkeiten bei einer weiteren Entwicklung zum NIC zu gelangen. Die Methodik der Untersuchung orientiert sich an ihrer Zielsetzung und bedient sich empirischer und theoretisch-analytischer Mittel.

Die vorliegende Analyse besteht aus sieben Hauptteilen. Der erste Teil ist die vorliegende Einleitung.

Im zweiten Abschnitt werden verschiedene Erklärungsansätze zur wirtschaftlichen Entwicklung in der Dritten Welt vorgestellt und kritisch erörtert.

Der dritte Teil beinhaltet eine Kurzeinführung in die wirtschaftliche und wirtschaftspolitische Entwicklung Thailands vor 1980 unter Berücksichtigung einiger politischer und sozio-ökonomischer Hintergründe.

Nachfolgender Abschnitt behandelt Grundstruktur und Rahmenbedingungen der thailändischen Wirtschaft und Wirtschaftsentwicklung in den achtziger Jahren in Form eines sektoralen Überblicks. Die ausführliche Analyse der Struktur einzelner Wirtschaftsbereiche in diesem Kapitel dient sowohl der Bestimmung der bestehenden Ausgangsbedingungen Thailands für eine wirtschaftliche Entwicklung und seiner Wirtschaftspolitik als auch einer ersten kritischen Erörterung bestimmter Bereiche.

Der fünfte Teil der Studie untersucht die Determinanten thailändischer Wirtschaftspolitik. Unterschieden wird analytisch im wesentlichen zwischen drei Bereichen: Planungsprozeß, Rolle und Einfluß staatlicher Institutionen sowie gesellschaftliche und politische Entwicklungen.

Im sechsten Kapitel schließlich werden als zentraler Komplex die internen und externen Faktoren der thailändischen Wirtschaftsentwicklung in den achtziger Jahren betrachtet. Dabei werden die erfolgten wirtschaftspolitischen Maßnahmen der Strukturanpassung aufgezeigt und deren mögliche Folgen auf das Wirtschaftswachstum untersucht. In direkter Beziehung dazu stehen auch die internationalen Aspekte der Wirtschaftsentwicklung in Thailand. Zunächst werden dazu kurz die Wirtschaftsbeziehungen zu den wichtigsten internationalen Handelspartnern dargestellt und daran anschließend die ausländischen Direktinvestitionen und Entwicklunghilfemaßnahmen aufgezeigt und diskutiert. In zwei Punkten wurde zur besseren Veranschaulichung ein Fallbeispiel gewählt, um anhand einzelner Länder bestimmte Entwicklungen aufzuzeigen.

Abschließend folgen ein Ausblick auf die neunziger Jahre und eine Zusammenfassung der Determinanten und Inhalte thailändischer Wirtschaftsentwicklung in den achtziger Jahren.

## II  Zum Stand von Theorieansätzen zur wirtschaftlichen Entwicklung in der Dritten Welt

Wissenschaftliche Theorien setzen nicht bei einem theoretischen Nullpunkt an. Sie sind abhängig vom historischen Stand des erarbeiteten Wissens und des wissenschaftlichen Denkens ihrer Zeit. Daher greifen fast alle Theorien über die Entwicklung der Dritten Welt, die in der Zeit nach 1945 entstanden sind, auch auf weiter zurückliegende Theoriebestände zurück, die die Probleme gesellschaftlicher und wirtschaftlicher Entwicklung noch in anderen Zusammenhängen analysiert hatten.

Bevor auf diese Theorien genauer eingegangen wird, sollen einige kurze Vorbemerkungen zur Aufgabe, Entstehung und Entwicklung von wissenschaftlichen Theorien vorangestellt werden. Nach Albrecht[1] hat sozialwissenschaftliche Theoriebildung fünf Funktionen zu erfüllen: eine heuristische, eine operative, eine sozialisierende, eine legitimatorische und nicht zuletzt eine kritische. Gestellte Ansprüche können hierbei sehr verschieden ausfallen. So sollen Theorien z.B. nach Haftendorn[2] vor allem selektieren, ordnen und erklären, aber auch ein Mittel zur Handlungsorientierung sein. Die wissenschaftliche Diskussion wird dabei nach Kuhn[3] zu jedem Zeitpunkt von einem bestimmten theoretischen Paradigma beherrscht. Hat sich ein Paradigma etabliert, können Änderungen und/oder neue Ereignisse und Entwicklungen zu einer Reorientierung des Analysefeldes um ein neues, methodologisch und konzeptionell alternatives Paradigma führen. Diese Darstellung Kuhns gilt eingeschränkt auch für die Theoriebildung über die Entwicklung der Dritten Welt, wie den nachfolgenden Ausführungen zu entnehmen sein wird.

Da es sich bei der vorliegenden Untersuchung nicht um eine theoretische Abhandlung über Ursachen und Lösungsmöglichkeiten von Unterentwicklung in der Dritten Welt handelt, können in diesem Kapitel nur einige Aspekte der entwicklungstheoretischen Diskussion in den letzten vierzig Jahren betrachtet werden. Die Tatsache, daß die Zahl der Theorien zur Erklärung von Unterentwicklung und Entwicklung selbst für Experten nahezu unüberschaubar geworden ist, zwingt zusätzlich zu einer Beschränkung auf bestimmte Ansätze. Dabei wird eine grobe Unterscheidung der miteinander konkurrierenden Theoriemodelle vorgenommen, die dem Rahmen dieser Arbeit entspricht, aber in einem anderen Kontext eine unzulässige Verkürzung der Materie darstellen würde. Wenn daher im folgenden einige gängige Theorieansätze vorgestellt werden, muß berücksichtigt werden, daß es sich dabei nicht um Erkenntnisse handelt, die im Raum einer wertfreien Wissenschaft gewonnen wurden, wie auch die Auswahl, Darstellung und Kritik der einzelnen Theorien nicht wertfrei sein kann.

## Theorieansätze zur wirtschaftlichen Entwicklung 23

Die Entwicklungstheorie hat in den letzten Jahrzehnten hauptsächlich zwei gegensätzliche Denkmodelle hervorgebracht. Auf der einen Seite die Wachstums- und Modernisierungstheorien, deren Herkunft primär in der westlichen Welt liegt. Auf der anderen Seite die Dependencia- bzw. Abhängigkeitstheorien, deren Entstehung überwiegend in der Dritten Welt und hierbei vor allem in Lateinamerika zu finden ist. Hinzu kommen neuere alternative Entwicklungsstrategien, die unter den Begriffen 'Autozentrierte Entwicklung' und 'collective self-reliance' bekanntgeworden sind und am Ende dieses Kapitels kurz dargestellt werden. Schwerpunktmäßig werden die unter dem Begriff Wachstumstheorien zusammengefaßten Theorieansätze betrachtet, da sie aus Sicht des Autors für eine Diskussion der thailändischen Wirtschaftsentwicklung die größte Bedeutung besitzen. Im weiteren Verlauf der Arbeit soll untersucht werden, inwieweit insbesondere diese Theorierichtungen die wirtschaftliche Konzeption des 'Modells Thailand' beeinflußten bzw. noch beeinflussen.[4]

Mit dem Ende der Kolonialzeit und der daraus resultierenden Unabhängigkeit der meisten EL in den fünfziger und sechziger Jahren entstand die Notwendigkeit, das 'Problem der Entwicklung' auch theoretisch zu erfassen. Zu diesem Zeitpunkt standen im wesentlichen drei ökonomische Theorien zur Verfügung, die hier unter dem Begriff Wachstumstheorien subsumiert werden. Sie boten erste theoretische Erklärungsansätze für die internationale Diskussion der Entwicklungsproblematik und eine ökonomisch ausgerichtete Wachstumsstrategie. Bei diesen Theorien handelt es sich um die ökonomisch-historische Stadientheorie von Rostow[5], die Wirtschaftstheorien von Smith[6], Ricardo[7] und Heckscher-Ohlin[8] und dieAußenhandelstheorien von Perroux[9], Myrdal[10], Prebisch[11] und Bhagwati[12]. Allen drei Theorierichtungen gemeinsam ist die Annahme, daß Entwicklung und Wachstum identisch sind.

Das *ökonomisch-historische Stadienmodell* des amerikanischen Ökonomen Walt W. Rostow geht davon aus, daß alle Länder fünf Entwicklungsphasen zu durchlaufen haben:

1. Traditionelle Gesellschaft,
2. Übergangsgesellschaft,
3. Startgesellschaft,
4. Reife Industriegesellschaft,
5. Massenkonsumgesellschaft.

Während die Industriestaaten in den Stadien vier und fünf angekommen sind, ist die kritische Phase für die EL das Stadium drei (*take-off*), in dem es darum geht, einen sich selbst tragenden Wachstumsprozeß (*self-sustained growth*) einzuleiten. Als Haupthindernis hierfür wird Kapitalmangel definiert, der insbesondere durch massive Kapitalzufuhr von außen einschließlich der Entwicklungshilfe überwunden werden soll. Von starkem Wirtschaftswachstum werden in der Folge auch gesellschaftliche Strukturveränderungen hin zur Stufe der Modernisierung erwartet.[13]

Doch schon bald erwies sich die Hoffnung, Kapitalzufuhr allein könne, ähnlich wie in Westeuropa während der Nachkriegszeit mit Hilfe des Marshall-Plans, auch in den EL als Initialzündung für einen sich selbst tragenden, breitgefächerten Wachstumsprozeß wirken, als trügerisch. Es zeigte sich, daß Westeuropa trotz der Kriegszerstörungen unter allen wichtigen Strukturgesichtspunkten, insbesondere auch der fachlichen Ausbildung seiner Menschen, eine entwickelte Industrieregion und somit nicht mit der Dritten Welt vergleichbar war. Die Kritik wirft Rostow besonders vor,

> ...das Muster der historischen Evolution in Westeuropa verallgemeinert und auf völlig anders geartete Gesellschaften übertragen zu haben... Diese Strategie weist außerdem einen technizistischen Charakter auf, insofern sie sich Problemen wie Finanzierung und Industrialisierung in engerem Sinne zuwendet, ohne die damit einhergehenden gesellschaftlichen, politischen und internationalen Aspekte gebührend zu berücksichtigen.[14]

Aus dieser Einsicht folgte u.a., daß diese auf die Ökonomie begrenzte Wachstumsstrategie um die im weiteren Verlauf des Kapitels dargestellten Theoriemodelle der Modernisierung erweitert wurde, die auch gesellschaftliche und politische Hemmfaktoren in den EL in das Handlungskonzept einbeziehen wollten.

Einen weiteren Aspekt im Theoriebereich stellen die sogenannten klassischen Theorien des wirtschaftlichen Liberalismus dar. Die klassische Wirtschaftstheorie basiert auf dem *Gleichgewichtsmodell* und geht davon aus

> ..., daß unter vollkommenen Marktbedingungen die wirtschaftlichen Akteure sich jeweils optimal austauschen, daß dabei im Wirtschaftsganzen stets ein gegenseitiger Ausgleich der Aktionen und Reaktionen stattfindet, der zugleich den maximal möglichen wirtschaftlichen Gesamtertrag hervorbringt.[15]

Einer der ersten Vordenker dieser Theorie war der Ökonom Adam Smith. Doch während Adam Smith mit seiner Theorie Eckwerte moderner Wirtschaft benannte, gehört zum wirtschaftlichen Liberalismuskonzept insbesondere das Prinzip des Freihandels auf dem Gebiet der internationalen Wirtschaftsbeziehungen. Man nimmt an, daß eine Politik des Freihandels zugleich das Wirtschaftswachstum der EL am besten fördert. Diese Auffassung stützt sich im wesentlichen auf die von David Ricardo aufgestellte *Theorie der komparativen Kostenvorteile*. Ricardo wollte beweisen,

## Theorieansätze zur wirtschaftlichen Entwicklung

..., daß es auch für ein Land vorteilhaft ist, am internationalen Warenaustausch teilzunehmen, wenn es in der Produktion aller Güter absolut unterlegen ist, sofern es nur in der Produktion einiger Güter komparative Produktionsvorteile aufweist.[16]

Anders ausgedrückt erklärt dieses Theorem, welche Handelsnationen mit welchen Exportgütern aufgrund kostengünstiger Produktionsbedingungen Handelsvorteile gegenüber Konkurreten erzielen können. Um komparative Kostenvorteile zu erzielen, muß sich ein Land auf den Export solcher Güter spezialisieren, die es mit den relativ geringsten Kosten produzieren kann.[17]

Das *Faktorproportionentheorem* von Heckscher-Ohlin ergänzt diese Betrachtungsweise, geht aber im Gegensatz zu Ricardo nicht von identischen Produktionsfunktionen aus. Heckscher-Ohlin folgerten daraus:

> Different goods require different factor proportions, and different countries have different relative factor endowments; countries will tend to have comparative advantages in producing the goods that use their more abundant factors more intensively; for this reason each country will end up exporting its abundant-factor goods in exchange for imported goods that use its scarce factors more intensively.[18]

Bei diesen beiden, hier nur kurz vorgestellten Ansätzen steht die Erklärung von Strukturen der weltwirtschaftlichen Arbeitsteilung im Vordergrund. In der praktischen Umsetzung bedeutet dies, daß EL Rohstoffe exportieren und fertige Industrieprodukte aus den Industriestaaten importieren. Ein offensichtliches Problem ergibt sich aus den geringen Weltmarktpreisen für Rohstoffe im Gegensatz zu den sehr hohen Preisen für industrielle Fertigprodukte. Daraus resultiert letztlich eine asymmetrische, die EL benachteiligende Austauschstruktur.

Aus dieser Kritik heraus entstanden weitere theoretische Ansätze, die dem Begriff Außenhandelstheorien zugeordnet werden. Diese Theorien fragen danach, wie sich die internationale Arbeitsteilung in der Weltwirtschaft speziell auf die beteiligten Entwicklungsländer auswirkt.

Der französische Wirtschaftswissenschaftler Perroux entwickelte die sogenannte *Theorie der dominierenden Wirtschaft*. Er widerspricht der Theorie der komparativen Kostenvorteile von Ricardo, indem er behauptet, die Teilnehmer am Weltmarkt ließen sich in Bevorzugte und Benachteiligte einteilen. Eine seiner Schlußfolgerungen lautete folglich:

Die dominierende Wirtschaft ist weiterhin durch das Monopol der technologischen Innovationen der wissenschaftlichen Forschung und des militärischen Rüstungsfortschritts, durch Verhandlungsstärke und durch einen ständig zunehmenden Lebensstandard charakterisiert; die dominierte Wirtschaft muß dagegen eine ihr fremde Technologie importieren, die Folgen ihrer Verhandlungsschwäche tragen und teilweise einen sinkenden Lebensstandard hinnehmen.[19]

Aus dieser Argumentation heraus leitet Perroux einen Kausalzusammenhang zwischen der Armut der Entwicklungsländer und dem Reichtum der Industrieländer (IL) ab: Unterentwicklung ist eine Konsequenz der herrschenden Außenhandelsstrukturen, welche zum Vorteil der Industrieländer durch diese geprägt wird.

Ebenso wie Perroux sieht Myrdal die Benachteiligung der EL in den internationalen Austauschbeziehungen begründet. Seiner Ansicht nach ist auch die Faktorproportionentheorie bereits durch die Realität widerlegt. Daraus resultiert seine *Theorie der internationalen Kontereffekte*. Myrdal argumentiert, daß dieses Ungleichgewicht sich noch weiter vergrößert und folgert daraus:

Ohne wirtschaftspolitische Eingriffe führt das zu einer Konzentrierung positiver Effekte in den Industrieländern, während in den Entwicklungsländern die negativen 'Kontereffekte' die geringen positiven Effekte der Handelsbeziehungen bei weitem übertreffen.[20]

An beiden Theorien wird vor allem kritisiert, daß sie empirisch kaum zu belegen sind. Diesem Defizit versuchte der Argentinier Raul Prebisch mit Hilfe seiner *Theorien von der peripheren Wirtschaft und der sakulären Verschlechterung der terms of trade* für die EL beizukommen.

In der Theorie der terms of trade geht Prebisch davon aus, daß die Preise der von den EL exportierten Rohstoffe und Agrarprodukte eine langfristig fallende Tendenz aufweisen, während demgegenüber die Preise für Industrieprodukte aus den IL stetig ansteigen. Damit entwickeln sich die Austauschverhältnisse zunehmend zuungunsten der EL. Die entwickelten Nationen hingegen profitieren davon zum einen mit einer verbesserten Handelsbilanz aufgrund der sinkenden Rohstoffpreise und zum anderen durch ein erhöhtes Nationaleinkommen aufgrund der steigenden Preise für Fertigprodukte. Zudem bewirkt der technologische Fortschritt in der Produktion der Industrieländer höhere Gewinne auf dem Weltmarkt, wogegen eine Verbesserung der Fördertechniken von Rohstoffen in den Entwicklungsländern zu deren Gewinnminimierung führt.[21]

Die Theorie von der peripheren Wirtschaft formuliert, ähnlich wie Perroux, das Vorhandensein von sogenannten 'Zentren' und 'Peripherien'. Dabei entspricht der ungleichen Gestaltung der internationalen Wirtschaftsbeziehungen "... keine komplementäre internationale Arbeitsteilung zu beiderseitigem Nutzen (wie es die liberale Lehre der komparativen Kostenvorteile annahm), sondern die einseitige Ausrichtung der peripheren Länder nach den ökonomischen Bedürfnissen der nördlichen Zentren."[22]

Zur Überwindung der Unterentwicklung empfiehlt Prebisch deshalb eine Strategie, deren Weiterentwicklung unter dem Begriff der Import-Substitution bekannt wurde. Prebisch schlägt vor, daß der Außenhandel durch Einführung von Schutzzöllen unterstützt und durch binnenorientierte Industrialisierungsprogramme und indikative Entwicklungsplanung ergänzt wird. Zudem müßten Infrastrukturprojekte sowie der Ausbau einer nationalen Unternehmerschicht gefördert werden. Agrarreformen gehören ebenso zu den empfohlenen Maßnahmen für einen Ausweg aus der Unterentwicklung wie die Verstaatlichung ausländischer Unternehmen in wichtigen Wirtschaftsbereichen.[23]

Die Theorien von Prebisch lösten eine beträchtliche öffentliche Diskussion aus. Insbesondere die Wirtschaftskommissionen der Vereinten Nationen und auch die United Nations Conference on Trade and Development (UNCTAD), deren erster Generalsekretär Prebisch war, sind in ihren Analysen, Programmen und Empfehlungen diesen Richtlinien und Grundsätze gefolgt und haben sie weiterentwickelt.

Parallel zu diesen streng ökonomisch orientierten Theorieansätzen gelangten auch die Modernisierungstheorien in die entwicklungspolitische Diskussion. Ihre Konzeption geht in bestimmten Ansätzen auf den Rationalitätsbegriff von Max Weber[24] zurück. Sie werden dem Bereich der Theorien des sozialen Wandels zugerechnet. Als Modernisierung wird dabei ein Prozeß definiert, zu dem Industrialisierung, Verstädterung und die Schaffung einer politischen Struktur ebenso gehören wie eine breite politische Teilnahme der Massen und die Bildung eines festgefügten Nationalstaates. Grundlage dieser Definition bildet der Vergleich der EL Asiens, Afrikas und Lateinamerikas mit den IL. Einige der bekanntesten Modernisierungstheoretiker sind Parsons[25], Lerner[26], Levy[27], Coleman[28] und Eisenstadt[29].

Trotz bestehender Differenzen im Detail existieren in der Theorie einige übereinstimmende Grundannahmen. Fast alle Modernisierungstheorien sehen Entwicklung als das Durchlaufen verschiedener Stufen, dessen Extreme Traditionalität und Modernität darstellen. Der Begriff Traditionalität wird in diesem Zusammenhang zur Beschreibung von Gesellschaften verwendet, deren Produktionsweise schwerpunktmäßig agrarisch ausgerichtet ist. Modernität wird dagegen als Antithese zur Traditionalität verstanden. Dieser Begriff trifft auf diejenigen Gesellschaften zu, die auf ökonomisch-technologischen Gebiet über eine differenzierte und hochentwickelte industrielle Produktionsweise verfügen. Nach diesen Theorien befinden sich die meisten Gesellschaften zwischen den Extremen des Begriffspaares Traditionalität/Modernität auf dem Weg zur Modernität. Für die Dauer dieses Zwischenstadiums gelten sie als Übergangssysteme mit dualistischen Strukturen, d.h. neben traditionellen sozialen, kulturellen und wirtschaftlichen Elementen sind bereits moderne Transport- und Kommunikationsformen, beginnende Industrialisierung etc. festzustellen.[30]

Insgesamt findet man bei einer Mehrheit der Theorieansätze eine Gleichsetzung von Modernität mit der jeweils aktuellen gesellschaftlichen Entwicklungsphase der industrialisierten Länder, wobei die demokratische Staatsform als eigentliches Ziel eines vollzogenen Modernisierungsprozesses betrachtet wird. Die Analyse von Entwicklungs- und Unterentwicklungsproblemen begrenzt sich dabei auf die inneren Aspekte des Nationalstaates. Der ökonomische Rückstand eines Landes wird auf kulturelle und psychologische Faktoren zurückgeführt. Hier setzt aber auch die Kritik an den Modernisierungstheorien an. Ihnen wird vor allem die Übertragung und Verallgemeinerung einer einmaligen historischen Erfahrung der IL auf Gesellschaften, deren Entwicklung nach eigenen und spezifischen Bedingungen verläuft, vorgeworfen. Die Modernisierungstheoretiker würden damit eine Gleichsetzung von Modernität, Demokratie und westlicher Gesellschaftsordnung vornehmen, die nicht das Ergebnis einer historischen Analyse, sondern vielmehr den Ausgangspunkt ihrer theoretischen Überlegungen darstellt.[31]

Gegenüber den bisher behandelten Theorien meist westlichen Ursprungs stammen die Dependenztheorien aus der Dritten Welt, insbesondere aus Lateinamerika. Sie stellen traditionelle Modelle in Frage, kritisieren diese und entwickeln neue Auffassungen über den internationalen Zusammenhang von Entwicklung und Unterentwicklung. 'Dependencia' baut in Ansätzen auf marxistisch-leninistischen Denkmodellen und -traditionen auf und versucht, diese auf die speziellen Gegebenheiten in der Dritten Welt anzuwenden. Lokale Entwicklung und Modernisierung wird von den Dependenztheorien nicht isoliert, sondern als Teil der Entwicklung des internationalen kapitalistischen Systems in dieses universelle Modell integriert.

Einer der theoretischen Vordenker der Dependenztheorie war Paul Baran[32], der die Meinung vertrat, daß das Eindringen des westlichen Kapitalismus infolge der Kolonialisierung oder der indirekten ökonomischen Beherrschung der politisch unabhängigen Regionen der Dritten Welt deren eigenständige Entfaltung unterbrochen hat. Er nahm daher an,

..., daß die Vermischung der vorkapitalistischen und der kapitalistischen Wirtschaftsformen eine minderwertige und ungerechte Gesellschaftsform hervorruft, welche keinen dynamischen Prozeß von Wachstum und Entwicklung auszulösen vermag, der mit dem westlichen Kapitalismus verglichen werden könnte.[33]

Auf der Grundlage der Ausführungen von Baran entwickelten viele Dependenztheoretiker ihre Theorien. Besondere Bedeutung unter ihnen erlangten dos Santos[34], Frank[35], Marini[36] und Sunkel[37]. Bei allen Varianten der 'Dependencia' existieren große Unterschiede in der Definition der Begriffe Abhängigkeit/ Unterentwicklung sowie in den Strategien zu deren Überwindung. Gemeinsamkeiten können daher nur sehr allgemein formuliert werden. Dennoch lassen sich nach Palma vier Hauptrichtungen in der Theorie ausmachen:

(i) dependency as a theory of 'inhibited' capitalist development in the periphery; (ii) dependency as an analysis of concrete processes of development; (iii) dependency as a theory of the 'development of underdevelopment'; (iv) dependency as a reformulation of the structuralist analysis of Latin American development.[38]

Als Erklärung für die Unterentwicklung werden vor allem politische, soziale, kulturelle und ökonomische Faktoren angeführt. Diese Faktoren tragen zur Abhängigkeit der EL insofern mit bei, als daß mit ihrer Hilfe Strukturen aus den Zentren (IL) in die Peripherie (EL) übertragen werden. Es entsteht eine strukturelle Abhängigkeit, die schließlich dazu führt, daß eine eigenständige Entwicklung im wirtschaftlichen, sozialen und politischen Sinne in den EL verhindert wird. Durch das dabei stattfindende Aufeinandertreffen traditioneller und moderner Strukturen ergibt sich eine strukturelle Heterogenität. Hierbei werden gewachsene Strukturen in EL aufgrund der Übernahme 'kapitalistischer Werte' zerstört.[39]

Diese Darstellung besagt, entsprechend den Dependenztheorien, daß Unterentwicklung das Resultat der Eingliederung der Dritten Welt in die kapitalistische Weltwirtschaft ist. Dieses System ist durch ungleiche internationale Arbeitsteilung geprägt. Während die kapitalistischen Zentren die Möglichkeit hatten, sich zu industrialisierten Gesellschaften zu entwickeln, sind in den Peripherien intakte Wirtschaftskreisläufe zerstört und deren Ökonomien auf die Bedürfnisse der Zentren ausgerichtet worden. Die Folge ist eine strukturelle Unterentwicklung in allen gesellschaftlichen Bereichen, von der Frank sagt: "Ein und derselbe historische Prozeß der Ausdehnung und Entwicklung des Kapitalismus über die ganze Welt hat simultan... sowohl die wirtschaftliche Entwicklung als auch die strukturelle Unterentwicklung hervorgebracht."[40] Dabei ist wesentlich, daß Unterentwicklung erstmals aus der Perspektive der abhängigen Länder analysiert und auf eine kumulative Verkettung exogener und endogener Faktoren zurückgeführt wird. Hieraus ergibt sich die abschließende zusammenfassende Aussage:

> Statt einer mechanistischen Begründung der Unterentwicklung aus den Bewegungsgesetzen des Kapitalismus in den industriellen Zentren... analysiert der Dependenz-Ansatz die internen Faktoren in ihrer historischen Entwicklung und in ihrer Konditionierung durch externe Faktoren.[41]

Kritiker bemängeln an den Dependenztheoretikern vor allem diese einseitige, nur auf den strukturellen weltwirtschaftlichen Rahmen begründete Erklärung für die 'negative' Entwicklung der Dritten Welt. Danach sind beinahe ausschließlich exogene ökonomische Triebkräfte Ursache für die Unterentwicklung, während interne Ursachen völlig ignoriert werden.[42]

Abschließend erscheint es sinnvoll, auch einige neuere alternative Entwicklungsstrategien zu erwähnen und vorzustellen. In ihnen wird eine Abkoppelung der Entwicklungsländer vom Weltmarkt als Voraussetzung für eine autozentrierte (auf das eigene Land bezogene eigenständige) Entwicklung empfohlen. Diese Abkoppelung sei zwar nicht einfach und mit Verzicht verbunden wie z.B. auf den Kauf billiger Weltmarktprodukte zugunsten teurerer Eigenentwicklungen, dies sei aber ein notwendiger Preis für den Aufbau einer gesunden, integrierten Wirtschaft. Die Abkoppelung wird zudem als zeitlich begrenzt verstanden, bis sich die eigenständige Entwicklung der Dritten Welt so weit gefestigt habe, daß ein gleichwertiger Austausch mit den Industrieländern möglich sei. Das Ziel der Abkoppelung dürfe auch nicht mit Autarkie der einzelnen Entwicklungsländer gleichgesetzt werden, die allenfalls für wenige Länder mit großem Binnenmarkt erreichbar scheine. So wird eine verstärkte wirtschaftliche Zusammenarbeit zwischen den Entwicklungsländern als Element einer *collective self-reliance* (kollektiver Eigenständigkeit) für sinnvoll gehalten, da es sich um Länder ähnlicher Entwicklungsstufe handele. Einer der bekanntesten deutschsprachigen Vertreter dieser Strategie, Dieter Senghaas, formulierte dies wie folgt:

> Die historische Erfahrung kapitalistischer und sozialistischer Entwicklungsprozesse, die zu einigermaßen lebensfähigen Sozialkörpern führten, lehrt, daß ohne eine im Einzelfall kürzer oder länger dauernde Selbstbezogenheit, das heißt ohne entwicklungspolitisch motivierten Schutz, eine intensive Entfaltung der Wirtschaftskräfte kaum möglich ist... Für die Mehrzahl der Länder der Dritten Welt hieße, allgemein formuliert, Dissoziation heute insbesondere: Bruch mit der überkommenen, nur exportlastigen Ökonomie und dafür eine Mobilisierung von eigenen Ressourcen mit dem Ziel ihrer Nutzbarmachung für eigene Zwecke.[43]

Bisher ist diese Strategieempfehlung bei den meisten Regierungen der Dritten Welt auf Ablehnung gestoßen. Sie befürchten vor allem, daß dieser Weg möglicherweise in technologische Rückständigkeit und Stagnation münden könnte. Hinzu kommt, daß das Strategiemodell einer autozentrierten Entwicklung bisher in seiner Grundausrichtung ein ökonomisches Konzept ist, dessen politische Realisierungsbedingungen noch weitgehend ungeklärt sind.

Dennoch bleibt festzuhalten, daß es eine Anzahl von Gründen gibt, weshalb EL zu alternativen, eigenständigen Entwicklungsstilen finden sollten. In einem Bericht an die Vereinten Nationen wurde bereits in den siebziger Jahren festgestellt:

> Selbst wenn es möglich wäre, das von den Industriegesellschaften angebotene Modell in der gesamten Dritten Welt...nachzuahmen, so wäre doch schwer einzusehen, warum dies geschehen sollte. Denn obwohl es in den Industrieländern gelungen ist, die Grundbedürfnisse weitgehend zu befriedigen und die Massenarmut zu beseitigen, waren die menschlichen Kosten der Akkumulation in diesen Ländern...hoch... Darüber hinaus gibt die in diesen Ländern andauernde Entfremdung Anlaß, sich darüber Gedanken zu machen, ob der vom industrialisierten Zentrum eingeschlagene Weg wirklich der beste ist.[44]

Keines der hier erwähnten Modelle bietet ein einheitliches, in sich geschlossenes Theoriegebäude. Es existieren unterschiedliche konzeptionelle Weiterentwicklungen einiger Ansätze sowie verschiedene Denkrichtungen. Obwohl sich die vorgestellten Modelle, ähnlich wie Kuhn es formulierte, entwickelten, haben durch das Aufkommen von neuen Paradigmen die alten nicht vollkommen ihre Anhänger verloren. Auch künftig werden Analysen zur Entwicklung der Dritten Welt zentrale Elemente und Leitlinien der vorgestellten Theoriemodelle enthalten.

Zusammenfassend läßt sich feststellen, daß die entwicklungstheoretische Diskussion bis heute keine Lösung für die Probleme einer Entwicklung in der Dritten Welt bieten kann. Allen theoretischen Erklärungsversuchen ist gemeinsam, daß sie partielle Denkansätze darstellen, die einen Teilbereich möglicher Ursachen für die Armut in Entwicklungsländern analysieren. Bislang ist es nicht gelungen, diese Teiltheorien zu einer universellen Entwicklungstheorie zu integrieren. Hierbei stellt sich aber die Frage, inwieweit dies überhaupt möglich oder auch wünschenswert ist. Die bisherigen 'generellen' Erklärungsversuche ökonomischer Entwicklung oder Unterentwicklung in den Staaten der Dritten Welt werden jedenfalls der Komplexität der 'Einzelfälle' nicht gerecht. Die unterschiedlichen ökonomischen Ausgangsbedingungen und die historische Individualität der

Staaten werden in der Theorie kaum berücksichtigt. Sicher ist ohne die Theorien ein Erkenntniszuwachs nicht möglich, zugleich aber verengen und vereinfachen sie die Perspektiven der Analyse.

Bezogen auf die wirtschaftliche Entwicklung Thailands läßt sich vorerst folgender Kontext herstellen. Die thailändische Wirtschaftsordnung wird häufig als eine freie Marktwirtschaft mit liberaler Wirtschaftspolitik bezeichnet. Unter dem Fünften Entwicklungsplan (1981-1986) und dem aktuellen Sechsten Entwicklungsplan (1987-1991) kehrte Thailand unter dem Einfluß der Weltbank, des Internationalen Währungsfonds und anderer internationaler Entwicklungsorganisationen zu neoklassischen ökonomischen Theorien zurück. Dadurch erfolgt, trotz Beibehaltung von Elementen der Importsubstitution, eine zunehmende, exportorientierte Industrialisierung der Wirtschaft.[45]

# III Die wirtschaftliche Entwicklung Thailands 1950-1980: Ein Kurzrückblick

Die thailändische Wirtschaft befand sich nach Beendigung des Zweiten Weltkrieges in einer verhältnismäßig günstigen Ausgangsposition. Ausgestattet mit einer Vielzahl natürlicher Ressourcen sowie einer in Relation dazu moderaten Bevölkerungsgröße, profitierte Thailand in den fünfziger Jahren von hohen Rohstoffpreisen auf dem Weltmarkt. Bereits zwischen 1952 und 1957 lag das reale Wirtschaftswachstum bei durchschnittlich 5% im Jahr. Zugleich stieg das reale Pro-Kopf-Einkommen um jährlich ca. 3%.[1]

Trotz dieser positiven wirtschaftlichen Situation bot die vorhandene Wirtschaftsstruktur wenig Anreize für größere in- und ausländische Investitionen. Dies lag insbesondere in der konzeptionellen Entwicklung einer nationalstaatlich orientierten Politik in den vierziger und fünfziger Jahren begründet. In deren Folge wurden ausländische Unternehmen nationalisiert und eine große Anzahl von Staatsunternehmen gegründet. Intention dieser Politik war, sowohl eine Mehreinnahme bei den Steueraufkommen zu erzielen als auch die verstärkte Etablierung einheimischer Unternehmen zu fördern. Ausschlaggebend für diese Politik war u.a. auch das Bestreben, den Einfluß chinesischer Einwanderer in der Wirtschaft zurückzudrängen.[2] Dieses Konzept scheiterte jedoch schon bald aufgrund mangelhafter Wirtschaftsplanung und weitverbreiteter Korruption.

Gegen Ende der fünfziger Jahre besuchte eine Delegation der Weltbank Thailand. Nach einer Evaluierung der wirtschaftlichen Situation Thailands verfaßte sie einen Bericht, welcher der thailändischen Regierung diverse Vorschläge für eine Umorientierung ihrer Wirtschaftspolitik unterbreitete. Der Report forderte Thailands Regierung auf, die staatlichen Interventionen im wirtschaftlichen Bereich zu reduzieren und statt dessen intensiver die Entwicklung des privaten Sektors zu fördern. Dem Bericht zufolge sollte der Staat sein Augenmerk in höherem Maße auf den Ausbau der infrastrukturellen Gegebenheiten richten.[3]

Ebenfalls in diesen Zeitraum fiel der Sturz der damaligen Regierung durch einen unblutigen Militärputsch. Die neue Militärregierung Sarit Thanarat nahm in den folgenden Jahren - z.T. auf der Grundlage des Weltbank-Reports - eine radikale Neuorientierung in der Wirtschaftspolitik vor. Diese sah u.a. eine Wiederbelebung von privaten Beteiligungen und Investitionen in die Wirtschaft vor. Ein Schwerpunkt bestand in der Entwicklung des nichtlandwirtschaftlichen Bereichs. Daneben wurden staatliche Behörden ins Leben gerufen, die auch heute noch maßgeblich am Planungsprozeß beteiligt sind. Zur Koordinierung und Planung wirtschaftlicher Prozesse wurde das National Economic Development Board (NEDB)[4] gegründet, für den finanziellen Bereich wurde das Board of Investment

(BOI) zuständig, so z.B. für die Förderung ausländischer Kapitalanlagen. Zudem unternahm Sarits Regierung umfangreiche Anstrengungen, um Beihilfen und Darlehen von ausländischen Kapitalgebern für Investitionen in die Infrastruktur des Landes zu erhalten.[5] Im Jahre 1961 wurde schließlich der erste Nationale Entwicklungsplan für die Periode 1961-66 in Kraft gesetzt. Die Aufgabe der Entwicklungspläne besteht in erster Linie in der Benennung staatlicher Entwicklungsaktivitäten sowie in der Formulierung von Leitlinien und Zielen für die gesamtwirtschaftliche Entwicklung, für deren Ausarbeitung und Durchführung das NESDB zuständig ist.[6]

Diese Aktivitäten schafften schließlich erste Voraussetzungen für die in den sechziger und siebziger Jahren erzielten hohen wirtschaftlichen Wachstumsraten. Bei der Erstellung des 5. Nationalen Entwicklungsplans (1981-1986) wurde ermittelt, daß zwischen 1960 und 1980 die durchschnittliche Wachstumsrate bei 7% lag und das Pro-Kopf-Einkommen der Bevölkerung von 2.056 Baht im Jahre 1960 auf 9.622 Baht 1979 stieg. Zugleich verringerte sich das Bevölkerungswachstum von 2,9% jährlich zwischen 1960 und 1970 auf 2,4% für den Zeitraum von 1970-79.[7]

Insgesamt befindet sich die thailändische Wirtschaftsstruktur seit 1950 in einem tiefgreifenden Wandlungsprozeß. Die Entstehung eines offenen Wirtschaftssystems mit Beginn der sechziger Jahre förderte die Investitionsbereitschaft auf privatem Sektor. Der Staat konzentrierte sich dabei in den ersten Jahren auf den Ausbau der Infrastruktur, um weitere Investitionsanreize zu schaffen. Dies resultierte in der Erschließung neuer landwirtschaftlicher Anbauflächen sowie der beschleunigten Entwicklung eines auf Import-Substitution basierenden Industriesektors.[8] Gegen Ende der sechziger Jahre begannen die privaten Investitionen in der Industrie eine immer größere Rolle zu spielen, und es wurden Versuche unternommen, die Wirtschaft weiter zu liberalisieren. Anfang der siebziger Jahre folgte daher eine weitere entscheidende Veränderung in der Entwicklungsplanung. Die Abkehr von der *Import Substitution Industrialization (ISI)* hin zur sogenannten *Export-oriented Industrialization (EOI)*.[9]

> ...die Strategie der Importsubstituierung konnte langfristig die Probleme des Landes nicht lösen. Aufgrund der geringen Kaufkraft der Mehrheit der Bevölkerung war der Binnenmarkt bald gesättigt, die für die Produktion notwendigen teuren Importe verschlechterten die Außenhandelsbilanz immer mehr und die Schuldendienstrate wuchs besorgniserregend.[10]

Aufgrund dieser Problematik wurde im Jahre 1972 der Investment Promotion Act verabschiedet. Mit Hilfe dieses Gesetzes und des BOI sollten steuerliche Anreize geschaffen werden, um ausländische Unternehmer zu Investitionen in Thailand zu bewegen. Damit sollten, neben einer Produktion für den Export, besonders ausländische Devisen ins Land gezogen werden.

Wirtschaftliche Entwicklung Thailands 1950-1980 35

Auch die Zusammensetzung des Bruttoinlandsprodukts (BIP) gibt Aufschluß über die Veränderungen in der Gesamtstruktur der thailändischen Wirtschaft, u.a. durch den stetig sinkenden Anteil der Landwirtschaft am BIP. Andererseits stiegendie absoluten Zahlen der Erwerbstätigen in der Landwirtschaft unverändert weiter an (siehe Tabelle 1).

Tabelle 1: Anteil der verschiedenen Sektoren am BIP zu den jeweiligen Preisen (in Mrd.US$) und der Erwerbstätigen (in Mio.)

|  | 1960 | in % | 1966 | in % | 1970 | in % | 1978 | in % |
|---|---|---|---|---|---|---|---|---|
| **Landwirtschaft** | | | | | | | | |
| BIP | 1,03 | 38,3 | 1,48 | 34,6 | 1,74 | 30,2 | 3,45 | 27,8 |
| Erwerbstätige | 10,34 | 81,5 | 11,62 | 79,9 | 13,20 | 78,3 | 16,02 | 73,7 |
| **Industrie** | | | | | | | | |
| BIP | 0,51 | 18,9 | 1,01 | 23,3 | 1,40 | 24,3 | 3,57 | 28,6 |
| Erwerbstätige | 0,56 | 4,4 | 0,84 | 5,8 | 0,95 | 5,7 | 1,90 | 8,6 |
| **Handel u. Dienstleistungen** | | | | | | | | |
| BIP | 1,15 | 42,8 | 1,80 | 42,1 | 2,62 | 45,5 | 5,42 | 43,6 |
| Erwerbstätige | 1,78 | 14,1 | 2,09 | 14,3 | 2,70 | 16,0 | 3,81 | 17,7 |
| | | | | | | | | |
| BIP | 2,69 | | 4,28 | | 5,76 | | 12,44 | |
| Erwerbstätige | 12,68 | | 14,55 | | 16,85 | | 21,73 | |

Quellen: NESDB und Bank of Thailand.

Anhand der Zahlen wird deutlich, daß bereits 1978 etwa 25% der Beschäftigten für die Erwirtschaftung von nahezu zwei Drittel des thailändischen BIP sorgten. Hieraus läßt sich bereits das relativ hohe Produktivitätsniveau des Industrie- und Dienstleistungssektors gegenüber dem Agrarsektor ablesen.

Darüber hinaus sind die Strukturveränderungen auf die staatlichen Bemühungen um eine Diversifizierung der Wirtschaft zurückzuführen, welche sich als notwendig erwiesen, da die Wirtschaft bis in die sechziger Jahre weitgehend von nur wenigen Exportprodukten abhängig war. Die Industrie gehörte bereits in den sechziger Jahren zu den am schnellsten wachsenden Wirtschaftssektoren. Die bedeutendsten Industrien konnten ihre Produktion, von branchenbedingten konjunkturellen Rückschlägen abgesehen, kontinuierlich ausdehnen. Hierbei muß jedoch erwähnt werden, daß der Anstieg der Industrieproduktion nur teilweise durch eine steigende Inlandsnachfrage bedingt wurde. In weit stärkerem Ausmaß waren die günstigen Exportmöglichkeiten die eigentliche Ursache.[11]

Ebenfalls unter äußerst günstigen Vorzeichen entwickelte sich der tertiäre Sektor. Insbesondere der internationale Tourismus stieg stark an. Bereits 1973 überstieg die Zahl der ausländischen Besucher die Millionengrenze. Ziel der Regierung ist es, durch intensive Tourismusförderung den Dienstleistungssektor zu stärken und Devisen einzunehmen.[12]

Daneben spielte auch das Bankwesen eine aktive Rolle bei der wirtschaftlichen Entwicklung. Die Bank of Thailand übt in diesem Zusammenhang die Funktion einer Zentralbank aus, welche das Geschäftsverhalten der Banken überwacht. 1979 existierten 29 Geschäftsbanken, von denen 13 Filialen ausländischer Banken waren. Die Einlagen aller Geschäftsbanken stiegen von 679,9 Mio.US$ (1965) auf 9.312 Mio.US$ (1980). Die Geschäftsbanken gehören zu den wichtigsten Finanzinstitutionen in Thailand, da sie den bei weitem größten Teil der Aktiva, Einlagen und Kredite im Finanzsektor kontrollieren.[13]

Tabelle 2: Entwicklung der Zahlungsbilanz und der Devisenreserven

|  | 1965 | 1970 | 1974 | 1979 |
|---|---|---|---|---|
| Zahlungsbilanzsaldo (Mio. US$) | 45,6 | -128,8 | 385,2 | -386,6 |
| Devisenreserven (Mio. US$) | 353,0 | 766,5 | 1.564,2 | 2.525,1 |

Quelle: Bank of Thailand.

Obwohl die Handelsbilanz Thailands seit Mitte der fünfziger Jahre negativ ist, gelang es dem Land, seine Zahlungsbilanz bis 1968 positiv zu gestalten. Seitdem wechselten Jahre mit Zahlungsbilanzüberschüssen und -defiziten einander ab. Dennoch stiegen die Devisenreserven seit 1952 stetig weiter an (siehe Tabelle 2).

Der Außenhandel besitzt für die thailändische Wirtschaft eine Schlüsselfunktion. Seit 1950 wurde die Angebotspalette an Exportprodukten wesentlich erweitert. Während 1950 die vier traditionellen Exportprodukte (Reis, Gummi, Zinn und Teak) noch einen Anteil von 80,6% ausmachten, so trugen diese Produkte 1980 nur noch 32,5% zum Gesamtexportergebnis bei. Im Gegensatz dazu hatten bei den landwirtschaftlichen Exportgütern Kassava, Kenaf, Mais und Zucker, die 1950 entweder noch gar nicht exportiert wurden oder aber nur eine sehr geringe Rolle spielten, einen Anteil von 37,1% (1980) an den Gesamtexporten. Zudem nahmen die nichtlandwirtschaftlichen Exporte von 45,8 Mio.US$ (1957) auf 472,8 Mio.US$ (1975) zu (siehe auch Tabelle 3).[14]

**Tabelle 3: Die wichtigsten Exportgüter 1950-1980 (in Mio.US$)**

|  | 1950 | in % | 1960 | in % | 1970 | in % | 1980 | in % |
|---|---|---|---|---|---|---|---|---|
| Reis | 80,4 | 48,2 | 123,6 | 29,8 | 121,0 | 17,0 | 975,3 | 14,7 |
| Gummi | 34,9 | 20,9 | 124,0 | 29,9 | 107,3 | 15,1 | 620,0 | 9,3 |
| Zinn | 12,4 | 7,4 | 25,8 | 6,2 | 77,8 | 11,0 | 567,4 | 8,5 |
| Teak | 6,9 | 4,1 | 17,1 | 4,2 | 7,5 | 1,0 |  |  |
| Cassava | 1,2 | 0,7 | 13,1 | 3,2 | 58,8 | 8,3 | 740,4 | 11,1 |
| Jute/Kenaf |  |  | 11,1 | 2,7 | 34,6 | 4,9 | 1,0 |  |
| Mais |  |  | 26,5 | 6,4 | 94,7 | 13,3 | 364,8 | 5,5 |
| Sonstige | 31,2 | 18,7 | 72,9 | 17,6 | 208,5 | 29,4 | 3.393,7 | 50,9 |
| Exporte insgesamt | 167,0 |  | 414,1 |  | 710,2 |  | 6.662,6 |  |
| 1950 = 100 |  | 100 |  | 248 |  | 425 |  | 3.990 |

Quellen: National Statistical Office und NESDB.

Die Krise des Weltwährungssystems, die Ölkrise sowie die weltweite Rezession in den siebziger Jahren und zu Beginn der achtziger Jahre beeinflußten auch die wirtschaftliche Entwicklung des Landes. Thailand erlebte nach langen Jahren relativer Stabilität Inflationsraten, die zu innenpolitischen Schwierigkeiten führten und erst 1975 wieder auf ein annähernd normales Maß zurückgebracht werden konnten. Allerdings stand der überwiegend importierten Inflation die zeitweilig günstige Entwicklung der terms of trade für die Hauptexportprodukte gegenüber.

Von den teilweise hohen Preissteigerungen für Agrarprodukte gingen Mitte der siebziger Jahre wichtige Impulse auf die landwirtschaftliche Produktion in Thailand aus. Demgegenüber verschlechterte sich die Situation im industriellen Sektor, wo die weltweit abnehmende Nachfrage deutlich sinkende Wachstumsraten in der Industrieproduktion bewirkte. Die Regierung versuchte zu diesem Zeitpunkt, die drohende wirtschaftliche Stagnation durch zusätzliche Staatsausgaben abzuwenden.[15]

Auch mußte festgestellt werden, daß wirtschaftliches Wachstum als alleiniges Planziel nicht ausreicht. Die bis zu Beginn der achtziger Jahre relativ einseitige Betonung des wirtschaftlichen Wachstums hatte auch zu vielen sozialen Ungleichgewichten geführt. Dazu zählen z.B. die ungleiche Verteilung der sozialen und wirtschaftlichen Erfolge der Entwicklung und die wachsenden ländlich-städtischen Disparitäten.[16] Die Zunahme von landlosen bzw. landarmen Familien, die Formierung einer Industriearbeiterschaft, die kommerzielle Durchdringung auch entlegener ländlicher Gebiete, das immer dringlicher werdende Problem der 'Massenprostitution' durch Massentourismus und die kritischer werdende studentische Jugend lassen eine Vielzahl neuer sozialer Spannungen entstehen, die durch wirtschaftliches Wachstum allein nicht beseitigt werden können. Auch beginnt die rasche Veränderung der thailändischen Wirtschaft zunehmende Umweltprobleme zu schaffen. Durch Umweltschäden bedingte Konflikte wie Luft- und Wasserverschmutzung, Lärmbelästigung durch Industrien etc. werden in Zukunft in stärkerem Maße neue Probleme aufwerfen und Lösungen fordern.[17]

# IV Die strukturellen Rahmenbedingungen in Thailand

Um zu einer besseren Bewertung der zukünftigen Entwicklungschancen eines Landes zu gelangen, ist es hilfreich, die bestehenden Rahmenbedingungen und damit die derzeitige Ausgangssituation zu analysieren. In diesem Kapitel wird eine Untersuchung der bestehenden wirtschaftlichen Ausgangslage Thailands vorgenommen. Dabei erfolgt eine erste ansatzweise Problematisierung bereits existierender Auswirkungen und Folgen der wirtschaftlichen Entwicklung.

## 1 Natürliche Ressourcen

Thailand gilt als ein an Bodenschätzen reiches Land.[1] Von großer wirtschaftlicher Bedeutung sind die Förderung von Erdgas und Erdöl wie auch von Braunkohle und Zinnkonzentrat. Außerdem gibt es Vorkommen von Wolfram, Blei, Zink, Antimon, Mangan, Eisen, Gips, Fluorit, Feldspat, Baryt sowie Edel- und Halbedelsteinen (siehe auch Tabelle 4).[2]

**Tabelle 4: Produktion von Mineralien (Erzeugung in metrischen Tonnen)**

|  | 1980 | 1985 | 1987 | 1988 | 1989 Jan-Sept. |
|---|---|---|---|---|---|
| Zinnkonzentrat | 45,98 | 23,02 | 20,48 | 19,42 | 14,50 |
| Tongestein[1] | 3,13 | 1,13 | 1,26 | 1,17 | 0,91 |
| Bleierz | 24,84 | 46,24 | 55,30 | 69,35 | 44,10 |
| Antimonerze | 6,86 | 2,91 | 0,96 | 1,04 | 0,72 |
| Eisenerz | n/a | n/a | 97,12 | 99,25 | 117,77 |
| Gips | 411,97 | 1.273,45 | 3.030,91 | 4.549,01 | 4.060,91 |
| Braunkohle | 1.426,56 | 5.146,15 | 6.929,21 | 7.273,64 | 6.426,62 |
| Zinkerz | - | 276,90 | 341,14 | 420,10 | 278,08 |
| Erdgas[2] | - | 132,66 | 178,65 | 212,64 | 157,08 |
| Kondensate[3] | - | 5,21 | 5,55 | 6,55 | 5,01 |
| Rohöl[3] | - | 7,59 | 6,10 | 7,02 | 5,43 |

[1] Wolframite, Scheelit; [2] in Mio.cb.ft.; [3] in 1.000 Barrels
Quelle: Department of Mineral Resources.

Seit der ersten großen weltweiten Energiekrise 1974 ist die Erschließung eigener Energiequellen vorangetrieben worden. Im Golf von Thailand und im Andamanischen Meer wurden offshore größere Naturgas- und kleinere Ölvorkommen entdeckt. Vor allem die Förderung des Erdgasvorkommens wird seit 1980 beständig ausgebaut. Durch die Einführung des sogenannten Petroleum Act von 1971 wurden erstmals in hohem Maße Förderkonzessionen an ausländische Firmen erteilt, mit der damit verbundenen Erlaubnis, Öl und Gas aus ihren Konzessionsgebieten nicht nur zu produzieren, sondern auch zu lagern und zu verkaufen.[3]

Das Department of Mineral Resources hat mittlerweile insgesamt 31 Konzessionen vergeben, davon 21 im Golf von Thailand und 10 im Andamanischen Meer. Dabei wurden über 100 Probebohrungen durchgeführt, bei denen in 60 Fällen Petroleum gefunden wurde. Diese Funde befinden sich bisher alle im Golf von Thailand. Bereits seit 1981 werden dort im sogenannten 'Erawan Field' Gasvorkommen gefördert, die durch eine 425 km lange Pipeline an die Ostküste geleitet werden. 1985 nahmen fünf weitere Gasfelder ihre Förderung auf.[4]

Die Produktion dient derzeit hauptsächlich der Elektrizitätsgewinnung in zwei Kraftwerken der Electricity Generating Authority of Thailand (EGAT) und zum Betrieb einer Zementfabrik. Ein weiterer Teil der Förderung geht an eine Gas-Trennanlage der Petroleum Authority of Thailand (PTT), die 1984 errichtet wurde. Die Gas-Trennanlage ist Bestandteil des Eastern Seaboard Development Programme (ESDB). Hierbei handelt es sich um die Realisierung eines zu Beginn der achtziger Jahre beschlossenen Infrastruktur- und Industrialisierungsprojekts 100 bis 180 km südlich von Bangkok an der Ostküste Thailands. Es sieht neben der Produktion von petrochemischen Erzeugnissen den Bau von zwei Tiefseehäfen, eines Flughafens, einer Industrie- und Exportzone und infrastrukturelle Maßnahmen vor.[5]

Onshore, d.h. auf dem Land, gibt es gleichfalls Gas- und Ölvorkommen. Vor allem im Norden des Landes wurden Rohölvorkommen erschlossen, deren Förderung in den achtziger Jahren begonnen wurde. Die Förderung begann 1983 mit ca. 5.000 Barrels pro Tag und belief sich bereits 1985 auf 21.000 Barrels pro Tag. Derzeit existieren zur Weiterverarbeitung des Rohöls drei Ölraffinerien in Thailand.[6]

Daneben wird vor allem Braunkohle abgebaut und zur Elektrizitätserzeugung verwendet. Im Nordwesten des Landes wurden außerdem Ölschiefervorkommen entdeckt. Man nimmt an, daß sie mit zu den größten Reserven der Welt gehören. Ihre Ausbeutung hat sich wirtschaftlich bisher nicht rentiert. Dies könnte sich bei steigenden Erdölpreisen jedoch schnell ändern. Hinzu kommen einige Uranvorkommen im Nordosten des Landes, deren Umfang noch untersucht wird.[7] Die Tabelle 5 prognostiziert die zunehmende Deckung des Primärenergiebedarfs Thailands durch eine höhere Ausnutzung eigener Ressourcen. Besonders der Förderung von Erdgas und Braunkohle ist in der zukünftigen Energieerzeugung eine wichtige Rolle zugedacht, wie die Zahlen veranschaulichen.

**Tabelle 5: Deckung des Primärenergieverbrauchs 1980 und 1990 (Schätzung)**

| Energiequellen | in Mrd. Kcal | | in % | |
|---|---|---|---|---|
| | 1980 | 1990 | 1980 | 1990 |
| Erdölprodukte | 124.091 | 143.320 | 75,92 | 49,64 |
| Erdgas | - | 50.832 | - | 17,67 |
| Braunkohle | 4.838 | 33.622 | 2,96 | 11,69 |
| Wasserkraft | 6.521 | 21.865 | 3,99 | 11,69 |
| Holzkohle | 12.678 | 15.846 | 7,76 | 5,51 |
| Bagasse | 10.740 | 13.355 | 6,57 | 4,64 |
| Feuerholz | 4.105 | 4.105 | 2,51 | 1,43 |
| Sonstige Energiequellen | 484 | 4.654 | 0,29 | 1,62 |
| Insgesamt | 163.437 | 287.590 | 100,00 | 100,00 |

Quelle: National Energy Administration.

Trotz dieser vorteilhaften Situation, über eine Anzahl von natürlichen Ressourcen zu verfügen und somit die Abhängigkeit von Importen verringern zu können, wird eine zukunftsgerichtete Entwicklungsplanung der thailändischen Regierung berücksichtigen müssen, daß eigene Ressourcen kein unerschöpfliches Reservoir darstellen und nicht erneuerbare Kapitalreserven eines Landes sind. Bisher sahen die thailändischen Entwicklungsplaner die natürlichen Ressourcen vorwiegend als Mittel zur Steigerung der wirtschaftlichen Leistungsfähigkeit, um mit Hilfe ihrer Ausbeutung die Armut zu verringern.[8]

## 2 Die Wirtschaftsstruktur

### 2.1 Agrarsektor

Obwohl die Industrie Thailands in den letzten Jahren kontinuierlich weiter gewachsen ist, bildet die Landwirtschaft noch immer die Lebensgrundlage, von der 60% der Bevölkerung ökonomisch abhängig sind. Demgegenüber erwirtschaftete dieser Sektor 1989 aber nur 16% des Bruttoinlandsproduktes und stellt nur noch 32,6% der Gesamtexporte.[9]

Trotz dieser Umstände bildet der Agrarsektor weiterhin das wirtschaftliche Rückgrat Thailands. Ackerbau, Viehzucht, Forstwirtschaft und Fischerei machen die wichtigsten landwirtschaftlichen Subsektoren aus, wobei dem Ackerbau bei weitem die größte Bedeutung zukommt. Angebaut werden hauptsächlich Reis, Tapioka, Mais, Zuckerrohr, Kautschuk, Baumwolle, Tabak, Mungbohnen, Jute, Hanf und Kokosnüsse. Davon sind als Hauptausfuhrgüter Reis, Tapioka, Kautschuk, Mais und Zucker zu nennen. Hier kommen bereits die Ergebnisse der in den sechziger Jahren eingeleiteten Diversifizierungsstrategie zum Ausdruck. Nach einer ersten Phase der Diversifizierung konnten sich neben Reis besonders die anderen oben erwähnten Agrarprodukte als Exportgüter etablieren (siehe Tabelle 6).

Tabelle 6: Produktion der wichtigsten landwirtschaftlichen Erzeugnisse (in Mio.Tonnen)

|  | 1987/88 | 1988/89 | Zuwachs (in %) |
|---|---|---|---|
| Reis | 17.900 | 20.500 | 11,5 |
| Mais | 2.300 | 5.200 | 126,0 |
| Tapioka | 22.500 | 23.400 | 4,0 |
| Kautschuk | 0.870 | 0.970 | 11,5 |
| Zuckerrohr | 27.200 | 33.900 | 12,5 |
| Sorghum | 0.192 | 0.215 | 12,5 |
| Bohnen | 0.267 | 0.318 | 19,0 |
| Erdnüsse | 0.157 | 0.170 | 8,0 |
| Jute | 0.167 | 0.173 | 3,0 |
| Baumwolle | 0.074 | 0.106 | 43,0 |

Quelle: NESDB.

Immer stärker an Bedeutung gewinnt auch die Obst- und Gemüseproduktion. Es wird damit gerechnet, daß besonders im Bereich der tropischen Früchte noch ein starkes Expansionspotential steckt. Thailand ist mittlerweile weltweit der größte Exporteur von Ananas in Dosen und bemüht sich, die Obst- und Gemüseprodukte auch selbst zu verarbeiten.[10]

In den achtziger Jahren war die Entwicklung des Agrarsektors einer Anzahl schwankender wirtschaftlicher Faktoren unterworfen. So lag das Wachstum des Agrarsektors im Zeitraum von 1982 bis 1985 bei 2,1% jährlich. Ursache hierfür war eine Verschlechterung der terms of trade, insbesondere bei den landwirtschaftlichen Hauptexportgütern. Gründe waren zum einen ein bestehendes Überangebot dieser Güter auf dem Weltmarkt; zum anderen die protektionistischen Maßnahmen der EG und der USA.[11] Aufgrund negativer Umwelteinflüsse (Dürren und Hochwasser) führte dies darüber hinaus in den beiden darauffolgenden Jahren zu einem Rückgang der gesamten landwirtschaftlichen Produktion. Erst 1988 und 1989 erholte sich der Agrarbereich wieder bei einer verbesserten Wettbewerbssituation auf den Weltmärkten und erzielte Wachstumsraten von 9,5%. bzw. 4,1%.[12] Doch bereits für das laufende Jahr 1990 wird ein erneuter Rückgang des Wachstums, aufgrund fehlender Nachfrage auf dem Weltmarkt, in der Agrarproduktion auf lediglich 1,4% erwartet.[13]

Die Landwirtschaft besaß besonders in den sechziger und siebziger Jahren einen erheblichen Anteil an der Erzielung hoher wirtschaftlicher Wachstumsraten. Die in den sechziger Jahren eingeleitete Kommerzialisierung der Landwirtschaft bewirkte eine konsequente Diversifizierung der Agrarprodukte.[14] Dadurch konnte einerseits die wachsende Bevölkerung ausreichend mit Nahrungsmitteln versorgt werden, andererseits war es möglich, Exportgewinne aus vorhandenen Produktionsüberschüssen zu erzielen. Zugleich fand etwa eine Verdoppelung der zur Verfügung stehenden Anbaufläche statt (siehe Tabelle 7). Ein Großteil der stark gewachsenen Bevölkerung konnte so mit Arbeitsplätzen versorgt werden. Heute werden ca. 38% der Gesamtfläche Thailands für landwirtschaftliche Zwecke verwendet. Bei der Nutzung dieser Flächen ging die Ausdehnung des Anbaus von Nicht-Reiskulturen wesentlich schneller voran als die Ausdehnung des Reisanbaus. Hierfür gab es zwei maßgebliche Gründe: die Verknappung von Reisland und die Einführung neuer Exportfrüchte.

Im Gegensatz zu den meisten anderen asiatischen Ländern fehlte es Thailand, wie die Tabelle 7 zeigt, bis vor kurzem nicht an kultivierbarem Land. Mittlerweile kann jedoch nicht mehr übersehen werden, daß die Landwirtschaft vor einem Wendepunkt steht. Kulturfähige, aber noch nicht genutzte Flächen stehen kaum noch zur Verfügung. Damit dürfte die Steigerung der landwirtschaftlichen Produktion durch Flächenausweitung an ihre Grenze gestoßen sein. Eine weitere Steigerung der Agrarproduktion könnte demnach nur noch durch eine Intensivierung der Bewirtschaftung erreicht werden. In diesem Zusammenhang wird von einigen Entwicklungsexperten oft auf das Problem der niedrigen Hektarerträge in Thailand verwiesen, welche es zu verbessern gilt.[15]

Das Agrarsystem Thailands ist auch heute noch traditionell mittel- bis kleinbäuerlich strukturiert. Da Thailand im eigentlichen Sinne nie eine Kolonie war, bestehen kaum große Plantagen, wie sie z.B. in Malaysia, Indonesien oder den Philippinen existieren. Somit wird der Großteil der thailändischen Landwirtschaft von Bauern mit kleinem Grundbesitz bestritten. Ein Vorteil dieser relativ spezifischen Entwicklung Thailands war bisher, daß das Problem der Landlosigkeit bei weitem nicht so dringlich war, wie in anderen Ländern der Region.[16]

**Tabelle 7:** Anbaustruktur (in 1.000 ha)

|  | Reis | | | Nicht-Reis-kulturen | | | gesamte Anbaufläche | |
|---|---|---|---|---|---|---|---|---|
|  | Fläche | Index[a] | in %[b] | Fläche | Index[a] | in %[b] | Fläche | Index[a] |
| 1950/51 | 5540 | 100 | 88,3 | 731 | 100 | 11,7 | 6271 | 100 |
| 1960/61 | 6921 | 107 | 76,7 | 1796 | 246 | 23,3 | 7717 | 123 |
| 1970/71 | 7494 | 135 | 69,0 | 3373 | 461 | 31,0 | 10867 | 173 |
| 1978/79 | 9346 | 169 | 61,5 | 5851 | 800 | 38,5 | 15197 | 242 |

[a] Index: 1950/51 = 100;   [b] in % der gesamten Anbaufläche.
Quelle: Ministry of Agriculture.

Mittlerweile hat jedoch eine soziale und regionale Differenzierung in der Bauernschaft eingesetzt. Dies ist eine Folge der Kommerzialisierung in der Landwirtschaft, die trotz aller positiven Aspekte zu einer verstärkten Weltmarktabhängigkeit führte und zugleich höhere Produktionskosten für Bewässerung, Mechanisierung u.a. verursachte. Die damit verbundenen ökonomischen Chancen bestehen jedoch kaum für jene Bauern, deren Betriebsflächen sehr klein und/oder nicht über bewässertes Land sowie landwirtschaftliches Gerät verfügen. Das Ergebnis sind entweder hohe Einkommensverluste oder Kreditaufnahmen bzw. Verschuldung, die in manchen Fällen zur Landlosigkeit führen.[17]

Einen weiteren Bereich des Agrarsektors stellt die Forstwirtschaft dar, die mit mehreren Problemen belastet ist. Die forstwirtschaftliche Produktion ist seit einigen Jahren rückläufig und erwirtschaftete zuletzt nur noch 1,5% des BIP (siehe Tabelle 8).[18]

**Tabelle 8:** Holzproduktion (in 1.000 Tonnen)

|  | 1983 | 1984 | 1985 | 1986 | 1987 | 1988 |
|---|---|---|---|---|---|---|
| Teak | 58 | 48 | 39 | 68 | 38 | 47 |
| Yang | 1.762 | 1.983 | 1.786 | 1.947 | 2.111 | 1.470 |
| Brennholz | 773 | 817 | 691 | 438 | 874 | 589 |
| Holzkohle | 292 | 441 | 364 | 349 | 464 | 561 |

Quelle: Bank of Thailand.

## Wirtschaftsstruktur

Eine Flutkatastrophe im Süden Thailands im Jahre 1988 veranlaßte die Regierung, ein generelles Holzfällverbot über das gesamte Land zu verhängen. Jahrzehntelanger Holzexport, illegale Abholzungen und die oben erwähnte Neulanderschließung für landwirtschaftliche Anbauflächen führten nicht nur zu einer Reduzierung des Waldbestandes, sondern begünstigen auch Naturkatastrophen. Nach offizieller Auffassung soll dies auch die Rolle Thailands als Holzproduzent beenden.

Verläßliche und aktuelle Angaben über den tatsächlichen Waldbestand Thailands sind nicht erhältlich. Schätzungen differieren je nach Quelle zwischen 28% (Forstbehörde/Landwirtschaftsministerium) und 20% (NESDB) der Gesamtfläche Thailands. Sicher ist hingegen, daß der Waldbestand noch vor ca. zwanzig Jahren 50% der Gesamtfläche Thailands betrug.

Zur Jahreswende 1989/90 war bereits abzusehen, daß das Holzumschlagsverbot zwar die Entwaldung verlangsamt, aber keineswegs gestoppt hatte. Es ist unbestritten, daß in allen Landesteilen, zumeist illegal, aber auch mit öffentlicher Genehmigung, Waldflächen weiter abgeholzt werden. Hinzu kommt, daß bisher weder eine nennenswerte Wiederaufforstung noch die systematische Erfassung der verbliebenen Baumbestände eingeleitet wurde. Die schon seit Jahren proklamierte Zielgröße von 40% für Wiederaufforstung bleibt damit in weiter Ferne. Hierfür gibt es hauptsächlich folgende Gründe:

- Die unbefriedigenden Marktpreise für bestimmte landwirtschaftliche Produkte (z.B. Gummi), die manche Bauern zu einer Ausweitung der Anbauflächen zwingen.
- Eine weitere Zunahme landloser Bauern, die illegal in die Wälder ausweichen.
- Ungelöste Probleme im Grenzland zu Malaysia, Laos und insbesondere Myanmar; die dort ansässige thailändische Bevölkerung entzieht sich der staatlichen Kontrolle, da es sich um schwer zugängliche Gebiete handelt.

Doch auch der Gesetzgeber und die Regierung geben zu erkennen, daß das Verbot so ausschließlich nicht zu interpretieren ist. Ausnahmen werden gestattet, wenn es zum Beispiel dem Tourismus dient oder wenn es um Geschäftsinteressen sogenannter 'influential persons' geht. Zudem wurde bereits bei der Verhängung des Fällverbots der Begriff der 'deteriorated forests' geschaffen. Er bezeichnet Waldflächen, die durch zumeist illegales Fällen keinen geschlossenen Baumbestand mehr aufweisen. Diese wiederum können mit Sondererlaubnis des Landwirtschaftsministers gewerblich genutzt werden.[19]

Ein ebenfalls bedeutender Zweig des Agrarsektors ist die Fischerei. Thailand besitzt, nach Japan und China, die drittgrößte Fischfangflotte Asiens. Die Branche entwickelte sich erst in den letzten zwanzig Jahren und versucht erfolgreich, ihre Produkte selbst weiterzuverarbeiten. Die Fertigprodukte in Form von Dosenfisch und gefrorenen Meeresfrüchten gehen überwiegend in den Export.[20] Mittlerweile ist jedoch eine weitgehende Überfischung der Küstenregionen festzustellen, die Thailand zu Kooperationsvereinbarungen mit Nachbarländern zwingt und das Ausweichen in weiter entfernt liegende Fischfangebiete mit sich bringt. Als Reaktion hierauf intensivierte die thailändische Regierung ihre Bemühungen, auf eigens dafür angelegten Farmen eine Krabben- und Garnelenzucht aufzubauen. Diese gewann in den letzten Jahren zunehmend an Bedeutung. Schon 1988 lag Thailand an fünfter Stelle in der Weltproduktion, und der Export von Krabben avancierte zu einem der wichtigsten Exportartikel hinter Reis, Gummi und Tapioka an vierter Stelle (siehe auch Tabelle 9).[21]

Tabelle 9: **Weltproduktion von Krabben und Garnelen 1988**

| | Produktion[a] | Anteil % | Zuchtfläche[b] |
|---|---|---|---|
| China | 100.000 | 22 | 100.000 |
| Ecuador | 70.000 | 16 | 100.000 |
| Taiwan | 50.000 | 11 | 10.000 |
| Indonesien | 50.000 | 11 | 200.000 |
| **Thailand** | **40.000** | **9** | **50.000** |
| Philippinen | 30.000 | 7 | 70.000 |
| Indien | 30.000 | 7 | 50.000 |
| Vietnam | 20.000 | 4 | 80.000 |
| Mittelamerika und Karibik | 13.000 | 3 | 15.500 |
| Südamerika | 5.000 | 1 | 10.000 |
| Sonstige | 42.000 | 9 | 80.000 |
| Gesamt | 450.000 | 100 | 765.500 |

[a] in Tonnen; [b] in Hektar
Quelle: Food and Agriculture Organization of UN (FAO).

Abschließend zu erwähnen bleibt die Viehzucht. Exporte aus diesem Bereich liegen seit den siebziger Jahren relativ konstant bei 3-5% des BIP. Hauptabnehmer für Erzeugnisse aus der Viehzucht ist Japan. In der Regel überwiegt jedoch weiterhin die Haltung von Tieren als Arbeitstiere für andere landwirtschaftliche Bereiche und zur Versorgung lokaler Märkte. Die letzten Jahre zeigen eine Ausweitung der Milchproduktion vor allem aufgrund einer gestiegenen Inlandsnachfrage. Für die Zukunft sind neben der Errichtung von Fleischverarbeitungsanlagen auch die Erschließung neuer Exportmärkte geplant.[22]

## 2.2 Industriesektor

Thailands Industriesektor weitete sich in den letzten 25 Jahren stetig aus. Seit 1985 befindet sich dieser Wirtschaftsbereich in einem kräftigen Aufschwung und ist bei einer sich zunehmend diversifizierenden Produktpalette der entscheidende Wachstumsmotor in der thailändischen Wirtschaft. Der Industriesektor läßt sich insgesamt in drei Bereiche unterteilen: verarbeitende Industrie, Bauindustrie und Bergbau.

**Tabelle 10: Produktion des verarbeitenden Gewerbes nach Sektoren (in Mio.Baht)**

|  | 1981 | 1985 | Veränderung in % 1985/81 | Durchschn. jährl.Veründung in % 1985/81 |
|---|---|---|---|---|
| Lebensmittel | 9.229 | 11.926 | 29,6 | 6,6 |
| Getränke | 5.425 | 7.044 | 29,8 | 6,7 |
| Tabak | 4.901 | 4.438 | -9,4 | 2,5 |
| Textilien | 9.195 | 11.931 | 29,8 | 6,7 |
| Bekleidung | 6.428 | 9.075 | 41,2 | 9,0 |
| Holz | 850 | 1.024 | 20,5 | 4,8 |
| Papier | 983 | 1.180 | 20,0 | 4,7 |
| Druckereigewerbe | 1.884 | 1.866 | -1,0 | -0,2 |
| Chemikalien | 5.342 | 6.969 | 30,5 | 6,9 |
| Ölraffinerien | 3.218 | 3.112 | -3,3 | -0,8 |
| Gummi | 1.594 | 1.407 | -11,7 | -3,1 |
| nicht-metall.Mineralien | 3.671 | 4.692 | 27,8 | 6,3 |
| Maschinen | 1.223 | 1.550 | 26,7 | 6,1 |
| elektrische Maschinen | 1.322 | 1.546 | 16,9 | 4,0 |
| Transportausrüstungen | 5.549 | 6.193 | 11,6 | 2,8 |
| Insgesamt einschl. Sonstige | 64.490 | 78.921 | 22,4 | 5,2 |

Quelle: Bank of Thailand.

**Tabelle 11:** Anzahl von Firmen des verarbeitenden Gewerbes nach Regionen (Prozentangaben im Klammern)

|  | 1984 | 1985 | 1986 | 1987 | 1988 |
|---|---|---|---|---|---|
| Bangkok und Samut Prakarn | 23.520 (48,8) | 25.353 (48,8) | 26.175 (48,3) | 27.475 (48,3) | 29.024 (47,0) |
| Zentralregion | 10.719 (22,3) | 11.609 (22,3) | 12.154 (22,4) | 12.636 (22,2) | 13.897 (22,5) |
| Nördliche Region | 4.129 (8,6) | 4.589 (8,8) | 4.897 (9,0) | 5.181 (9,1) | 5.794 (9,4) |
| Nordöstliche Region | 6.297 (13,1) | 6.763 (13,0) | 7.089 (13,1) | 7.477 (13,2) | 8.732 (14,1) |
| Südliche Region | 3.478 (7,2) | 3.673 (7,1) | 3.921 (7,2) | 4.122 (7,2) | 4.294 (7,0) |
| Insgesamt | 48.143 (100,0) | 51.987 (100,0) | 54.236 (100,0) | 56.891 (100,0) | 61.741 (100,0) |

Quelle: Ministry of Industry.

Obwohl nur ca. 10% der erwerbstätigen Bevölkerung in der Industrie beschäftigt sind, besitzt die verarbeitende Industrie an der Entstehung des BIP mit etwas mehr als 25% mittlerweile einen größeren Anteil als die Landwirtschaft. Ihr Anteil an den Gesamtexporten Thailands betrug 1989 rund 68,3%. Für das Jahr 1990 wird eine weitere Steigerung des Exportanteils auf 73,0% erwartet. Die Wachstumsraten dieses Bereichs sind mit 12,4% bzw. 12,5% für 1988 und 1989 sowie geschätzten 12,0% für 1990 sehr hoch.[23] Die wichtigsten Branchen für den Exportbereich sind die Textil- und Nahrungsmittelindustrie, aber auch Plastik und Gummiprodukte sowie die Schuh-, Keramik-, Schmuck- und Elektronikindustrie erlangen zunehmende Bedeutung (siehe auch Tabelle 10).

Der Hauptstandort des verarbeitenden Gewerbes ist Bangkok und seine Umgebung (siehe auch Tabelle 11). Hierfür gibt es drei wesentliche Gründe:

- aufgrund der gut entwickelten Infrastruktur Bangkoks und seiner Umgebung sind die Produktionskosten dort wesentlich niedriger als in anderen Teilen Thailands;

- eine hohe Zahl von Firmen produziert Fertigprodukte und ist auf den Import von Rohstoffen und Zwischenprodukten angewiesen. Die gute Verkehrsanbindung Bangkoks garantiert dabei geringe Transportkosten;

- Bangkok besitzt als Hauptproduktionsstandort zugleich den größten Absatzmarkt für die lokal produzierten Produkte.[24]

Die Entwicklung des Sektors selbst ist stark geprägt durch die industrielle Verarbeitung in Kleinbetrieben. Noch wird die Mehrzahl aller Firmen von handwerklichen Kleinbetrieben gebildet, die hauptsächlich Konsumgüter für den lokalen Markt produzieren. Demgegenüber basieren die industrielle Entwicklung Thailands und die wirtschaftlichen Erfolge der achtziger Jahre in erster Linie auf der Errichtung einer großen Anzahl moderner exportorientierter Fertigungsstätten. Deren Gründung erfolgte mit Hilfe von inländischem wie auch ausländischem Kapital unter Aufsicht bzw. Förderung durch das BOI. Die ausländischen Direktinvestitionen haben dabei zweifellos die entscheidenden Impulse für die Entwicklung der verarbeitenden Industrie gegeben. Besonders die in den achtziger Jahren eingetretene hohe Diversifizierung ist kennzeichnend dafür. Erst der hohe Einsatz von ausländischem Kapital führte auch zu einer Abkehr von der lange - und z.T. auch jetzt noch - praktizierten Politik der Importsubstitution und einer damit verbundenen binnenmarktorientierten Produktion. Ein Großteil der Exportproduktion und Produktionserweiterungen entstand somit verstärkt erst nach 1985. Doch bereits jetzt ist deutlich (wie zu Beginn des Abschnitts angeführt), daß das Wachstum der Industrieproduktion keineswegs parallel proportionales Wachstum der Beschäftigungsmöglichkeiten mit sich bringt.[25] Die verarbeitende Industrie gliedert sich im einzelnen wie folgt:

Die *Herstellung von Nahrungsmitteln*, d.h. die industrielle Verarbeitung landwirtschaftlicher Erzeugnisse, stellte lange Zeit den wichtigsten Zweig dieses Industriesektors dar.[26] Dabei führte die Notwendigkeit der Konservierung von Nahrungsmitteln dazu, daß dieser Bereich über eine hochentwickelte Kühl- und Dosentechnik verfügt. Derzeit beträgt der Anteil dieses Subsektors an der industriellen Produktion ca. 15%.[27] Zudem handelt es sich bei der Nahrungsmittelindustrie um einen relativ arbeitsintensiven Sektor, der aufgrund seiner engen Bindung an die Landwirtschaft die Möglichkeit bietet, auch in hauptstadtfernen Regionen angesiedelt werden zu können und somit die Standortverteilung der Industrie insgesamt zu verbessern. Von wenigen Ausnahmen abgesehen befindet sich der gesamte Bereich, ähnlich wie die meisten landwirtschaftlichen Betriebe, in thailändischem Besitz.[28]

Bereits in den sechziger Jahren war die *Textilindustrie* der wichtigste Wachstumssektor, zunächst hauptsächlich für den Binnenmarkt und später verstärkt für den Export. Entscheidend für den Ausbau der Textilindustrie ist das niedrige Lohnniveau Thailands im Vergleich zu Hongkong und Taiwan, das dazu beitrug, daß Anlagen aus diesen Ländern abgezogen und in Thailand wieder aufgebaut wurden. Zu den Textilerzeugnissen gehören Seidenstoffe, Kunstseiden, Baumwollgarne und -gewebe, Polyestergewebe sowie fertige Bekleidung. Textilien und Garne sind der zweitgrößte Devisenbringer des Landes und stellten 1987 16,1% der thailändischen Exporte. Der Sektor erzielte von 1987 auf 1988 ein Wachstum von 24% durch einen Anstieg der Exportproduktion von 48,584 Mio. Baht 1987 auf 60,275 Mio. Baht 1988.[29]

Aufgrund der Einführung von Zöllen und nichttarifären Handelshemmnissen (Importkontingente) durch die Europäische Gemeinschaft (EG) und die USA hat sich Thailand in den letzten Jahren verstärkt der Erschließung neuer Märkte in Japan, Hongkong, Singapur, Australien und dem Nahen Osten zugewandt.[30]

Die *Schmuckindustrie* ist einer der am stärksten wachsenden Sektoren der vergangenen zehn Jahre und mittlerweile mit einem Exporterlös von 22 Mrd. Baht der viertbedeutendste Devisenbringer des Landes. Knapp 80% der gesamten Produktion werden exportiert. Nach Angaben des thailändischen Handelsministeriums expandierte der Umsatz in der vergangenen Dekade im Durchschnitt um 34% pro Jahr. Maßgebliche Grundlagen für die Entwicklung dieses stark exportorientierten Wirtschaftssektors sind, neben den vorhandenen Schmucksteinvorkommen, vor allem die eingetretene Liberalisierung des internationalen Warenverkehrs in diesem Bereich und das besonders niedrige Lohnniveau im Kunsthandwerk.[31]

Zu den stark expandierenden Industriebereichen Thailands gehört auch die *Kautschukverarbeitung*. Thailand ist derzeit der drittgrößte Produzent von Kautschuk weltweit und versorgt ca. ein Fünftel des Weltmarktes. Es werden Kautschukwaren aller Art hergestellt, wie Reifen für Fahrräder, Motorräder und Kraftwagen, Schuhe, Klebstoffe, Gummihandschuhe, etc.

Ein relativ junger Industriezweig ist Thailands *Elektroindustrie*, die durch hohe Exportraten in den letzten Jahren auffiel. Hierzu gehören neben der Herstellung von Haushaltsgeräten aller Art und Produkten der Computer- und Mikroelektronik auch alle anderen elektrotechnischen Erzeugnisse. Eines der Ziele dieser Branche ist, die in größerem Umfang benötigten Vorprodukte und Bauteile, die überwiegend aus dem Ausland bezogen werden, durch eine nationale Produktion zu ersetzen. Insbesondere der Computerbereich und die Produktion von 'Integrated Circuits' (integrierten Schaltungen) verzeichnen hohe Zuwachsraten.

Neben einer Absorption von Arbeitskräften erhofft Thailand sich von diesem Industriezweig vor allem eine Verbesserung der Handelsbilanz durch höhere Exporte.[32]

Abschließend zu erwähnen bleibt der beginnende Aufbau einer umfangreichen *petrochemischen Industrie* in den letzten Jahren.[33] Die Entdeckung großer natürlicher Gasreserven im Golf von Thailand begünstigt die wirtschaftliche Entwicklung Thailands dabei auf unterschiedliche Weise: "Apart from the obvious savings in foreign exchange and gaining a reliable domestic reserve of fuel, natural gas can be utilised as feedstocks in numerous industries, particulary in petro-chemical and fertilizer production."[34]

Zu dem bereits erwähnten ESDP gehört das Teilprojekt Map Ta Phud, in dessen Rahmen ein petrochemischer Komplex entsteht. Zentrale Einheit des Komplexes ist eine in der ersten Aufbaustufe fertiggestellte Gas-Trennanlage, die von der längsten Unterwasser-Gaspipeline der Welt gespeist wird. Sie produzierte 1986 408.000 Tonnen Flüssiggas (LPG) und Butan sowie 95 Mio. Liter Treibstoff (Natural Gasoline). Der Auftrag für eine zweite Ausbaustufe wurde im Juni 1989 erteilt. Die Kapazitätserweiterung soll den Gasdurchsatz erhöhen und zusätzlich 235.000 Tonnen LPG sowie 47.400 Tonnen Natural Gasoline jährlich produzieren.[35]

Obwohl das Schwerindustrieprojekt erst in einzelnen Bereichen fertiggestellt ist, produzieren erste Fabriken einiger privatwirtschaftlicher Unternehmen bereits petrochemische Erzeugnisse wie Polyäthylen, Polypropylen, PVC und VCM.

Weitere Industriezweige des verarbeitenden Gewerbes, die hier nicht im einzelnen erörtert werden können, sind die Zementindustrie (einer der ältesten Industriezweige Thailands), die Metallwarenindustrie (Bleche, Drahtgeflechte, Stangenstahl etc.), die chemische und pharmazeutische Industrie (vorwiegend Reinigungs- und Schädlingsbekämpfungsmittel) sowie der Maschinen- und Fahrzeugbau (landwirtschaftliche Traktoren, Schlepper etc.).[36]

Tabelle 12: Wachstumsraten des Bausektors (in Prozent)

|  | 1985 | 1986 | 1987 | 1988 | 1989 |
|---|---|---|---|---|---|
| Privater Sektor | -8,5 | 5,4 | 22,4 | 17,1 | 23,5 |
| Öffentlicher Sektor | -1,8 | -10,6 | -7,6 | 8,8 | 14,0 |
| Insgesamt | -5,2 | -8,1 | 8,1 | 13,7 | 19,8 |

Quelle: NESDB und Bangkok Bank.

Zwei weitere Bereiche der thailändischen Wirtschaft sind das *Baugewerbe und der Bergbau*. Das Baugwerbe hat einen Anteil von ca. 5% und der Bergbau von ca. 3% am BIP. Beide Bereiche verzeichneten hohe Wachstumsraten für 1989 mit 13,7% (Bauwirtschaft) und 13,5% (Bergbau).[37] Der Bausektor profitiert in besonderer Weise vom derzeitigen Investitionsboom. Die Errichtung neuer Fabrikationsstätten, Bauvorhaben des privaten Sektors und infrastrukturelle Maßnahmen bedingen im wesentlichen die gute Konjunktur dieses Sektors (siehe auch Tabelle 12).[38]

Nahezu jedes Entwicklungsprojekt ist mit Baumaßnahmen irgendeiner Art verbunden. Größtes Problem der Bauwirtschaft sind Materialengpässe und fehlende Arbeitskräfte. Dies führte inzwischen zu einem hohen Anstieg der Preise für Baumaterialien.[39]

Ebenso wie die Bauwirtschaft verzeichnete der Bergbau eine hohe Wachstumsrate für 1989. In der Förderung, Produktion und Ausfuhr von Zinn gehört Thailand zu den weltweit führenden Ländern. Gegenwärtig werden ca. 30 verschiedene Mineralien gewonnen, ohne daß bereits alle weiteren vorhandenen mineralischen Ressourcen erschlossen wurden. Die wichtigsten mineralischen Ausfuhrgüter neben Zinn sind Blei, Eisen, Steinkohle, Antimon, Mangan und Wolfram. Zudem befassen sich verschiedene Industrien, wie z.B. die Schmuckindustrie, mit Bearbeitung bzw. Weiterverarbeitung der Bodenschätze.[40]

Eine nationale Bergbaupolitik und Ressourcenplanung entwickelt sich erst allmählich. Die Förderung erfolgt bisher noch überwiegend kleinbetrieblich, und das gesamte mögliche Potential des Bergbaus wird von den Planungsbehörden noch nicht vollkommen erfaßt. Für die Zukunft wird damit gerechnet, daß dieser Sektor zu einem wichtigen Bereich der Wirtschaftsentwicklung werden könnte.[41]

## 2.3 Dienstleistungssektor

Der Dienstleistungssektor setzt sich vor allem aus den zwei zentralen Bereichen Tourismus und Finanzwesen zusammen. In der wirtschaftlichen Entwicklung Thailands spielt dieser Sektor eine außergewöhnliche Rolle. Der *Economist* sieht in ihm ein noch großes unerschlossenes Entwicklungspotential für die thailändische Gesellschaft und formulierte leicht ironisch:

> Thailand is more suited than almost anywhere else to make the leap from agricultural economy to service economy, by-passing the industrialization that has so far been assumed to be the necessary second stage of development. But Thais have a yearning to be the next NIC - 'newly industrializing country' - not the first SSE - 'straight to services economy'.[42]

Besonders der *Tourismus* entwickelte sich zum profitabelsten Bereich nicht nur des Dienstleistungssektors, sondern der gesamten Wirtschaft. Er stellt, neben den Auslandsinvestitionen, die Haupteinnahmequelle für Devisen dar, und sein Wachstum übersteigt sogar den Handel mit Textilprodukten. Der Tourismus ist bereits seit 1985 primärer Devisenbringer, und die Deviseneinnahmen für das Jahr 1989 belaufen sich schätzungsweise auf 88 Mrd. Baht. Die Zahl ausländischer Touristen stieg von knapp über 1,8 Mio. im Jahre 1980 über 2,4 Mio. im Jahre 1985 auf 3,5 Mio. 1987 und 5,1 Mio. im Jahre 1989.[43] Für 1990 hofft die Tourismusbehörde Thailands auf ein 19%iges Wachstum der Touristenzahlen auf 5,9 Mio. Besucher, die erwartungsgemäß 110.36 Mrd. Baht ins Land bringen sollen.[44] Mit Hilfe der hohen Deviseneinnahmen ist es möglich, das bestehende und in den letzten Jahren immer größer gewordene Handelsdefizit zumindest ansatzweise auszugleichen (siehe auch Tabelle 13).

**Tabelle 13: Tourismus in Thailand**

| Jahr | Zahl der Ankünfte (Mio.) | Wachstumsrate in % | Ausgaben (Mrd.Baht) |
|---|---|---|---|
| 1985 | 2,4 | | k.A. |
| 1986 | 2,8 | 16,7 | k.A. |
| 1987 | 3,5 | 25,0 | 32,5 |
| 1988 | 4,3* | 22,9 | 48,5 |
| 1989 | 5,1* | 18,6 | 75,0* |

\* geschätzt
Quelle: Bangkok Bank.

Ursachen für das florierende Tourismusgeschäft sind neben einer intensiven Tourismusförderung durch die thailändische Regierung gezielte Werbekampagnen in den letzten Jahren, wie z.B. das 'Visit Thailand Year' (1987/88) und das 'Thai Arts and Handicrafts Year' (1988/89).[45]

Die Auswirkungen des 'Massentourismus' sind über den Dienstleistungssektor hinaus auch in anderen Bereichen, wie z.B. der Bauindustrie, zu bemerken. Ein beträchtlicher Teil des Wachstums der Bauwirtschaft beruht auf dem Bau unzähliger Hotelanlagen und sogenannter 'Condominiums' (Eigentumswohnungen). Dies geschieht besonders häufig in der Form von Joint Ventures zwischen ausländischen Investoren und einheimischen Partnern.[46]

Demgegenüber existieren bereits jetzt mehrere Probleme und negative Auswirkungen im Bereich des Tourismussektors. Kritische Stimmen wie die in Bangkok ansässige Ecumencial Coalition on Third World Tourism ziehen eine vernichtende Bilanz zum Dritte-Welt-Tourismus. In einer Erklärung der Koalition heißt es, "vom Tourismus der Reichen bleibt den Armen wenig. Der Tourismus habe mehr 'Verwüstung' angerichtet als Vorteile gebracht..." [47]

Tatsächlich wird auch in Thailand ein Großteil der Deviseneinnahmen aus dem Tourismusgeschäft in einigen wenigen Touristenzentren erzielt (Bangkok, Chiang Mai, Phuket und Pattaya), während ländliche Gebiete kaum davon 'profitieren'. Andererseits stellt sich die Frage, ob nicht diese Konzentration auf wenige Standorte Vorteile besitzt, da der Massentourismus schon dort eine Anzahl sozialer und kultureller Probleme verursacht oder verstärkt. Rüland schreibt hierzu: "...mass tourism has also been accompanied by highly undesirable sociocultural effects such as rampant prostitution, encroachment on nature, ecological damage, and an erosion of local traditions, customs and ways of life."[48]

Von den bei Rüland angeführten negativen Aspekten des Tourismus ist das Problem der Prostitution am offensichtlichsten. Thailand besitzt seit der Stationierung amerikanischer Truppen während des Vietnam-Krieges den Ruf, ein Eldado des Sexgeschäfts zu sein. Untersuchungen zufolge sind zwischen 70% und 90% der Touristen Männer, die den schnellen und billigen Sex suchen. In einem Bericht der Vereinten Nationen von 1989 mit dem Titel "Moderne Formen der Sklaverei" wird davon ausgegangen, daß es in Thailand inzwischen mindestens 20.000 Kinderprostituierte im Alter zwischen 7 und 15 Jahren gibt. Insgesamt, so wird geschätzt, gibt es in Thailand 300.000 in der Prostitution tätige Frauen, deren Gesamtzahl jedoch noch weit höher sein dürfte.[49] In diesem Zusammenhang steht bereits fest, daß die Krankheit AIDS sich in Thailand zu einem aktuellen Problem entwickelt. Die hohe Zahl der an AIDS erkrankten Prostituierten beschäftigt jedoch bisher hauptsächlich die thailändischen Zeitungen, während die Regierung das Problem noch negiert und sich erst nach langem Zögern entschloß, eine Aufklärungskampagne zu initiieren.

> As far as AIDS is concerned, the government is planning to undertake a national campaign for its prevention. The campaign aims to raise the level of public awareness of the dangers of the disease and seek measures to help those most vulnerable to contract the disease such as prostitutes.[50]

Neben diesen negativen Aspekten stellt eine weitere mögliche Gefährdung der Entwicklung im Tourismus die regionale Kollision des Ausbaus der Schwerindustrie mit dem Ausbau des Tourismussektors dar. So entsteht das ESDP z.B. in lediglich 10 km Entfernung in der Nähe des für Thailand wichtigen Touristenziels Pattaya. Dies könnte mittel- oder langfristig zu einer Verringerung der

Attraktivität Thailands für den Tourismus führen, wenn aufgrund der Industrieanlagen Verschmutzungen von Luft, Wasser und Strand stattfinden sollten. Die Küste von Pattaya bis zu der Region des ESDP gilt schon jetzt durch den Tourismus als übermäßig verschmutzt und das Wasser als nicht mehr zum Schwimmen geeignet. Hinzu kommt, daß es in diesen Ballungsgebieten des Tourismus bereits jetzt zu einer Wasserknappheit bei der Trinkwasserversorgung kommt, und es wird befürchtet, daß der Ausbau der Schwerindustrie dieses Problem noch verschärft.[51]

Ferner haben neuere Untersuchungen in Thailand mittlerweile selbst den eingangs erwähnten Nutzen des Tourismus für die thailändische Volkswirtschaft in Frage gestellt. In einer Studie des National Institute of Development Administration (NIDA) in Bangkok wird der von der thailändischen Regierung aufgestellten Behauptung, der internationale Tourismus sei Thailands wichtigster Devisenbringer, widersprochen. Demnach hätten beispielsweise 1987 rund 56% aller Deviseneinnahmen in Höhe von etwa 50 Mrd.Baht wieder für den Import von Luxusgütern ausgegeben werden müssen, die unmittelbar oder mittelbar für den internationalen Tourismus bestimmt gewesen sein: Hotelausstattungen, Getränke und hochwertige Lebensmittel, die in Thailand bisher nicht produziert werden. Die Studie fährt fort, daß dieses Untersuchungsergebnis hochgerechnet auf Thailands touristisches Jahr 1989 bedeuten würde, daß von den Deviseneinnahmen in Höhe von rund 100 Mrd.Baht fast 60 Mrd.Baht wieder zurück ins Ausland fließen. Gleichzeitig wurde festgestellt, daß der Tourismus zwar Hunderttausende von Arbeitsplätzen geschaffen habe, diese aber mehr oder minder nur Hilfarbeiterjobs seien, die weder die Intelligenz noch die Fähigkeiten des einzelnen förderten (z.B. Kellner, Türsteher, Gepäckträger etc.). Außerdem sei die Ausbildung in diesen Berufen kaum geeignet, einen Arbeitsplatz in einer anderen Industrie anzunehmen.[52]

Den zweiten aufstrebenden Bereich im Dienstleistungssektor stellt das *Finanzwesen* Thailands dar. Die Entwicklung des Bankenwesens vollzieht sich im Aufbau am Vorbild des englischen Bank- und Kreditsystems. Die Bank of Thailand gilt als Zentralbank Thailands und wurde 1942 gegründet. Sie verfährt nach ähnlichen Richtlinien wie die Bank of England und trennt die Bankgeschäfte vom Management der Notenausgabe. Zu den zentralen Aufgaben der Bank gehört neben der Ausgabe von Banknoten die Aufsicht über Entwicklungs- und Geschäftsbanken sowie die Wertpapierbörse, aber auch die Verwaltung der Devisen- und Goldreserven. Rechtlich betrachtet gehört das gesamte Kapital der Bank of Thailand der thailändischen Regierung, trotzdem gilt sie als eine relativ unabhängige Verwaltungseinheit, die lediglich vom Finanzminister überwacht wird. Im Gegensatz zur Deutschen Bundesbank ist sie daher bei der Entscheidungsfindung nicht vollkommen autonom. Die Umsetzung geldpolitischer Vorhaben wird in Abstimmung mit der Regierung und dem NESDB durchgeführt.[53]

56    Die strukturellen Rahmenbedingungen

Einen weiteren Bereich des thailändischen Finanzsystems bilden die Geschäftsbanken. Über sie werden fast zwei Drittel aller finanziellen Transaktionen abgewickelt. Das restliche Drittel teilen sich Kreditunternehmen, Versicherungen etc. Zu den wichtigsten einheimischen Geschäftsbanken zählen u.a. die Bangkok Bank, Krung Thai Bank, Thai Farmers Bank, Siam Conmmercial Bank und Thai Military Bank. Die Bangkok Bank gilt, gemessen an der Bilanzsumme, als größte Bank Südostasiens.[54] Eine um 27% gestiegene private Kreditnachfrage führte bei gleichzeitigem Rückgang der Einlagen bei den Geschäftsbanken 1988 zu einer Reduzierung der Liquidität des Bankensystem gegenüber 1987. Durch eine verstärkte Sparneigung und hohen Kreditzuflüssen aus dem Ausland ist die Liquidität der Geschäftsbanken jedoch trotz der hohen Kreditnachfrage gesichert.[55]

**Tabelle 14: Börse von Thailand/Securities Exchange of Thailand (SET) Index**

| | SET Index[1] | (1975=100) Veränderung in % |
|---|---|---|
| **1987** | | |
| Januar | 209,90 | 21,33 |
| April | 250,20 | 19,20 |
| Juli | 313,90 | 25,46 |
| Oktober | 299,80 | -4,49 |
| **1988** | | |
| Januar | 318,80 | 6,34 |
| April | 413,90 | 29,83 |
| Juli | 457,00 | 10,41 |
| Oktober | 418,80 | -8,36 |
| **1989** | | |
| Januar | 433,68 | 3,55 |
| April | 500,21 | 15,34 |
| Juli | 624,13 | 24,77 |
| Oktober | 695,01 | 11,36 |

[1] Index bezieht sich auf das Ende des Monats.
Quelle:    Securities Exchange of Thailand.

Infrastruktur 57

Die Entwicklung eines Kapitalmarktes in Thailand ist relativ jung. Nach Beendigung des Vietnam-Krieges 1974 wurde die Securities Exchange of Thailand (SET) gegründet. Sie ist die Wertpapierbörse Thailands und entwickelt sich besonders seit Beginn der achtziger Jahre zu einem wichtigen Bereich der Finanzpolitik. Insbesondere die Zahl ausländischer börsennotierter Unternehmen nahm in den letzten Jahren beträchtlich zu. Der Wertpapierhandel stieg dabei seit 1987 trotz Schwankungen kontinuierlich an, wie der Börsenindex in Tabelle 14 zeigt. Im August 1989 wurden an der SET täglich im Durchschnitt Werte für 1,1 Mrd. Baht gehandelt, was gemessen am gleichen Vorjahresmonat einen Zuwachs um ca. 50% darstellte.[56]

## 3 Die Infrastruktur

Die Infrastruktur einschließlich der Bereiche Verkehr, Transport, Kommunikation und Energie (Elektrizitäts- und Wasserversorgung etc.) ist für die gesellschaftliche und industrielle Entwicklung von wesentlicher Bedeutung. Eine ausgebaute und gut funktionierende Infrastruktur erhöht die Effizienz von Produktion, Vermarktung und Export. Vor allem bei der Erschließung bisher schwer zugänglicher Regionen ist der Aufbau einer Infrastruktur notwendig, um auch dort Investitionen und Fortschritt zu erzielen.

Im Falle Thailands hat das hohe Wirtschaftswachstum der letzten Jahre zu einer starken Überforderung der vorhandenen Infrastruktur geführt. Trotz aller bisherigen Bemühungen, die Infrastruktur auszubauen, sind Telefon, Telekommunikation, Straßen, Eisenbahnen, Wasser- und Energieversorgung nicht mehr den veränderten Bedingungen gewachsen. Die von der sich seit 1988 im Amt befindenden Regierung Chatichai angekündigte Verbesserung der Infrastruktur, notwendige Voraussetzung für ein weiteres Wachstum der thailändischen Wirtschaft, kommt kaum voran. Dabei wird, aufgrund der hohen Kosten für jedes Infrastrukturprojekt, versucht, eine Strategie der Privatisierung von Infrastrukturinvestitionen zu verfolgen. Danach werden Privatunternehmen gezielt mit dem Aufbau großer Infrastrukturprojekte betraut, die dreißig Jahre nach ihrer Errichtung an die Regierung übergeben und bis dahin von den Unternehmen selbst verwaltet werden.[57]

Diese Strategie führte jedoch bisher oftmals zu einer jahrelangen Verzögerung der Projekte, da sich die politisch Beteiligten oft nicht einigen konnten, an welche Firmen die jeweiligen Aufträge gehen sollten. Zudem investieren zahlreiche private Investoren nur in diejenigen Infrastrukturbereiche, die gewinnversprechend sind (z.B. Industrieinfrastruktur). Demgegenüber engagiert sich der Staat sich in Bereichen wie der Verkehrsinfrastruktur, die sehr kostenintensiv sind, aber nicht sehr gewinnbringend.

Im Vergleich zu anderen Ländern der Dritten Welt verfügt Thailand dennoch über eine relativ gut ausgebaute Infrastruktur. Kaum ein anderes Entwicklungsland besitzt ein so gut ausgebautes Straßennetz wie Thailand.[58] Dies ist zurückzuführen sowohl auf die seit den sechziger Jahren betriebene Infrastrukturpolitik aller thailändischen Regierungen als auch auf die Zeit, in der amerikanische Truppen in Thailand stationiert waren. Während des Vietnam-Krieges wurden aus strategischen Gründen militärische Finanzmittel zur Entwicklung bzw. zum Ausbau des Straßensystems eingesetzt.

Doch besonders in einem Ballungsgebiet wie Bangkok verschlechtert sich die *Verkehrssituation* mittlerweile zusehends. Die für den Ausbau der Verkehrs-und Transportinfrastruktur zuständige ETA (Expressway and Rapid Transit Authority of Thailand) betreibt daher die Planung und Durchführung von zwei Projekten mit Hilfe privater Investoren, um die Verkehrsprobleme zu verbessern: den Bau bzw. Ausbau eines geplanten Netzes von Hochstraßen quer durch Bangkok und das sogenannte 'Skytrain'-Projekt. Hauptaufgabe der Hochstraßen soll in erster Linie die Überwindung der permanenten Verkehrsstauung in der Stadt sein. Baubeginn war im März 1990, 1994 soll das Werk beendet werden. Bei dem Skytrain-Projekt handelt es sich um eine einschienige Hochbahn für Bangkoks öffentlichen Nahverkehr, die pro Route und Stunde ca. 80.000 Passagiere transportieren soll. Der Baubeginn wird für Ende 1990 erwartet, und das Projekt soll zwischen 1994 und 1995 abgeschlossen werden.[59]

Das Streckennetz der thailändischen *Eisenbahn* ist mit ca. 4.000 km Schienenlänge relativ gut ausgebaut. Der Mittelpunkt des gesamten Netzes ist die Hauptstadt Bangkok, von der sternförmig Verbindungen in alle Landesteile führen. Die Konkurrenz Schiene/Straße hat aber auch in Thailand wie in vielen westlichen Industrieländern der Bahn Schwierigkeiten gebracht. Der gesamte Bereich leidet zunehmend an einer fehlenden Modernisierung und arbeitet vielfach mit veraltetem Material und überholter Technik. Für den Transport von bestimmten Gütern wie Petroleum-Erzeugnissen, Zement und Reis über weite Entfernungen besitzt die Bahn jedoch weiterhin eine wichtige Funktion.[60]

Bis heute sehr wichtig ist auch die *Binnenschiffahrt*. Die Gesamtlänge der dafür nutzbaren Wasserwege wird auf ca. 6.000 km geschätzt und dient in erster Linie dem Personen- und Güterverkehr, hierbei insbesondere dem Transport agrarischer Produkte. Hauptwasserwege sind der Chao Phya River und ein von ihm ausgehendes weitverzweigtes Kanalsystem. Demgegenüber gewinnt die Seeschiffahrt erst seit einer Dekade an größerer Bedeutung. Hauptumschlagplatz für den Außenhandel ist bisher der Hafen von Bangkok, der voraussichtlich bald an die Grenzen seiner Kapazitäten stoßen wird. Im Zuge der Diversifizierungsbemühungen der thailändischen Wirtschaft werden daher große Tiefseehäfen geplant bzw. bereits gebaut, um Bangkoks Hafen zu entlasten (Bsp. ESDP).[61]

Das *Kommunikationswesen* in Thailand gehört bis heute zu den 'unterentwickelten' Wirtschaftsbereichen. Die Entwicklung der nationalen Telekommunikation wird hauptsächlich von zwei Staatsunternehmen bestimmt, der 1954 gegründeten Telephone Organization of Thailand (TOT) und der 1977 gegründeten Communication Authority of Thailand (CAT). Noch 1979 gab es in Thailand nur rund 420.000 Telefonanschlüsse, von denen 80% in Bangkok lagen und der Rest überwiegend in der umliegenden Zentralregion. Um den wachsenden Bedarf an verbesserter Qualität und Quantität im Fernmeldebereich abzudecken, nahm die TOT 1984 das fünfte Fernmeldeprojekt in Angriff. In Übereinstimmung mit dem Fünften Entwicklungsplan zielt das Projekt für den Zeitraum 1984-1991 auf einen ehrgeizigen Ausbau des Fernsprechdienstes in allen Landesteilen. Insgesamt sollen mit dem 1,5-Mrd.-US$-Projekt 3 Mio. Telefonverbindungen installiert werden, davon 2 Mio. in Bangkok und 1 Mio. in den Provinzen.[62]

Zum Bereich der Infrastruktur eines Landes gehört auch die *Energieversorgung*. Das schnelle Wirtschaftswachtum und die industrielle Entwicklung Thailands implizieren auch eine beständige Zunahme des Energiebedarfs. Allein zwischen 1978 und 1981 wuchs der Energiebedarf Thailands jährlich um 7,6%. Der Verbrauch von Erdöl belief sich auf 300.000 Barrel pro Tag. 73% des Rohölbedarfs wurden importiert; ca. 42% aller Exportgewinne wurden für den Einkauf von Öl benötigt. Zu Beginn der achtziger Jahre führte dieser Verbrauchsanstieg zu gestiegenen Ölrechnungen, negativen Handels- und Zahlungsbilanzen, nachfolgenden Preiserhöhungen im Inland für das gesamte Wirtschaftssystem bis hin zu beginnenden politischen und sozialen Unruhen.[63]

Tabelle 15: **Produktion, Verbrauch und Importe von kommerzieller Energie (in 1.000 Barrel/Tag)**

|  | 1985 | 1986 | 1987 | 1988 | 1989[3] |
|---|---|---|---|---|---|
| Produktion[1] | 144,2 | 152,8 | 177,1 | 199,4 | 217,2 |
| Import[2] | 180,2 | 182,6 | 222,1 | 234,9 | 301,2 |
| Verbrauch[1] | 320,9 | 337,4 | 389,4 | 439,3 | 514,8 |
| Import/Verbrauch (%) | 56,2 | 54,1 | 57,1 | 53,5 | 59,3 |

1 = einschließlich Erdgas, Kondensate, Rohöl, Braunkohle, Wasserkraft;
2 = einschließlich Rohöl und Petroleum, Kohle, Wasserkraft;
3 = 6 Monate (Jan.-Jun., 1989).
Quelle: National Energy Policy Office.

Als Reaktion auf diese Entwicklung förderte die thailändische Regierung Maßnahmen zur Verringerung des Energieverbrauchs. Die Suche nach eigenen Energiequellen wurde in verstärktem Maße vorangetrieben. Das Ergebnis zeigte sich in einer vorübergehenden Senkung des Energiebedarfs auf 5% im Jahre 1982, stieg jedoch im Jahre 1985 wieder auf 8%, wobei ein zunehmender Anteil bereits von eigenen Energieressourcen gedeckt wurde. Mittlerweile deckt Thailand mehr als 40% seines Primärenergiebedarfs aus eigenen Quellen (siehe Tabelle 15).[64]

Trotzdem ist die Energieversorgung weiterhin vergleichsweise unausgewogen. Derzeit entfallen noch ca. zwei Drittel des gesamten thailändischen Stromverbrauchs auf den Raum Bangkok. Die ländlichen Regionen mit rund 80% der Bevölkerung verbrauchen somit nur ein Drittel der Energieversorgung.

Ähnlich unausgeglichen ist die *Wasserversorgung*. Während in Bangkok das Wasserversorgungsnetz trotz weiter vorhandener Mängel kontinuierlich ausgebaut wurde, besteht im Landesinneren eine weitgehende Unterversorgung. Lediglich 20-30% aller Dörfer haben Zugang zu einem öffentlichen Wasserleitungsnetz. Hinzu kommen nach wie vor fehlende Kläranlagen oder Kanalisationssysteme.

Abschließend bleibt festzustellen, daß mittlerweile auch über Pläne zur Errichtung eines Kernkraftwerkes nachgedacht wird. Bisher waren solche Planungen aufgrund der Entlastung der Energieversorgung durch einheimische Energiequellen wie Erdgas und Braunkohle zurückgestellt worden. Nach Angaben der *Bangkok Post* wird Premierminister Chatichai demnächst jedoch dem Kabinett eine Entscheidung über den Bau eines Kernkraftwerks vorlegen. Die Begründung dieser Absicht liegt in dem zu erwartenden weiter ansteigenden Energiebedarf für die Zukunft. Demnach sei Atomenergie die effektivste Möglichkeit, den künftigen Bedarf an Energie für die industrielle Entwicklung zu decken.[65]

# V Nationale Entwicklungsplanung, wirtschaftspolitische Entscheidungsprozesse und die Rolle des Staates in Thailand

Thailand hat im Verlauf seiner nationalen Entwicklung mehrere Entwicklungsstufen durchlaufen. Dieses Kapitel gibt einen kritischen Überblick über die für den wirtschaftlichen Entwicklungsprozeß bedeutenden Faktoren. Der erste Abschnitt dieses Kapitels behandelt in Form eines Rückblicks die ersten Entwicklungspläne sowie ihre wichtigsten Ergebnisse. Es folgt eine ausführlichere Analyse des Fünften Entwicklungsplans (1982-1986), da dieser eine Vielzahl von Strukturanpassungsmaßnahmen enthält, welche die wirtschaftliche Entwicklung Thailands bis in die Gegenwart prägen. Daran anknüpfend wird der gegenwärtige Sechste Entwicklungsplan (1987-1991) diskutiert. Abschließend erfolgt ein Ausblick auf den 1992 in Kraft tretenden Siebten Entwicklungsplan. Der zweite Abschnitt beschäftigt sich eingehender mit der Funktion von verschiedenen staatlichen Behörden wie dem NESDB und ihrem Einfluß auf den Wirtschaftsprozeß. Dazu gehört neben der Einzeldarstellung auch das Aufzeigen der Kooperation einzelner Behörden untereinander. Im abschließenden dritten Abschnitt folgt eine analytische Darstellung der an gesellschaftspolitischen Prozessen maßgeblich beteiligten Gruppen und Institutionen. In diesem Zusammenhang wird eine Untersuchung der verschiedenen Entwicklungen vorgenommen.

## 1  Der Planungsprozeß

Thailand besaß bis 1961 keinen einheitlichen bzw. koordinierten Entwicklungsplan. Die einzelnen Entwicklungsprojekte wurden ohne Abstimmung der am Wirtschaftsprozeß beteiligten Akteure durchgeführt. Die entscheidende Grundlage für die spätere Implementierung von Entwicklungsplänen war eine Mission der Weltbank nach Thailand im Jahre 1957, die der thailändischen Regierung eine Vielzahl von Vorschlägen für die weitere Entwicklung seiner Wirtschaft unterbreitete.[1]

Die daraufhin seit 1961 formulierten nationalen Entwicklungspläne umspannen einen Zeitraum von fünf Jahren. Sie bilden die wesentliche Grundlage der thailändischen Entwicklungsplanung. Diese so bezeichneten 'National Economic and Social Development Plans' dienen in erster Linie der Formulierung politischer Grundsätze und Zielsetzungen der thailändischen Wirtschaftsentwicklung. Ihre Ausarbeitung erfolgt durch das NESDB unter Berücksichtigung und Konsultation anderer gesellschaftlicher und institutioneller Kräfte. Durch detaillierte Planungen unterbreiten diese Entwicklungspläne Vorschläge für Maßnahmen zur weiteren Entwicklung sowie zur Lösung bestehender wirtschaftlicher und sozialer Probleme. Nach ihrer Ausarbeitung werden sie dem Kabinett zur Annahme vorgelegt. Die Aufsicht über die Durchführung der einzelnen Planvorhaben liegt ebenfalls in den Händen des NESDB. Der gegenwärtige Sechste Nationale Entwicklungsplan umfaßt den Zeitraum von 1987 bis 1991. Insgesamt lassen die Pläne im Verlaufe ihrer Fortschreibung ein zunehmendes Problem- und Planungsbewußtsein erkennen, wie die nachfolgenden Abschnitte verdeutlichen.

## 1.1 Die Entwicklungspläne 1961-1981

Der *Erste Entwicklungsplan* 1961-66 stellte sowohl in bezug auf die Zeitdauer von sechs Jahren als auch im Hinblick auf sein Ergebnis eine Ausnahme dar. Er ist bisher der einzige Plan, in dem die formulierten Vorgaben innerhalb des anvisierten Zeitraumes auch in die Praxis umgesetzt wurden. Dabei ist jedoch zu berücksichtigen, daß der Maßnahmen- und Zielkatalog im Vergleich zu den nachfolgenden Entwicklungsplänen weit weniger anspruchsvoll ausfiel. So wurde z.B. der vorgegebene Zuwachs des BIP mit 7,5% jährlich um 1,1% übertroffen und lag bei 8,6% des BIP.[2] Wichtigstes Ergebnis dieses Plans war jedoch der von der thailändischen Regierung forcierte Ausbau der Infrastruktur mit Schwerpunkten in den Bereichen Energie und Transport. Darüber hinaus realisierte die Regierung ihr Ziel, "...to promote private industrial investment through incentives and protective measures against competing imports and to restrict the establishment of new enterprises in competition with existing private enterprises."[3] Zudem vereinfachte ein schon 1960 in Kraft getretenes Investitionsgesetz die bürokratischen Regelungen für in- und ausländische Kapitalanleger.[4]

Die Ziele des *Zweiten Entwicklungsplans* 1967-1971 waren bereits weiter gesteckt. Als Wachstumsziel des realen BIP wurde eine jährliche Rate von 8,5% anvisiert. Diese Schätzung stellte sich aber als zu optimistisch heraus, und der jährliche Zuwachs des BIP belief sich am Ende des Planes nur auf 6,9%. Ein besonderer Schwerpunkt des Zweiten Entwicklungsplans lag in dem Vorhaben, den Nordosten des Landes verstärkt in die Planung mit einzubeziehen. Diese Zielsetzung stand auch im Zusammenhang mit einer sich formierenden kommunistischen Untergrundbewegung in dieser Region.[5] Vorgesehen waren vor allem die Förderung von Agrar-, Bewässerungs- und Transportprojekten. Ferner wurde die Schaffung einer gerechteren regionalen Einkommensverteilung angestrebt. Als weitere Maßnahme beschloß die Regierung, "...that it would promote industries which utilize domestic raw materials and generate employment, encourage joint-ventures between Thai and foreign investors, and would support small scale and cottage industries."[6]

In dieser Phase der wirtschaftlichen Entwicklung dominierte nach wie vor das Prinzip einer auf der Importsubstitution basierenden Industrie. Zu Beginn der siebziger Jahre jedoch verlangsamte sich der wirtschaftliche Aufschwung. Grund hierfür war u.a. die wirtschaftliche Stagnation in mehreren Bereichen, wie z.B. beim Export und den ausländischen Direktinvestitionen. Die Ursachen hierfür lagen vor allem in einem Rückgang der Agrarexporte und einer Verminderung amerikanischer Investitionen in den letzten Jahren des Vietnam-Krieges.

Der *Dritte Plan* von 1972-1976 stützte sich in der Zielsetzung im wesentlichen auf den Zweiten Plan und erweiterte diesen um einige wichtige Punkte. Bei der Analyse der ersten beiden Entwicklungspläne wurde erkannt, daß die Politik der Importsubstitution an ihre Grenzen stieß. Hieraufhin leitete die Regierung erste Schritte in Richtung auf eine exportorientierte Wachstumsstrategie ein. Besonders der Steigerung von Exporten aus dem verarbeitenden Sektor wird seitdem hohe Priorität zugemessen.

Des weiteren sah der Dritte Plan eine detaillierte Planung sowohl für die einzelnen Regionen des Landes als auch für die verschiedenen wirtschaftlichen Sektoren vor. Die Eingriffsmöglichkeiten des Staates in ein marktwirtschaftliches Wirtschaftssystem sollten besser genutzt, die landwirtschaftliche Produktivität gesteigert und die Kluft zwischen arm und reich verringert werden. Doch zeichneten sich hierbei auch erstmals die Schwächen des bestehenden Planungsprozesses ab. Die Konzentration der Bürokratie und Behörden auf Bangkok und die damit einhergehende Zentralisierung von Entscheidungen führten zwar zu einem Ausbau der wirtschaftlichen und sozialen Dienste in den städtischen Zentren, die ländliche Entwicklung blieb jedoch weit hinter den Erwartungen zurück. Die von den Militärs, der Monarchie und der Bürokratie getroffenen politischen Entscheidungen kamen zudem hauptsächlich der Elite des Landes zugute, nicht jedoch Bauern, Industriearbeitern und Studenten. Das Ergebnis wurde daher insgesamt als unbefriedigend gewertet: "The Third Plan period, despite an actual real rate of annual growth of 6.2 percent (as against projected 7 percent), was characterized by an increase in the economic disparity between the regions and no reported improvement in the high degree of inequity in income between occupational groups."[7]

Ein weiteres Hindernis auf dem Weg zu einem raschen wirtschaftlichen und sozialen Aufstieg des Landes stellte das schnelle Bevölkerungswachstum dar.[8] Um eine Verringerung des jährlichen Bevölkerungswachstums zu erreichen, beschloß die Regierung ein Familienplanungsprogramm, welches seitdem einen festen Bestandteil aller Entwicklungspläne bildet.[9]

Im *Vierten Entwicklungsplan* 1977-1981 wurden viele der in den Jahren zuvor eingeleiteten Entwicklungsstrategien fortgeführt und erweitert. Das für diesen Zeitraum prognostizierte Wachstum von 7,3% wurde mit einem tatsächlichen Wachstum von 7,0% des BIP jährlich nur knapp verfehlt. Aus thailändischer Sicht bewies die Zusammensetzung des BIP außerdem den Erfolg der in den siebziger Jahren durchgeführten Entwicklungspolitik. Der Anteil der Landwirtschaft am BIP war konstant zurückgegangen, der Anteil des verarbeitenden Gewerbes jedoch konstant gestiegen.

Demgegenüber wurde im Verlauf des Vierten Plans erneut festgestellt, daß weiterhin vorwiegend Bangkok und die Zentralregion von der wirtschaftlichen Entwicklung profitierten. Nach wie vor lebte ca. ein Viertel der gesamten Bevölkerung, vor allem im Norden und Nordosten des Landes, unterhalb der Armutsgrenze. Die Verschärfung der sozialen Probleme nahm weiter zu und es fehlte zunehmend an Beschäftigungsmöglichkeiten für die ländliche Bevölkerung in diesen Regionen. Laut Schätzungen der Regierung gab es 1976 rund 1,2 Mio. Arbeitslose. Hieraus entstanden in der Folge als ein neues soziales Problem die Migrationsbewegungen von ländlichen Gebieten nach Bangkok.[10] Hinzu kamen ungenügende Sozialleistungen wie fehlende Bildungs- und Ausbildungsmöglichkeiten und eine unzureichende medizinische Versorgung. Vor diesem Hintergrund ordnete der 1977 durch einen Militärputsch an die Macht gelangte General Kriangsak Chamanan Ende 1978 eine Revision des Vierten Entwicklungsplans an. Die Anteile ausländischer Kapitalinvestitionen sollten mit Hilfe von Anleihen bei internationalen Organisationen erhöht und für weitere ländliche Entwicklungsprojekte verwendet werden.

> It was hoped that the large scale of the undertakings, supplemented by projects to provide electricity and improve major transport and communications facilities, would eventually raise the standard of living to above the poverty level for a large number of rural areas... The government's stated commitment to the rural sector was further emphasized when Prime Minister Kriangsak declared 1979 to be the 'Year of the Farmer'.[11]

Doch die nächsten Jahre zeigten im Ergebnis keine der angestrebten Verbesserungen. Als Erklärung hierfür nannte die Regierung die Versäumnisse der Vergangenheit und die Notwendigkeit einer langfristigen und sorgfältigen Planung, um die Fehler der Vergangenheit auszugleichen. Ausländische Ökonomen werteten jedoch im Gegensatz dazu die schon oben angeführte starre Einstellung der zentralisierten Bürokratie Bangkoks gegenüber der ländlichen Bevölkerung und ihren Belangen als ein Hauptproblem.[12]

Parallel zu der landwirtschaftlichen Entwicklung war die Weiterführung der Industrialisierung ein Hauptanliegen des Vierten Plans. Eines der Ziele beinhaltete den Aufbau einer Agroindustrie im Nahrungs- und Genußmittelbereich mit einer primär exportorientierten Ausrichtung; aber auch eine intensivere Nutzung der Bodenschätze wurde vorgesehen, um in diesem Bereich ebenfalls zusätzliche Exportwachstumsraten zu erzielen. Mit der Errichtung weiterer exportorientierter Fertigungsstätten sollte vor allem die Begrenztheit des inländischen Markt umgangen werden, die zunehmend als Hindernis auf dem Weg zu einem NIC bewertet wurde.

Unabhängig davon sollte die Importsubstitutionsstrategie in bestimmten Bereichen fortgesetzt werden, insbesondere auf dem Gebiet der Weiterverarbeitung von Halbfabrikaten. Des weiteren wurde in diesem Plan erstmals die Idee des Aufbaus einer eigenen Schwerindustrie als zukünftiges Vorhaben festgeschrieben.

Als begleitende Maßnahmen des Vierten Plans wurden bessere Qualifizierungsmöglichkeiten für Arbeitskräfte durch weiterführende Bildungsangebote angestrebt. Im Hinblick auf die regionalen Disparitäten in der Einkommensverteilung und die Migrationsbewegungen sollten in einem ersten Schritt die gesetzlich festgelegten Mindestlöhne angehoben werden.

## 1.2 Der Fünfte Entwicklungsplan (1982-1986)

Bei der Zielsetzung des Fünften Plans war ein jährliches Wirtschaftswachstum von 6,6% des BIP veranschlagt worden. Doch war Thailand zu Beginn der achtziger Jahre mit den Auswirkungen der weltweiten Rezession konfrontiert. Die aufgrund der Ölkrisen in den siebziger Jahren stark gestiegenen Ölpreise sowie die niedrigen Preise für Rohstoffe und landwirtschaftliche Erzeugnisse auf dem Weltmarkt und die Verschuldungskrise der Dritten Welt bedrohten zu diesem Zeitpunkt nicht nur das weitere Wachstum der thailändischen Wirtschaft, sondern gefährdeten auch viele in den Jahren zuvor erzielte wirtschaftliche und soziale Erfolge.

The Fifth National Economic and Social Development Plan (1982-1986) therefore attempted to address the structural macro economic imbalances - persistent budget, trade and current account deficits - which had been evident for some years, by embarking upon a major restructuring programme, supported by the World Bank, to improve the efficiency of the economy...[13]

Aus diesem Grund erfolgte die Durchführung von sogenannten 'Restructuring Programmes' in folgenden Bereichen: Landwirtschaft, Industrie, Bergbau, Außenhandel, Energiewesen, Infrastruktur und soziale Entwicklungsmaßnahmen. Zu ihrer Umsetzung wurden verschiedene wirtschaftspolitische Maßnahmen ergriffen: "These policies included the further liberalization of the economy, economic stabilization, improvement of economic management, and the focus on international competiveness.[14]

- Die Steigerung der Produktivität des Wirtschaftssystems durch mehrere Maßnahmen zur Liberalisierung der Wirtschaftsabläufe. Dazu gehörten die Reduzierung bestehender Restriktionen wie die Streichung von Exportsteuern auf Reis und Gummi, die Vereinfachung des Steuersystems und die Anpassung der thailändischen Währung in seiner Wertsetzung am Kurs des amerikanischen Dollar.

- Der Versuch einer makroökonomischen Strukturanpassung durch eine rigorose Sparpolitik der Regierung bzw. des öffentlichen Haushalts. Dies führte in der Folge u.a. zu einer stetigen Reduzierung des Haushaltdefizits. Von 3,2% des BIP im Jahr 1982 auf nur 2,6% für 1987 hin zu einem Plus von 0,4% im Jahre 1988.

- Die Verbesserung des wirtschaftlichen Managements zur gründlicheren Projektplanung und -durchführung durch folgende drei Maßnahmen: Zum einen wurde ein sogenanntes 'Council of Economic Ministers' gebildet, welches als ein Forum zur Meinungsäußerung unabhängig vom Kabinett agiert und der verbesserten Koordinierung zwischen verschiedenen staatlichen und nichtstaatlichen Institutionen aus dem Bereich der Wirtschaftsplanung dienen soll. Eine weitere wichtige Aufgabe des Council besteht in dem Treffen von politischen Entscheidungen als Reaktion auf sich verändernde internationale Wirtschaftsbedingungen.

Eine zweite Maßnahme war die Etablierung eines 'Joint Public Private Sectors Consultative Committee'. Diesem Komitee soll die Aufgabe zukommen, den Meinungs- und Informationsaustausch zwischen dem privaten und dem staatlichen Sektor zu fördern. Hierin soll auch das Bestreben des Staates zum Ausdruck kommen, hauptsächlich eine planende und ordnende Funktion im Wirtschaftsleben zu erfüllen und sich weitgehend auf die Schaffung der grundlegenden ökonomischen Rahmenbedingungen zu konzentrieren.

Als dritter Schritt wurde ein 'National Debt Policy Committee' zur Steigerung der Effizienz makroökonomischer Strukturanpassungspolitiken gegründet. Ausschlaggebend für die Bildung dieses Komitees war der hohe Anstieg der Auslandsverschuldung. Mit Hilfe dieser Maßnahme wurde dem öffentlichen Haushalt ein finanzieller Rahmen zugeteilt, der nicht überstiegen werden durfte.

- Der Wandel von einer binnenmarktorientierten Produktion hin zu einer exportorientierten Ausrichtung der Wirtschaft. Der Regierung wird dabei die Aufgabe zugedacht, die hierfür notwendigen Strukturanpassungen und Konditionen einzuleiten.[15]

Begünstigt auch durch die makroökonomischen Bedingungen zeichneten sich bereits 1986 die ersten Erfolge dieser durchgeführten Strukturanpassungsprogramme ab. Nachfolgend einige der wesentlichen Resultate dieser wirtschaftspolitischen Maßnahmen: Die Wachstumsrate des BIP stieg von einem Tief von 3,5% 1985 auf 8,4% im Jahr 1987. Das Zahlungsbilanzdefizit verringerte sich von 7,3% des BIP im Jahr 1983 auf ein Defizit von nur 1,2% im Jahr 1987. Auch die Inflationsrate verminderte sich von 19,7% im Jahr 1980 auf einen Stand von 2,5% für 1987. Bei den Devisenreserven wurde ein Zuwachs von 2,5 Mrd.US$ 1983 auf 5,2 Mrd.US$ im Jahr 1987 erzielt.[16]

Für den Zeitraum des Fünften Entwicklungsplans verringerte sich das jährliche Wirtschaftswachstum trotz dieser späteren Erfolge auf knapp unter 5% und verursachte eine weitere Zunahme der Armut in den ländlichen Gebieten. Im Vergleich zu den Ökonomien der anderen südostasiatischen Staaten blieb Thailand dennoch eines der wachstumsstärksten Länder der Region.

Ferner wurden im Fünften Entwicklungsplan weitreichende soziale und regionale Entwicklungsstrategien formuliert. Dazu gehörten die erstmalige Konzipierung einer nationalen Urbanisierungspolitik sowie Strategien für eine ökonomische Dezentralisierung mit dem Versuch, ihre konkrete Umsetzung im operativen Bereich einzuleiten. Dieses Vorhaben wird auch im jetzigen Sechsten Entwicklungsplan fortgeführt. Hauptanliegen ist die Förderung von regionalen urbanen Wachstumszentren, sogenannten 'secondary cities', als alternative Industriestandorte. Damit sollen sowohl die vorherrschende Stellung Bangkoks abgebaut als auch die wirtschaftlichen Strukturschwächen der ländlichen Räume kompensiert und Migrationsströme umgelenkt werden. Drei Maßnahmen werden dafür als notwendig erachtet:

- Eine Reduzierung von Unterschieden in den infrastrukturellen und Dienstleistungsstandards zwischen Bangkok und anderen Städten.

- Eine Reform der Wirtschaftsförderung, d.h. Steueranreize und Finanzhilfen für alternative Standortwahl und arbeitsintensive Produktionsweisen sowie die besondere Förderung der Agroindustrie zur Hebung der Produktivität im Agrarsektor.

- Eine realistische, d.h. politisch, administrativ und finanziell praktikable Förderung weniger ausgesuchter 'growth poles'.[17]

Neben dieser regionalen Hauptstrategie soll in einer neuen regionalen Entwicklungspolitik vor allem die Landwirtschaft angesichts der knapper werdenden Agrarflächen durch Diversifizierung, Kommerzialisierung und Landreform gefördert werden. Ziel war die Schaffung neuer Arbeitsplätze im ländlichen Raum in der Weiterverarbeitung von Agrarprodukten sowie in Primärgüterindustrien und im Bereich des Tourismus.

Die ersten fünf Entwicklungspläne verliefen in wirtschaftlicher Hinsicht insgesamt relativ erfolgreich. Das Bruttosozialprodukt war 1985 mit 1.047,5 Mio. Baht achtzehnmal höher als 1961 mit nur 58,9 Mio.Baht. Das Pro-Kopf-Einkommen stieg um das Zehnfache von 2.150 Baht auf 20.420 Baht pro Person 1985. Zudem waren eine Anzahl wichtiger Maßnahmen im Hinblick auf die exportorientierte Industrialisierung des Landes unternommen worden. Bei der sozialen Entwicklung hingegen wurden zwar vor allem in der Reduzierung des Bevökerungswachstums Erfolge erzielt sowie im Bildungs- und Gesundheitswesen Verbesserungen geschaffen, die Erfolge in der Armutsbekämpfung und einer gerechteren Einkommensverteilung waren jedoch sehr gering. Verantwortlich hierfür war die fehlende Umsetzung durchaus vorhandener Planungen für diesen Bereich durch die mangelnde Unterstützung der Bürokratie sowie die eindeutige Prioritätensetzung zugunsten wirtschaftliche Belange. Dabei wurde davon ausgegangen, daß ein Großteil der Bevölkerung mittelbar von den wirtschaftlichen Erfolgen profitieren würde.

### 1.3 Der Sechste Entwicklungsplan (1986-1991)

Der gegenwärtige Sechste Nationale Entwicklungsplan folgt dem Grundprinzip seiner Vorgänger in der Formulierung eines umfangreichen politischen Rahmenkonzeptes. Zwei Hauptziele für den wirtschaftlichen und sozialen Bereich sind dem Sechsten Plan vorangestellt:

Economic: Maintain an average rate of growth at a level not below 5% in order to absorb the minimum of 3.9 million persons who will be entering the labour market. Growth should be accomplished in such a way that economic stability is strengthened and the economic problems that arose during the Fifth Plan period are solved.
Social: Develop the quality of the population so that social development can progress, peace and justice be attained and development of the country as a whole supported. The national identity, culture and system of values will be maintained and the quality of life of the Thai people will be raised in both rural and urban areas.[18]

Das Dokument fährt fort mit der Erläuterung von drei Entwicklungsstrategien. Zunächst wird das Verhältnis von Regierung und privatem Sektor neu definiert. Die Regierung soll dabei im Rahmen ihrer finanziellen Möglichkeiten im öffentlichen Dienstleistungsbereich tätig sein, während der private Sektor primär den Aus- bzw. Aufbau von Produktion und Infrastruktur übernehmen soll. Unter diese Strategie fallen auch Vorhaben, einige Staatsbetriebe zu privatisieren. Die zweite Strategie sieht die Verbesserung der Wettbewerbsfähigkeit thailändischer Produkte auf dem Weltmarkt durch den Ausbau des inländischen Produktions- und Vermarktungssystems sowie die Verringerung der Produktionskosten vor. Der Wandel von der Importsubstitution zur exportorientierten Industrialisierung soll dadurch weiter forciert werden. Als dritte Maßnahme wird die gerechte Verteilung des steigenden Wohlstandes für alle Bevölkerungsgruppen, speziell in den ländlichen Gebieten, angestrebt. Hierfür werden verschiedene Dezentralisierungskonzepte verfolgt. Ferner wird die weitere Förderung des Tourismus als vorrangiges Ziel angesehen.

Zur Umsetzung dieser Zielvorgaben enthält der Plan die folgenden zehn Programmvorschläge:

1) Programme for fiscal and monetary stability
2) Programme for resources and the environment
3) Programme for rural development
4) Programme for urban and specific areas development
5) Programme for social development, human resources development
6) Programme for development of systems of production, marketing, technology and employment
7) Programme for infrastructure development
8) Programme for science and technology development
9) Programme for public enterprises
10) Programme for administrative reform and reviewing the role of the government in national development[19]

Die Mehrheit dieser Programme basiert auf den Zielsetzungen des Fünften Plans und führt diese weiter aus. Im Gegensatz zu den ersten Plänen ist für diese Umsetzung der Arbeitsprogramme eine engere Kooperation der betroffenen Behörden vorgesehen. Zur konkreten Umsetzung soll besonders auf zwei Planungsebenen verfahren werden, dem Mikro- und dem Makrobereich. Im Mikrobereich liegt das Aufgabenfeld auf der Projektebene, wie z.B. die Nutzung natürlicher Ressourcen mit Hilfe von Umweltverträglichkeitsprüfungen zu schützen und sicherzustellen. Der Makrobereich auf der anderen Seite gliedert sich in sektorale und regionale Planung. Die sektorale Planung bezieht sich auf Bereiche wie Ackerbau, Landnutzung und Siedlungsplanung, die regionale Planung hingegen befaßt sich mit detaillierten Forschungsstudien.

Der Schwerpunkt des Fünften Plans - finanzielle Stabilität und Strukturanpassungsmaßnahmen in der Wirtschaft - wurde durch eine neue Prioritätensetzung in Bereichen wie der Schaffung von Arbeitsplätzen und einer gerechteren Einkommensverteilung ersetzt. Dies wird u.a. in der erstmaligen Formulierung eines Programms für Arbeitsplatzfragen verdeutlicht. Ziel ist es, in fast allen oben genannten Programmpunkten neue Arbeitsplätze zu schaffen. Ein anderer Schwerpunkt befaßt sich mit der Sicherung des wirtschaftlichen Wachstums durch die bevorzugte Industrialisierung ländlicher Regionen.[20] Folgende Maßnahmen sind hierbei vorgesehen:

Das sogenannte 'polyzentrische Entwicklungskonzept' plant die Errichtung von wirtschaftlich dynamischen, im Dienstleistungsbereich von Bangkok unabhängigen und mit eigenen kommunalen Versorgungssystemen ausgestatteten Satellitenstädten in Außengebieten Bangkoks. Ziel dieses Plans ist die Dezentralisierung des Wachstumspotentials Bangkoks. Im Rahmen dieses Konzepts wurden drei 'Entwicklungskorridore' im Norden, Süden und Südosten bestimmt. Sie sollen an das Entwicklungsniveau der Bangkok Metropolitan Region herangeführt werden, ohne mit der Metropole zu einem gigantischen Ballungsraum zu verwachsen.

Neben diesen metropolennahen Städten und den regionalen Zentren sollen auf der Ebene der 'Changwats', der Provinzen, kleinere Städte gefördert werden. In diesem sogenannten 'agro-politan development approach' geht es in erster Linie um die 'off-season' Arbeitslosigkeit sowie um das Marketing von Agrarprodukten und die ländliche Infrastruktur. Dieses Programm soll durch die Reduzierung der Migration in die Städte oder in ökologisch anfällige Bergregionen der Einkommensumverteilung dienen.[21]

Im Zusammenhang damit steht auch die Formulierung eines neuen kommunalen Managementkonzeptes. Die Integration von physischer Planung und infrastrukturellen Investitionsprogrammen sowie die Einführung von Flächennutzungsplänen stehen dabei im Vordergrund. Damit einhergehen soll eine administrative Reorganisation der Arbeit der rund 50 Exekutivbehörden, der Bangkok Metropolitan Area (BMA). Die Zentralbehörden und Ministerien sollen vertikal und horizontal effektiver koordiniert werden. Aufgabe des neu gegründeten Bangkok Metropolitan Development Committee (BMDC) ist die Integration von Planung und Durchführung auf den verschiedenen Ebenen und die Formalisierung der dabei ablaufenden Vorgänge.[22]

Darüber hinaus sieht der Sechste Plan die Förderung der industriellen Basis in den Provinzen durch den Aufbau von Kleinunternehmen vor. Damit soll zum einen eine strukturelle wirtschaftliche Diversifizierung ländlicher Regionen stattfinden, zum anderen sollen neue Arbeitsplätze geschaffen werden. Ergänzend ist beabsichtigt, das finanzielle Engagement der Regierung in Großprojekten wie dem ESDP auf ein Minimum zu reduzieren und deren Ausbau und Entwicklung in die Hände des privaten Sektors zu legen.[23]

Die überraschend großen Wirtschaftserfolge der letzten Jahre, vor allem im Exportbereich, haben 1989 zu einer Revision des Sechsten Entwicklungsplans geführt, um die Zielsetzungen insbesondere im finanziellen Bereich den veränderten Rahmenbedingungen anzupassen.[24]

## 1.4 Ausblick auf den Siebten Entwicklungsplan (1992-1996)

Dem NESDB zufolge wird der Siebte Entwicklungsplan von 1992-1996 ein jährliches Wirtschaftswachstum zwischen 7 und 8% anstreben. Die inhaltlichen Prognosen der Wirtschaftsplaner beschränken sich vorläufig auf die nachfolgenden Synthesen. Zum einen wird davon ausgegangen, daß Exporte weiterhin den wichtigsten Faktor für die wirtschaftliche Entwicklung des Landes darstellen. Es wird angestrebt, "to maintain the economic growth by internationalising the economy and boosting the country's competiveness in the industrial marketplace."[25] Zum anderen sollen die Exportabhängigkeit reduziert und der Inlandsmarkt verstärkt gefördert werden. Es wird davon ausgegangen, daß aufgrund veränderter weltwirtschaftlicher Rahmenbedingungen mittelfristig eine Verringerung der internationalen Nachfrage nach thailändischen Exportgütern eintrifft. Der Direktor der Thai Military Bank, Supachai Panichpakdi, sieht daher als eines der wichtigsten Ziele für die neunziger Jahre: "All Asian economies today are slowing down. They're down in Taiwan, Korea and Hongkong. As demand drops, we shall have to turn inwards... We're now 80% dependent on foreign markets and 20% on domestic. In the future it'll be about 50-50%."[26]

Im Hinblick auf die vom hohen Wirtschaftswachstum überbeanspruchte Infrastruktur bildet der verstärkte Ausbau des inländischen Verkehrs- und Transportnetzes sowohl in bezug auf eine bessere Entwicklung des Binnenmarktes als auch zur Schaffung einer stabileren Basis des industriellen Sektors, insbesondere der verarbeitenden Industrie, einen weiteren zentralen Punkt der Wirtschaftsplanung. In diesen Zusammenhang fallen auch Pläne zu einer stärkeren Diversifizierung des Industriebereichs, indem über Großprojekte wie dem ESDP und Southern Seaboard hinaus auch neue klein- und mittelständische Unternehmen entstehen sollen. Hierfür muß nach Ansicht von Amnuay Viravan, Chairman des NESDB, eine weitgefächerte Diversifizierungsstrategie verfolgt werden, damit das Wachstum der thailändischen Wirtschaft auch langfristig gesichert werden kann: "The agricultural sector, transportation and communication must be developed and industry must incorporate medium-size and small manufactures rather than depending on only a few large corporations."[27]

Wie auch in den vorangegangenen Entwicklungsplänen ist als anderer bedeutender Aspekt der Entwicklungsplanung die Verbesserung der Einkommenverteilung vorgesehen. Zur Lösung dieses Problems wird vom NESDB erneut eine verstärkte Konzentration auf die Entwicklung ländlicher Gebiete vorgeschlagen. Dabei wird jedoch darauf hingewiesen, daß eine gerechtere Einkommensverteilung nur durch weiteres Wirtschaftswachstum erreicht werden könne. Der ehemalige Rektor der Thammasat University, Krirkkiat Pipatseritham, fordert die thailändische Regierung zu einer Politik auf, die auch die Belange der ländlichen Bevölkerung berücksichtigt:

> Economic growth and income distribution policies should go together by diversifying more resources into rural development projects... The Government will have to provide more budget to develop basic infrastructure in rural areas such as irrigation systems and other projects for boosting productivity. In the past, government projects were based on a return-on-assets basis so rural area projects were given second priority because the rural projects had lower yield in the short term.[28]

Ferner werden Umweltaspekte, Arbeitplatzbeschaffungsmaßnahmen, Bildungs- und Gesundheitswesen sowie die Weiterführung von Strategien aus früheren Entwicklungsplänen zentrale Leitlinien in den nächsten Jahren bilden.[29] Des weiteren soll vor allem die Rolle des privaten Sektors in allen relevanten Wirtschaftsbereichen ausgeweitet werden. So ist zum Beispiel eine Regulierung der bestehenden Bürokratie und anderer entwicklungshemmender Faktoren vorgesehen, um Anreize für Investoren zu schaffen und den privaten Sektor aktiver in den Wirtschaftsprozeß mit einzubeziehen.[30]

In einem ersten 'brainstorming-process' wurden auch bereits einige allgemeine Prinzipien des nächsten Entwicklungsplans diskutiert. Im Gegensatz zu den bisherigen Entwicklungsplänen ist vorgesehen, die Planungsüberlegungen nicht nur auf den vorgegebenen Zeitraum von fünf Jahren zu beschränken, sondern bereits Entwicklungsgrundzüge für die nächsten 15-20 Jahre zu entwerfen. Weiterhin sollen jene Bereiche, denen für die Zukunft eine entscheidende Funktion zufällt, expliziter dargestellt werden, ohne daß eine Lösung aller im einzelnen genannten Aufgaben bereits in den nächsten fünf Jahren erwartet wird. Zudem ist geplant, die Methoden und Maßnahmen für die Umsetzung der nationalen Entwicklungsplanung genauer zu spezifizieren und auf allgemeine Aussagen zu verzichten.[31]

## 2   Rolle und Einfluß von Regierungsbehörden auf den Planungsprozeß

Die dominante Rolle des Staates, der Regierungsbehörden und somit der Bürokratie bleibt trotz zunehmender Liberalisierungstendenzen in der Politik im wirtschaftlichen und politischen Entwicklungsprozeß weiterhin bestehen. Die Staatsführung ist auf den Großraum Bangkoks zentralisiert, in dem Regierung,

Parlament, Ministerien und Verwaltung sämtlich in Bangkok ansässig sind. Selbst die Provinzgouverneure haben ihren Sitz im Innenministerium. Dies bedeutet, daß nahezu alle Planungs- und Entscheidungsprozesse auch in der Hauptstadt entschieden werden.

Die thailändische Bürokratie setzt sich aus einer Vielzahl, für die unterschiedlichsten Bereiche zuständiger Behörden, zusammen. Eine Auflistung aller Einrichtungen und ihrer Funktionen würde den Rahmen dieser Arbeit bei weitem übersteigen. Die folgenden Ausführungen beschränken sich daher auf die drei wichtigsten mit Planungsaufgaben betrauten Behörden.

Neben dem bereits kurz erwähnten NESDB besitzen zwei weitere Behörden, das Bureau of the Budget (BOB) und das Fiscal Policy Office (FPO), einen wesentlichen Einfluß auf die Formulierung und Durchführung der nationalen Entwicklungspolitik. "...these three core agencies are charged with planning, administration, evaluation and follow-up of development project analysis and resources allocation for development work, analysis of government revenue, and of expenses and tax collection by the government."[32]

Das *NESDB* untersteht rechtlich dem Büro des Premierministers. Die prinzipielle Aufgabe der Behörde besteht in der Planung und Entwicklung mittel- und langfristiger Perspektiven für Thailands wirtschaftliche und soziale Entwicklung. Die Ausarbeitung der Vorschläge für die Entwicklungspläne selbst erfolgt zuvor in verschiedenen Komitees und Arbeitsgruppen. In ihnen sind Repräsentanten aus Regierungs- und Nichtregierungsorganisationen sowie aus akademischen Institutionen vertreten. "According to a high-ranking official of NESDB the agency will be receptive to ideas and opinions expressed by academics, mass media, politicans, technocrats, etc."[33]

Ihre Vorschläge werden dem NESDB zur weiteren Bearbeitung vorgelegt. Diese bei der Behörde eingegangenen Informationen, Ideen und Ansichten werden zu einem Konzept zusammengefaßt, welches nach mehreren Überarbeitungen mit der Formulierung des Entwicklungsplans abschließt. Die daran anschließende endültige Entscheidung über die Annahme des Entwicklungsplans und die Durchführung seiner einzelnen Planungsvorhaben liegt jedoch nicht beim NESDB, sondern erfolgt ausschließlich durch die Regierung. Darüber hinaus hängt der Einfluß der Behörde sehr stark von der Unterstützung des jeweiligen Premierministers ab.

Eine Hauptkritik am NESDB besteht darin, daß die Behörde keine eigenen Untersuchungen durchführt und über kein eigenes Datenmaterial verfügt, sondern in ihrer Informationssammlung von den ihr zuarbeitenden Behörden und

Institutionen (Universitäten, Institute etc.) abhängig ist. Hierin liegt die Gefahr, daß die Behörde von den jeweiligen Zuträgern Informationen erhält, die für sie vorteilhaft sind, aber nicht vollkommen den Realitäten entsprechen. Auch gibt es keine Informationen darüber, mit welcher Gewichtung die verschiedenen Auffassungen tatsächlich Eingang in die Formulierung des Entwicklungsplans finden. Ein weiterer Kritikpunkt ist, daß den vom NESDB formulierten Entwicklungsplänen eine klare Zielrichtung bzw. Aussage fehlt. Dazu zählen auch fehlende Maßstäbe für die Bewertung der durchgeführten Maßnahmen und eine Kontrolle über die ausführenden Organe auf der regionalen und lokalen Ebene sowie über die korrekte Ausführung der Pläne.[34]

Die zweite maßgebliche Behörde ist das *Bureau of Budget*. Es ist seit 1959, wie auch das NESDB, dem Büro des Premierministers unterstellt. Eine der Hauptaufgaben der Behörde ist die jährliche Ausarbeitung des Staatsbudgets. Diese wird dem Kabinett zur Annahme vorgelegt und anschließend an das Parlament zur endgültigen Verabschiedung übergeben. Eine weitere wichtige Funktion nimmt die Behörde in der Überwachung des wirtschaftlichen Haushaltens bzw. Ausgabeverhaltens der anderen Regierungsbehörden wahr. Zur Erfüllung dieser Aufgabe erhält das BOB starke politische Unterstützung von der Regierung.

> The government views it as an agency to streamline those line agencies who are difficult to put under control... This is based on the assumption, or even presumption, that the line agencies are ready to resort to irregularities or have a tendency to magnify their budget request to forestall a budget cut.[35]

Bei der dritten für den Planungsprozeß wesentlichen Behörde handelt es sich um das *Fiscal Policy Office*. Es ist als politisches Büro für das Finanzministerium tätig. Seine Hauptaufgabe besteht in der Formulierung und Weiterverfolgung von finanz- und steuerpolitischen Vorhaben. Dazu überwacht das FPO die Geschäftsbanken und finanzielle Transaktionen der Geschäftswelt. Die Einfluß dieser Behörde ist - ähnlich wie bei den beiden vorgenannten Institutionen - abhängig von der politischen Unterstützung, die sie erhält, in diesem Fall von dem jeweiligen Finanzminister. Ähnlich wie beim NESDB wird die Abhängigkeit von dem Datenmaterial anderer Behörden kritisiert.[36]

Die Beziehungen dieser drei Behörden zueinander ist, aufgrund der Rückwirkungen von Entscheidungen in den einzelnen Institutionen auf die anderen, geprägt durch eine enge Koordination und Kooperation. Die Bedeutung der drei Behörden resultiert in erster Linie daraus, daß das Kabinett zwar die endgültigen Entscheidungen trifft, aber kaum die Möglichkeit besitzt, die einzelnen Vorschläge noch einmal zu überprüfen und Verbesserungen vorzunehmen. Dies führt jedoch auch zu Abstufungen in der Relevanz der einzelnen Behörden. Das

BOB übernimmt z.B. die Aufgabe, die Vorhaben des NESDB auf ihre Finanzierbarkeit zu überprüfen und legt für die Notwendigkeit von Projekten eigene Maßstäbe an. Erst im Falle eines positiven Ergebnisses kann das NESDB davon ausgehen, daß auch das Kabinett seine Zustimmung erteilt. Somit kommt dem BOB aufgrund seiner relativ uneingeschränkten Verfügungsgewalt über das Staatsbudget eine ganz entscheidende Rolle zu. Das FPO spielt in dem gesamten Prozeß eher eine unterstützende Rolle bei der Bewertung von Projekten und seinen Versuchen, ausländische Darlehen für Projekte zu erhalten. Bei letzterem Punkt ist die Koordination mit dem BOB wichtig, um zu gewährleisten, daß neben dem ausländischen Kapital auch genügend inländisches Kapital zur Verfügung gestellt wird. Hieran wird erneut deutlich, daß dem BOB eine entscheidende Bedeutung im Planungsprozeß zukommt.[37]

Abschließend ist zu erwähnen, daß einige der im weiteren Verlauf dieser Arbeit genannten Probleme bei der wirtschaftlichen Entwicklung Thailands auch zu einem Teil in der eingangs erwähnten Konzentration von Bürokratie, Ministerien und Regierung in Bangkok liegen. Dieser Zentralismus führt zu problematischen Auswirkungen in der wirtschaftlichen Entwicklung des Landes, wie z.B. zum einseitigen Abzug von Ressourcen aus den Provinzen nach Bangkok sowie zur strikten Begrenzung der lokalen Autonomie. Eine solch einseitig ausgerichtete Politik zieht mehrere Folgen nach sich: Zum einen steigt die Abhängigkeit der Provinzen von der Zentralregierung.

> The declining local contribution to municipal revenues increases the dependence on central government funds. Accordingly, the percentage of central government grants rose from an average of 19.75 (1975-1978) to 23 percent (1979-1982) in Chiang Mai and from 25.6 to 27.9 percent in all five regional cities...The structure of grants, however is highly inelastic and leaves municipalities few options in their financial and programmatic decision-making.[38]

Zum anderen führt diese Zentralisierung zur Herausbildung sozialer Disparitäten, was sich unter anderem in einer Vergrößerung des Einkommensgefälles zwischen Stadt und Land niederschlägt. Dieser Prozeß zieht eine Migration vor allem Richtung Bangkok nach sich, was wiederum zur Vergrößerung der Slums in Bangkok führt. Auch in den Provinzen selbst nehmen die Probleme zu, da der einseitige Ressourcenabzug und die Vernachlässigung des landwirtschaftlichen Sektors insgesamt zu einer Verarmung der ländlichen Bevölkerung führt, die auf sich gestellt nun von der Nutzbarmachung zusätzlicher Ressourcen abhängig ist, um ein Mindestmaß an lebensnotwendiger Versorgung aufrecht zu erhalten. Die Ausweitung der Anbauflächen in dafür nicht geeigneten Gebieten und eine dadurch noch extremere Abrodung der Wälder finden unter anderem auch hierin ihre Ursache.

## 3  Gesellschaftliche und politische Entwicklungen

Zur Analyse der Wirtschaftspolitik und -entwicklung Thailands bedarf es auch einer weitergehenden Darstellung der Rolle und Funktion gesellschaftspolitischer Partizipatoren sowie ihrer Beteiligung am Entscheidungs- und Entwicklungsprozeß.

Die innenpolitische Entwicklung Thailands war seit Einführung der konstitutionellen Monarchie 1932 durch häufige, allerdings meist unblutige, Staatsstreiche geprägt. Die von Militärs beherrschten Regimes wurden mehrmals von Zivilregierungen abgelöst. Bis 1973 herrschte eine autokratische Ordnung unter der Führung einer zahlenmäßig kleinen Elite von Militärs und Bürokraten vor, die alle politischen Schlüsselpositionen unter ihrer Kontrolle hielten. "Die Politik wurde durch rivalisierende Cliquen innerhalb dieser militärisch-bürokratischen Elite bestimmt, die miteinander um Machtanteile und gesellschaftliche Ressourcen konkurrierten."[39]

Die von 1957 bis 1973 regierenden Militärs sahen Demokratie als ein für die thailändische Gesellschaft ungeeignetes politisches System an. Sarit und seine Nachfolger bevorzugten hingegen ein System, dessen Struktur sich auf drei Eckpfeiler stützen sollte: Regierung, Bürokratie und Volk. Auf dieser Grundlage sollte die wirtschaftliche und soziale Entwicklung vorangetrieben werden. Als Mittel dazu diente das Prinzip der Importsubstitution unter staatlicher Wirtschaftsplanung mit dem Ziel, ein Höchstmaß an wirtschaftlicher Unabhängigkeit zu erlangen.[40] In der Folge unternahmen die Militärs unter Mithilfe von Technokraten und Akademikern in der Bürokratie viele bis heute wirksame Maßnahmen, wie z.B. die Einführung von Entwicklungsplänen, die Etablierung des NESDB, den Ausbau der Infrastruktur etc., die zu einem rapiden Wirtschaftswachstum in den sechziger und siebziger Jahren beitrugen.

Gleichzeitig verursachten die wirtschaftlichen Erfolge tiefgehende soziale und wirtschaftliche Strukturveränderungen in der thailändischen Gesellschaft. Ausdruck hierfür waren die schnelle Zunahme der Urbanisierung, die Entstehung einer neuen gesellschaftlichen Mittelklasse, der Strukturwandel der Wirtschaft durch Diversifizierung etc. Es bildeten sich neue gesellschaftliche Schichten wie Banker, Industrielle und Geschäftsleute auf der einen Seite sowie eine Industriearbeiterschaft und eine durch den Ausbau des Bildungssystems zahlenmäßig größer werdende Bildungselite auf der anderen Seite.[41]

Parallel dazu begann der private Sektor Ende der sechziger und zu Beginn der siebziger Jahre eine immer größere Rolle bei den Investitionen im Industriesektor zu spielen. Geschäftsleute sahen Politik zunehmend als ein Mittel zur Durchsetzung von Geschäftsinteressen. Dabei erwiesen sich die Militärregierungen immer deutlicher als Hemmfaktor für ein weiteres Wirtschaftswachstum.

The centralised military dictatorship was becoming a drag on economic growth because of its inefficiency, corruption and lack of encouragement for initiative. Attempts were made to liberalise the economy. Hand in hand with this went moves to liberalise government. A form of parliamentary democracy was briefly introduced and trade union were legalised...[42]

Die neuen gesellschaftlichen Entwicklungen führten dabei zu einem wachsenden Ungleichgewicht zwischen dem sozioökonomischen und dem politischen Bereich. Diese Disparität war eine entscheidende Ursache für die 1973 erfolgte antimilitärische Studentenrevolte, welche einen Wendepunkt in der jüngeren thailändischen Geschichte markiert. Die Studentenunruhen und ihre Unterstützung in der Bevölkerung beseitigten die überkommene autokratische Ordnung und bildeten trotz eines blutigen Militärputsches 1976 den Ausgangspunkt zur Herausbildung einer beginnenden parlamentarischen Demokratie.

In some countries which experienced successful economic and industrial development under totalitarian regimes the moves toward economic liberalisation have created pressures for political liberalisation. Examples can be found in Russia, China, Brazil, Mexico, South Korea and Taiwan.[43]

1978 wurde eine neue Verfassung verabschiedet, die die Gesetzgebung einem Zweikammerparlament (Senat und Repräsentantenhaus) übertrug. Gleichzeitig wurden politische Parteien und Interessengruppen wieder zugelassen und die Pressezensur gelockert. Angehörige des Militärs mußten zunächst aus dem aktiven Dienst ausscheiden, bevor sie Regierungsämter anstreben durften. Die demokratischen Strukturen in Thailand festigen sich seitdem zunehmend. Unter General Prem Tinsulanonda (1980 bis 1988) erlebte das Land die bisher längste Phase politischer Stabilität und wirtschaftlichen Wachstums.

Das Militär, der König[44] und die Regierung, einschließlich der Bürokratie, bilden jedoch unabhängig davon weiterhin die maßgeblichen politischen Kräfte. Besonders das Militär hat seine ehemals sehr einflußreiche Stellung nicht ganz aufgegeben. Dies wird deutlich daran, daß die meisten gewählten Premierminister ehemalige Militärs sind. Auch der Einfluß auf die Bürokratie und der Anteil von Militärs bzw. pensionierten Militärs im Senat und Repräsentantenhaus ist weiterhin beträchtlich (ca. 80% im Senat).[45] Dennoch hat die seit Ende der siebziger Jahre verstärkt erfolgte Liberalisierung der Politik den Rückzug des Militärs aus seiner dominanten Stellung eingeleitet. Eine Bestätigung hierfür bildet der seit langem rückläufige Anteil der Verteidigungsausgaben am Gesamthaushalt. Er sank von ca. 43% zwischen 1932 und 1956 auf 17,6% im Jahre 1988.[46] Seit 1978 fand kein erfolgreicher Militärputsch mehr statt, und zwei Versuche eines Putsches 1981 und 1985 scheiterten aufgrund mangelnder Unterstützung und der unzweideutigen Haltung der Königsfamilie. Zwar können neue Umsturzversuche für die Zukunft nicht vollkommen ausgeschlossen werden, doch dürften sie im Zuge einer weiteren Fortschreitung bei der Formierung und Entwicklung einer Industriegesellschaft zunehmend unwahrscheinlicher sein.

In einer sich industrialisierenden Gesellschaft werden Entscheidungsabläufe zwangsläufig komplexer, komplizierter und independenter. Sie erfordern mithin Fachkompetenz, die innerhalb der alten militärischen und zivilen bürokratischen Eliten nur unzureichend vorhanden ist... Entscheidungen im modernen Staat erfordern Teamwork, Kooperation und Koordination. Interdisziplinäre Problemlagen sind aber nur dann zu meistern, wenn ihnen subtilere Entscheidungsabläufe zugrundeliegen, als sie der herkömmliche militärisch-autoritäre Führungsstil zuläßt. Wenngleich letzterer in einer stark hierarchisierten Gesellschaft wie Thailand noch immer Akzeptanz findet, unterminieren doch die im Kontext langanhaltender, rascher sozioökonomischer Entwicklung auftretenden Sachzwänge die traditionellen Herrschaftsstrukturen in zunehmendem Maße.[47]

Hinzu kommen neue externe Einflüsse. Die nachlassende äußere Bedrohung impliziert gleichfalls Rückwirkungen auf die Situation des Militärs, das seinen hohen gesellschaftlichen Machtanspruch auch immer mit sicherheitspolitischen Gründen zu legitimieren versuchte.

In den letzten Jahren unternahm das Militär mehrere Versuche zur Wahrung seines Einflusses in der thailändischen Gesellschaft. So suchten Militärs, mit populistischen Versprechen (z.B. Schuldenerlaß für Bauern) die Symphatie der Bauernschaft zu erringen. Andere Strategien verfolgen die Durchführung von Entwicklungsprojekten in ländlichen Regionen, unabhängig von den in den Entwicklungsplänen formulierten Maßnahmen. Das bekannteste Projektvorhaben ist die geplante 'Begrünung' des Nordostens unter dem Namen 'Green I-Sarn' durch Bewässerung und Wiederbeforstung der Region innerhalb von nur fünf Jahren. Ein ähnliches Projekt ist auch für die an Malaysia grenzende südliche Region geplant. Weitere Projekte sind Selbsthilfeprojekte, der Bau von Schulen und Hospitälern etc. Hinzu kommen Fernseh- und Rundfunkprogramme der Armee wie z.B. 'The Army Meets the People', die ebenfalls das Ziel der 'Imagepflege' des Militärs verfolgen. Vor diesem Hintergrund definierte der ehemalige Armeechef General Chaovalit Yongchaiyuth die heutige Rolle des Militärs folgendermaßen: "We have to shift our role to supporting the nation and government to develop economic prosperity."[48] Das Militär fördert, nicht zuletzt aus eigenen wirtschaftlichen Interessen, die ökonomische Entwicklung Thailands. Viele höhere Offiziere unterhalten enge Kontakte zu Geschäftsleuten und sind Teilhaber an Handelsgesellschaften.

## Gesellschaftliche und politische Entwicklungen 79

Während der Einfluß des Militärs gegenwärtig zumindest stagniert, nimmt die Bedeutung politischer Parteien und des Parlaments stetig zu. Dabei weist die Entwicklung der politischen Parteien bisher kaum ideologisches und programmatisches Profil auf. Ihre Funktion unterscheidet sich auch noch deutlich von der Rolle der Parteien in westlichen Demokratien. Rüland analysierte dazu:

> Mit Ausnahme der Democrat Party besitzen die Parteien keinen Apparat in den Provinzen. Parteien sind von politisch ambitionierten Individuen kontrollierte Wahlvereine, die lediglich im Vorfeld von Wahlen nennenswerte Aktivitäten entfalten. Ihre Mitgliederzahl liegt nur unwesentlich über dem gesetzlich festgelegten Minimum von 5.000... Die organisatorische Schwäche der Parteien erklärt die hochgradig zerklüftete Parteienlandschaft. Auch die großen Parteien sind weit davon entfernt, allein eine Regierung bilden zu können. Die Notwendigkeit zu Mehrparteienkoalitionen und die Existenz nur schwer in eine Parteidiziplin einzubindender opportunistischer Seilschaften sind denn auch wesentliche Ursachen für die instabilen Mehrheitsverhältnisse im Parlament.[49]

Parteien in Thailand sind somit nicht bzw. noch nicht wie in den westlichen Demokratien Europas und Amerikas politische Vertretungen des Volkes, deren Aufgabe u.a. in der Repräsentierung von Ansichten verschiedener sozialer Gruppen in der Bevölkerung besteht. Vielmehr spielen überwiegend persönliche Beziehungen eine wichtige Rolle; zunächst diejenigen von Familie und Verwandtschaft, anschließend ein 'hierarchisches Patronatsystem', bei dem Förderung und Schutz suchende Personen von geringerem Status ihre loyalen Dienste anbieten und sich dabei um eine Persönlichkeit von Einfluß oder Macht gruppieren. In der Konsequenz bedeutet dies, daß Politiker die Möglichkeit besitzen, politische Richtlinien im Sinne eigener Profitinteressen zu formulieren. Dies bewirkt, daß mittelfristig ein Konfliktpotential zwischen den Einzelinteressen der politischen Gruppierungen im Parlament und dem Gesamtinteresse der Bevölkerung entstehen kann.[50]

Auf der nichtstaatlichen Seite stellen die Gewerkschaften noch keine wesentliche politische Kraft dar. Sie sind in ihren Organisationsformen stark zersplittert. Insgesamt wird die Zahl der organisierten thailändischen Arbeitnehmer auf nur 5% der abhängig Beschäftigten geschätzt, die sich auf 444 Gewerkschaften unter vier konkurrierenden Dachverbänden verteilen. Die größten Erfolge konnten die Gewerkschaften bisher im Kampf um die Erhöhung von Mindestlöhnen und um Reformen im Arbeitsrecht erzielen.[51] Zu den am besten organisierten Gewerkschaften gehören die des öffentlichen Sektors (Elektrizitäts- und Wasserwerke, Eisenbahn, Hafen). Sie sind relativ stark und können in diesen sensiblen Bereichen mit Streiks großen Druck auf die Regierung und das Funktionieren des Staates ausüben.

Darüber hinaus ist der Organisationsradius der thailändischen Gesellschaft in Interessengruppen äußerst begrenzt. Die meisten blieben bis vor kurzem in ihrem Wirkungskreis auf die Hauptstadt Bangkok beschränkt und breiten sich erst in jüngerer Zeit auch auf die Provinzen aus. Dabei ist auffallend, daß die Mehrzahl dieser Verbände überwiegend die Interessen der städtischen Mittelschichten und der Unternehmerschaft vertritt.[52] Die wirkungsvollste Interessengruppe stellen somit die Geschäftsleute, die ihren Einfluß auf die Wirtschaftsentwicklung stetig steigern konnten: "Economic development and increasing direct penetration of the world market into all corners of the globe is resulting in a strengthening of the influence of business groups in Thailand at the expense of the military."[53]

Eines der größten Hindernisse im nichtstaatlichen Bereich zur Schaffung effektiver sozialer Organisationsformen bilden die bis heute vorherrschenden paternalistischen Strukturen. Diese traditionellen Verhaltensweisen üben einen starken Einfluß auf die Entwicklung des sozialen Systems aus. Konflikte in der Gesellschaft werden nicht offen ausgetragen, sondern hinter Kompromißformeln versteckt, die oftmals gerade die breite Bevölkerung benachteiligen.[54]

Seit 1988 wird Thailand zum ersten Mal nach vierzehn Jahren wieder von einer frei gewählten Zivilregierung regiert. Die Koalitionsregierung wird von sechs Parteien unter General Chatichai Choonhavan gebildet. Sie steht in der Kontinuität der Prem-Regierung, hat jedoch in der Wirtschafts- und Außenpolitik auch eigene Akzente gesetzt. Sie bemüht sich stärker um sozialpolitische Belange und intensiviert, vor allem unter Handelsaspekten, die Beziehungen zu Myanmar und Indochina.

Die neue Regierung begann ihre vierjährige Amtszeit mit einer Anzahl populärer Maßnahmen zur Steigerung ihres Ansehens und Rückhalts in der Bevölkerung. Dazu gehörten u.a. die Erhöhung des Mindestlohnes, die Reduzierung des Ölpreises, um die Transportkosten für Agrarprodukte aus den ländlichen Gebieten zu verringern, und eine Amnestie von politischen Gefangenen. Ein weiterer wichtiger Punkt war eine Verfassungsreform, die ab 1991 die Wahl des Parlamentspräsidenten vom Repräsentantenhaus und nicht mehr wie bisher vom durch den vom Militär dominierten Senat festlegte. Dies gilt allgemein als ein Indiz für die Fortführung von Demokratisierungsbestrebungen zu Lasten des Militärs.[55]

Ebenfalls zukunftsweisend war die Verabschiedung eines Sozialversicherungsgesetzes im Sommer 1990 mit den Stimmen des Repräsentantenhauses gegen das Votum des Senats. Zuvor hatte es in Thailand schon mehrere Versuche zur Einführung einer Sozialversicherung gegeben, die jedoch alle scheiterten. Das Gesetz enthält folgende sieben Punkte: Krankenversicherung am Arbeitsplatz,

Mutterschutz, Unfallversicherung bei Invalidität, Hinterbliebenenversicherung im Falle eines tödlichen Unfalls, Altersversorgung, Erziehungsbeihilfe für Kinder und Arbeitslosenversicherung. Diese in dem Gesetz vorgesehenen sozialen Schutzmaßnahmen werden allerdings nur schrittweise innerhalb eines sechsjährigen Stufenplans in Kraft treten. Die Sozialversicherung wird zu je einem Drittel von Arbeitnehmern, Arbeitgebern und Regierung getragen. Von den Regelungen ausgeschlossen sind zunächst Arbeitnehmer in Kleinbetrieben mit weniger als zwanzig Beschäftigten. Auch für die Beschäftigten des informellen Sektors (im Dienstleistungsbereich z.b. Taxifahrer und Straßenverkäufer) ist es fraglich, ob sie vom Versicherungsschutz profitieren werden, da sie als Selbständige gelten, die den Arbeitgeberanteil im Falle einer Versicherung selbst zahlen müssen. Dieses dürfte für viele eine kaum zu tragende finanzielle Belastung darstellen. Zur Durchführung des Gesetzes wurde von der Regierung die Gründung eines Ministeriums für Arbeit und Soziale Wohlfahrt beschlossen. Die Verabschiedung des Gesetzes gegen den Willen der Militärs wird von Beobachtern als ein wichtiger Schritt in der demokratischen Entwicklung Thailands interpretiert.[56]

Diesen Erfolgen der Chatichai-Administration stehen jedoch auch einige Kritikpunkte gegenüber. Das Erscheinungsbild der Regierungskoalition ist von einer Vielzahl divergierender Auffassungen der Kabinettsmitglieder geprägt, die nach westlicher Ansicht Ausdruck für ein weiterhin instabiles parlamentarisches System sind. Weiterhin existiert immer noch eine weitverbreitete Korruption sowie Amtsmißbrauch in der Bürokratie und bei den politisch Verantwortlichen, die von Chatichai als Minister ernannt wurden: "His line up of ministers looked suspiciously like a cabal of political godfathers including many with reputations for corruptions and he was warned of the dangers for the national economy of cronyism in placing major contracts."[57]

Dennoch besitzt die Korruption in Thailand im Vergleich zu anderen Ländern der Dritten Welt, wie z.B. den Philippinen, ein relativ geringes Ausmaß, wodurch sowohl die Regierung als auch die Bürokratie vergleichsweise effizienter arbeitet. Zudem ernannte Chatichai eine Reihe persönlicher Berater, die als ausgeprägte Technokraten gelten. Sie gelten allgemein als nicht korumpierbar und verfolgen neo-klassische Ansätze, die Thailands Wirtschaft nach südkoreanischem Vorbild zum Schwellenland machen sollen.

Zusammenfassend betrachtet ist der Einfluß des thailändischen Staates auf alle gesellschaftlichen Gruppen weiterhin relativ stark ausgeprägt. Die ländlichen Regionen sind von einer politischen Beteiligung nahezu vollkommen ausgeschlossen und werden von der Regierung und der Bürokratie in Bangkok dominiert.[58] Auch ist der nichtstaatliche Bereich, mit Ausnahme von Geschäftsleuten und Unternehmen, in den wirtschaftspolitischen Entscheidungsprozeß bisher kaum involviert. Der wirtschaftliche Planungsprozeß wird in Thailand vorwiegend als eine technische Angelegenheit gesehen, in dem die entscheidende Verantwortung bei der Regierung und den Planungsbehörden liegt.

Andererseits führte die wirtschaftliche Modernisierung der letzten dreißig Jahre zu den beschriebenen sozio-ökonomischen Veränderungen, die den Druck auf eine politische Liberalisierung vergrößerten und mittlerweile eine Anzahl neuer demokratischer Strukturen bewirkt haben. Die Gefahr eines Militärputsches ist bei anhaltendem Wirtschaftswachstum schon aus wirtschaftlichen Gründen kaum mehr gegeben, da dies zu einem Wegbleiben bzw. Ausfall im Bereich des Tourismus und des Auslandskapitals führen würde. Industrialisierung, Urbanisierung und die Expansion des Bildungssystems haben neue gesellschaftliche Gruppen entstehen lassen (urbane Mittelschichten, Intelligenz, Business), deren Forderungen an den Staat in Zukunft nicht mehr ohne weiteres ignoriert werden können und eine weitere Demokratisierung der politischen Entscheidungsfindung erforderlich machen werden.

# VI Interne und externe Faktoren der thailändischen Wirtschaftsentwicklung in den achtziger Jahren

## 1 Politik der Strukturanpassung und des Wirtschaftswachstums

Der erste Teil des sechsten Kapitels beschäftigt sich mit den internen Faktoren sowie den durchgeführten Maßnahmen und den Problemen der thailändischen Wirtschaftsentwicklung. Im ersten Abschnitt erfolgt eine Analyse der Rolle der Landwirtschaft und ihrer Perspektiven in der thailändischen Wirtschaftsentwicklung. Demgegenüber befaßt sich der zweite Abschnitt mit der industriellen Entwicklung und den politischen Vorstellungen für diesen Bereich. Der Schwerpunkt der Betrachtung liegt auf dem verarbeitenden Gewerbe und Großprojekten wie dem ESDP. Der dritte Abschnitt beschäftigt sich mit den sozialen Problemen als Folge des wirtschaftlichen Aufstiegs Thailands. Besonders das Problem der Urbanisierung und damit zusammenhängende Aspekte sollen untersucht werden. Abschließend werden im vierten Abschnitt einige finanzielle Aspekte des Wirtschaftswachstums dargestellt.

### 1.1 Perspektiven der landwirtschaftlichen Entwicklung

Thailand ist trotz des fortschreitenden Industrialisierungsprozesses in der letzten Dekade weiterhin ein primär von der Landwirtschaft geprägter Staat. Die hohe Zahl der in diesem Sektor tätigen Arbeitskräfte verdeutlicht dies besonders. Für die weitere Entwicklung Thailands auf dem Weg zum NIC ist die Modernisierung und Produktivitätssteigerung des Agrarsektors daher von wesentlicher Bedeutung. "Such an agricultural transformation basically involves a change from subsistence level productivity to an increasingly commercialized and mechanized, yet reasonably equitable, agriculture and, hence, a marked rise in agricultural productivity."[1]

Die bisherige Entwicklung der Landwirtschaft entspricht kaum dieser Vorstellung. Vielmehr ist die gegenwärtige Situation durch geringe Produktivität und niedrige Wachstumsraten, besonders im Vergleich zum Industrie- und Dienstleistungssektor geprägt.[2] Produktionsteigerungen erfolgten dabei vorwiegend über vergrößerte Anbauflächen und fast ohne Einsatz moderner Technologie. Diese Möglichkeit ist aufgrund fehlender, kultivierbarer Böden in Zukunft kaum noch gegeben. Wachstumssteigerungen hingegen wurden in den letzten drei Jahrzehnten überwiegend über die Diversifizierung landwirtschaftlicher Erzeugnisse erzielt. Der Anbau neuer Feldfrüchte mit hohen Verkaufspreisen auf dem Weltmarkt trug wesentlich zu einem jährlichen Wachstum von 2,4% des Agrarsektors zwischen 1965 und 1985 bei. Gleichzeitig führten die besseren finanziellen Erträge ebenfalls zu einer Produktionssteigerung: "Farmers were motivated by price incentives (i.e., they increased the crop supply in response to better prices)."[3]

Auffallend ist in diesem Zusammenhang die geringe Flächennutzung der bestehenden Anbauflächen in allen Regionen Thailands, mit Ausnahme der Zentralregion. Maßgeblich für diese hieraus resultierende niedrige Produktivität des Agrarsektors sind in erster Linie die im Vergleich zu anderen Ländern der Dritten Welt sparsame Verwendung chemischer Düngemittel und der geringe Einsatz qualitativ hochwertigen Saatguts. Ein weiterer Aspekt ist die im Vergleich zu anderen Ländern relativ ausgeprägte saisonale Arbeitslosigkeit bzw. Unterbeschäftigung. Die thailändischen Bauern sind im Durchschnitt nur 100 Tage pro Person und Jahr landwirtschaftlich tätig. Dies liegt insbesondere an den fehlenden Bewässerungmöglichkeiten für Anbauprodukte in den meisten Regionen und die daraus resultierende Abhängigkeit von den Monsunregenfällen. Daraus kann man bereits jetzt schließen, daß die weitere landwirtschaftliche Entwicklung zwangsläufig von einer intensiveren Nutzung bestehender Flächen bestimmt sein muß, zumal grundsätzlich ein großes Potential zur Steigerung der Produktivität und somit zur Erhöhung von Einkommen und Wohlstand auf dem Lande besteht.[4]

In den letzten zehn Jahren unternahm die thailändische Regierung mehrere Versuche, die landwirtschaftliche Entwicklung gezielt zu fördern. Zu Beginn der achtziger Jahre ergriff die Regierung finanzielle Maßnahmen, die kurzfristig Produktionsausweitungen des Sektors ermöglichen sollten. Dazu gehörten hauptsächlich die Reduzierung bzw. Beseitigung von Exportsteuern auf bestimmte Erzeugnisse, wie z.B. bei Reis, Zucker, Mais, Kautschuk etc. Eine Devaluierung des Baht in den Jahren 1981, 1984 und 1987 sollte zusätzlich die Exportchancen verbessern, um die Konkurrenzfähigkeit auf dem Weltmarkt zu erhöhen.[5]

In einem nächsten Schritt wurde der Ausbau der Bewässerungswirtschaft gefördert. Erste Erfolge beschränkten sich jedoch auf wenige Regionen, in der eine Reihe von Staudämmen und Kanälen gebaut wurden. Die größten Hindernisse bei der Implementierung solcher Vorhaben sind fehlende Fachkräfte und notwendige hohe Investitionen, welche über den Staatshaushalt finanziert werden müßten und bestehende Budgetdefizite weiter vergrößern würden. Ein Problem ist zudem die ungleiche regionale Verteilung dieser Projekte, die zusätzliche Disparitäten in der Landesentwicklung schaffen. Dies wiederum beruht auch auf der in einem früheren Kapitel dargestellten Zentralisierung der Bürokratie etc. in Bangkok, die die verschiedenen Regionen ungleich behandelt.[6]

Neuere, seit Mitte der achtziger Jahre verfolgte Strategien im Agrarsektor sind die Fortführung der Markt- und Produktdiversifikation sowie eine Produktivitätssteigerung bei geringeren Produktionskosten. Dazu gehören die verstärkte

Nutzung von Düngemitteln und hochwertigem Saatgut sowie bessere Kreditbedingungen für Farmer. Auch sollen der Technologieeinsatz und die Eigenverarbeitung landwirtschaftlicher Erzeugnisse ausgeweitet und das Produktangebot den Weltmarktbedürfnissen noch stärker angepaßt werden.[7]

Die im Sechsten Entwicklungsplan formulierte Förderung ländlicher Industrien stellt dabei den jüngsten Versuch der Regierung dar, einen Beitrag zu einer gerechteren Verteilung des Wachstums zu leisten. Das Ziel ist eine stärkere Verflechtung des landwirtschaftlichen und industriellen Sektors zur Errichtung eines Wirtschaftssystem, das die Partizipation einer größeren Bevölkerungsschicht am industriellen Wachstum ermöglicht. Zur Erreichung dieses Ziels soll eine Strategie verfolgt werden, die vorsieht, "...to strenghten backward linkages from the urban manufacturing sector and to develop industries that link rural workers to urban and export markets."[8]

Als ein erstes erfolgreiches Beispiel dieser Strategie wird die Schmuckindustrie genannt. Hierbei haben Farmer die Aufgabe, Edelsteine mit Hilfe einfacher Werkzeuge zu schneiden. Sie üben diese Tätigkeit als Teilzeitbeschäftigung aus und übergeben das fertige Produkt an Aufkäufer, welche die weitere Vermarktung und den Export übernehmen. In dem Arbeitsprozeß sind derzeit nach Schätzungen ca. 400.000 ländliche Arbeitskräfte beschäftigt. Dieses Beispiel wird von der thailändischen Regierung als Beweis für eine effiziente Industrialisierung ländlicher Regionen durch Arbeitsteilung dargestellt. Jedoch stellt sich die Frage, ob dieses Beispiel verallgemeinert und auf andere Bereiche übertragen werden kann. Die Schmuckindustrie weist im Vergleich zu anderen Industrien einige Besonderheiten auf. Zum einen konnte diese arbeitsintensive Industrie ohne eine ausgebaute Industrieinfrastruktur in den ländlichen Gebieten entwickelt werden, zugleich besitzen die produzierten Edelsteine einen hohen Mehrwert, der die entstehenden Produktionskosten ohne Schwierigkeiten deckt. Vergleichbar günstige Voraussetzungen sind in anderen Industriebereichen kaum gegeben.[9]

Die größten Erfolge bei der Implementierung der verschiedenen Strategien wurde bisher in der Zentralregion erzielt. Die angestrebte Modernisierung des Agrarsektors ist dort am weitesten fortgeschritten. So sind z.B. die landwirtschaftlichen Anbauflächen dieser Region zu 60% mit Bewässerungssystemen ausgestattet, was eine intensivierte und diversifizierte Bodennutzung ermöglichte.

Demgegenüber existieren jedoch auch eine Anzahl von Problemen, die aufgrund ihrer Implikationen für die thailändische Landwirtschaftsentwicklung besondere Beachtung verdienen. Zum einen sorgte die Verbesserung der landwirtschaftlichen Produktion vor allem in der Zentralregion für einen Anstieg der Produktionskosten. Zum anderen stieg die Bereitschaft der thailändischen Bauern, am Bedarf des Weltmarktes orientierte landwirtschaftliche Produkte anzubauen.

Dadurch erhöhte sich zugleich auch die Abhängigkeit von den Weltmarktpreisen für diese Erzeugnisse. Diese Abhängigkeit von externen Faktoren wirkte sich besonders bis Mitte der achtziger Jahre negativ aus. Zwischen 1978 und 1985 führten ein Überangebot landwirtschaftlicher Erzeugnisse auf dem Weltmarkt und die von der Europäischen Gemeinschaft und den USA betriebene Subventionierung der Landwirtschaft zu einer rapiden Verschlechterung der terms of trade des Agrarsektors in Thailand.[10]

Die Rückwirkungen dieser Prozesse auf Thailand sind vielschichtig. Unsichere Einkommensverhältnisse für Bauern machen so z.b. den Anbau bestimmter Erzeugnisse zunehmend unrentabel. Auch beeinflussen diese externen Faktoren die Zunahme der Landlosigkeit. Schätzungen zufolge sind mittlerweile 10% der thailändischen Haushalte landlos (siehe auch Schaubild 2). Neben internen Gründen wie dem Landaufkauf durch reiche Bevölkerungsschichten vor allem in Regionen, die sich im Einzugsbereich städtischer Siedlungen befinden, erhöhen die internationalen Abhängigkeiten das Risiko von Verschuldung und Landlosigkeit der Bauern bei geringen Weltmarktpreisen für ihre Produkte zusätzlich. Mittlerweile werden zunehmend illegale Brandrodungen von Bauern durchgeführt, die dadurch Anbauflächen für ihre Subsistenzwirtschaft zu erhalten versuchen. Das Resultat ist eine immer größer werdende ökologische Bedrohung der verbliebenen Waldbestände. Andere Folgen sind z.B. eine verstärkte Land-Stadt-Flucht oder abhängige Arbeitsverhältnisse von neuen Großgrundbesitzern, die hohe Pachten von den ehemals selbständigen Bauern verlangen und damit eine neue Problematik - die zunehmende Verschuldung von Kleinbauern - schaffen.[11]

Lösungsversuche der thailändischen Regierung für diese Probleme beschränken sich derzeit auf eine vor 15 Jahren begonnene Landreform, die sich als nur begrenzt erfolgreich erwies.

> The government aims both to buy land from big landowners and to look for public farmland such as deforested crown property. It will then sell the land to small farmers who would get 10-15 year loans to buy parcels of up to 20 acres... In the past, little more than 80.000 acres (roughly 125 times the size of London's Hyde Park) have changed hands each year under the scheme.[12]

Die Ursachen für diesen unbefriedigenden Verlauf der Reform liegen vorwiegend in bürokratischen Problemen; 24 Behörden mit sich überschneidenden Tätigkeitsfeldern sind für die Aspekte der landwirtschaftlichen Entwicklung zuständig, und bestehende Gesetze wie das 'sale with right to redemption' be-

**Schaubild 2: Landlosigkeit in Thailand (in %)**

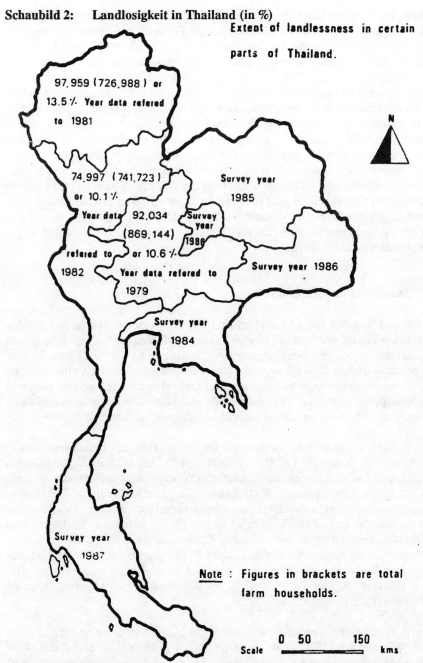

Quelle: Suthiporn Chirapanda, Landlessness in Western Thailand, Bangkok 1984.

nachteiligen Kreditnehmer gegenüber Kreditgebern. Darüber hinaus behindert die in Bangkok zentralisierte Bürokratie jede Form der Dezentralisierung von Entscheidungen in ländliche Gebiete und verringert somit die Möglichkeit einer schnellen, gezielten und effizienten Lösung von Problemen insgesamt.[13]

Für die Zukunft werden eine konsequentere Durchführung der Landreform und der Abbau ländlicher Disparitäten durch verbesserte Infrastrukturmaßnahmen und Industrialisierungsbemühungen wesentliche Voraussetzungen bilden, um zu einem Wirtschaftswachstum zu gelangen, an dem ein Großteil der Bevölkerung beteiligt ist. Von der Lösung dieser Probleme wird zudem abhängen, ob und wann Thailand den Status eines NIC erreichen kann. Derzeit zumindest sind landwirtschaftliche und industrielle Entwicklung von einem extremen Dualismus bestimmt, das sich als ein großes Hindernis auf diesem Weg erweist. Sollte diese Entwicklung nicht korrigiert werden, dürfte sowohl das Ziel, ein NIC zu werden, in weiter Ferne liegen als auch das verstärkte Auftreten sozialer Konflikte in der Zukunft unvermeidlich werden.

## 2.2  Industriepolitik und Entwicklung

Die Entwicklung des Industriesektors und der Exportboom des verarbeitenden Gewerbes während der letzten Jahre in Thailand erlebten im Vergleich zu seinen Nachbarländern einen bemerkenswerten Aufschwung. Neben vorteilhaften makroökonomischen Bedingungen spielten auch interne Faktoren eine wichtige Rolle: "...by avoiding large national projects and relying on the private sector to make investment decisions, Thailand had developed a wide range of manufacturing industries that were consistent with its comparative advantage."[14]

Die bereits an anderer Stelle aufgezeigte Diversifizierung des Industriesektors in den letzten Jahren sowohl bei den Produkten selbst als auch in Exportmärkten verdeutlichen diese Entwicklung zusätzlich. Weitere wichtige interne Gründe bestehen in der konsequenten Wirtschaftspolitik, dem sorgfältigen Wirtschaftsmanagement auf der Grundlage modernisierungstheoretischer Denkmodelle sowie in der politischen Stabilität des Landes. Sie förderten das Vertrauen und die Investitionsbereitschaft ausländischer Kapitalanleger. Gerade die Auslandsinvestitionen werden von der thailändischen Regierung als Mittel betrachtet, das im Fünften Entwicklungsplan angestrebte Ziel einer Verlagerung der auf Importsubstitution angelegten Wirtschaft in Richtung einer exportorientierten Industrialisierung zu erreichen.[15]

Nach Auffassung der Weltbank entsprechen die heutige Struktur und die internationale Wettbewerbsfähigkeit des verarbeitenden Sektors dem Stand der Wirtschaft Südkoreas zu Beginn der siebziger Jahre, als dessen Aufstieg zum NIC begann. Thailands Wirtschaft befindet sich somit bereits auf dem Weg von einer vom Export landwirtschaftlicher Erzeugnisse und Rohstoffe abhängigen Wirtschaftsstruktur hin zu einer moderneren, auf industrieller Produktion basierenden Wirtschaftsentwicklung. Phisit Pakkasem, stellvertretender Generalsekretär des NESDB, analysiert den Wandel der Wirtschaftsstruktur wie folgt:

> ...the Thai industrial structure has transformed from the 'first-phase' of import-substitution regime producing ordinary consumer products to substitute imported products to the 'second phase' of the potential industrialization for export purposes as well as the second-phase of import-substitution regime in a vertical movement towards intermediate and capital goods.[16]

Trotz dieser aus thailändischer Sicht positiven Ansätze wird von Seiten der Weltbank und einiger Ökonomen darauf gedrängt, diese Entwicklung durch weitere Industrialisierungsbemühungen abzusichern und auf ein dauerhaftes Wirtschaftswachstum hinzuarbeiten. Aus ihrer Sicht beruhen die derzeitigen Erfolge und die Wettbewerbsfähigkeit des verarbeitenden Gewerbes einseitig auf den geringen Lohnkosten sowie auf externen Ursachen, die sich der Kontrolle durch die thailändische Regierung entziehen. Daher wird von dieser Seite vorgeschlagen, die qualitative Wettbewerbsfähigkeit thailändischer Produkte zu steigern:

> Over the medium term, Thailand's comparative advantage in labor-intensive light manufactures will erode as Indonesia and China, with huge reservoirs of cheap labor, are rapidly moving into those products. Thus, Thai manufactures must enhance their qualitative competiveness. This can be done only through general deepening and upgrading of the industrial structure.[17]

Demgegenüber befürchtet die thailändische Regierung die möglichen negativen Folgen eines forcierten Ausbaus des Industriesektors. Zum einen wird bezweifelt, daß ein schnelles Wachstum des Industriebereichs genügend neue Arbeitsplätze schaffen würde, auch im Hinblick auf die hohen jährlichen Zuwachsraten an Arbeitskräften auf dem Arbeitsmarkt. Derzeit ist nach thailändischen Angaben lediglich ein Drittel der Arbeitskräfte in nicht-landwirtschaftlichen Bereichen tätig. Zum anderen wird mit einer Vergrößerung der bestehenden Disparitäten zwischen den Regionen, besonders zum Nordosten, gerechnet.

Ein weiterer von der Weltbank genannter Aspekt betont die Notwendigkeit neuer Technologien zur Qualitätssteigerung thailändischer Produkte. Die Ausgaben für Forschung und Entwicklung (F&E) in Thailand sind jedoch kaum nennenswert. Einem Bericht der *Bangkok Post* zufolge wurden 1985 nur 0,34% des Bruttosozialprodukts für F & E aufgewendet. Im Vergleich zu industrialisierten Ländern wie Japan, den USA und Südkorea, die 2,5-3% ihres BSP für F & E ausgeben, ein sehr kleiner Prozentsatz. Der Sechste Entwicklungsplan zählt daher die Förderung von F & E im Inland und den Technologietransfer aus dem Ausland als wichtige Programmpunkte auf.[18]

> The Government would also like to increase research and development expenditures to upgrade industrial technology. The Board of Investment currently gives incentives for research and development to promoted firms and consideration is being given to other incentives.[19]

Darüber hinaus führt die Entwicklung zu einer industrialisierten Gesellschaft zu neuen Anforderungen an den Arbeitsmarkt. Die Schaffung eines adäquaten Bildungs- und Ausbildungssystems ist deshalb eine wesentliche Voraussetzung für eine weitergehende Industrialisierung. Hierfür wurden in Thailand bislang keine ausreichenden Maßnahmen ergriffen. Mittlerweile besteht z.B. ein relativ hoher Mangel an qualifizierten und ausgebildeten Ingenieuren in den relevanten Industriebereichen.[20]

Neben den genannten Befürchtungen, Schwierigkeiten und Mängeln existieren auch noch andere Probleme und Begleitumstände. In Thailand erfolgt eine starke Konzentration der wirtschaftlichen Entwicklung auf Bangkok und die umliegenden Provinzen. Die sogenannte Bangkok Metropolitan Region (BMR) stellt das finanzielle Zentrum des Landes dar und besitzt die am weitesten entwickelte Infrastruktur. Dies bewirkte in der Folge die Konzentration eines Großteils der verarbeitenden Industrie, die in den letzten 25 Jahren aufgebaut wurde, auf diese Region. Die Ergebnisse dieser Entwicklung sind Umweltprobleme, Land-Stadt-Flucht, Einkommensdisparitäten und eine Vielzahl anderer damit einhergehender wirtschaftlicher und sozialer Problemstellungen.[21]

Die Konzentration des verarbeitenden Gewerbes in Bangkok hat daher die regionale Diversifzierung und Dezentralisierung des Industriesektors zu einem Hauptanliegen der letzten drei Entwicklungspläne gemacht. In der Praxis ist jedoch das Gegenteil, nämlich eine noch stärkere Konzentration auf Bangkok und seine Umgebung, eingetreten. Alle Versuche der thailändischen Regierung, mit Hilfe von sogenannten 'Investment Promoting Zones'[22] in ländlichen Gebieten eine Verlagerung von Industrieansiedlungen herbeizuführen, sowie die Reduzierung von Privilegien für Fabriken in der BMR brachten keine Umkehr des bisherigen Entwicklungsprozesses. Einen weiteren Hinderungsgrund bildet das gegenwärtige Steuersystem Thailands, in dem die sogenannten small and medium enterprises (SMEs) gegenüber Großunternehmen benachteiligt werden. Hinzu kommt, daß das BOI bisher bevorzugt den Projektbewerbungen von Großunternehmen Zusagen erteilt.

Under the BOI's regulations, there is an intense bias against small-scale industry despite the fact that the medium and small-scale industries play an important role in the process of the country's economic development. Spread throughout the country, medium and small-scale industries account for about 90 percent of total factories operating in Thailand.[23]

So sorgten z.B. die agrarnahen Verarbeitungsbetriebe für die Schaffung neuer Arbeitsplätze auch in den ländlichen Regionen, so daß Migrationsbewegungen und Einkommensunterschiede nicht noch weiter anstiegen. Zudem belegen Erfahrungen anderer Länder, wie z.B. Japan und Taiwan, daß ein hoher Grad an dauerhafter wirtschaftlicher Entwicklung nur durch die parallele industrielle Entwicklung auch ländlicher Gebiete erreicht werden kann. In beiden Ländern sind insbesondere kleine und mittlere Unternehmen wesentlicher Bestandteil der Industriestruktur und mit verantwortlich für den wirtschaftlichen Aufstieg beider Länder.

Vor allem Taiwan gilt als positives Beispiel für die mögliche Rolle klein- und mittelständischer Unternehmen in der wirtschaftlichen und industriellen Entwicklung eines Landes. 1983 gehörten bereits 99,3% aller in Taiwan ansässigen Firmen zu dieser Kategorie. Sie produzierten 55% des Bruttosozialprodukts und beschäftigten ca. 70% aller Industriearbeiter. Die Grundlagen für diese Entwicklung waren zum einen die enge Kooperation von staatlichem und privaten Sektor, welche seit dem Fünften Entwicklungsplan auch von der thailändischen Regierung angestrebt wird, zum anderen ein Konzept der 'Parallelen Entwicklung', das sowohl in Taiwan als auch in Japan angewandt wurde: "We can't be sure whether or not large-scale industry is better than small. In the process of industrial development it is necessary to modify the direct linkage between these two types of industry by implementing 'parallel development' measures."[24]

Basierend auf diesem Konzept wurden in beiden Ländern spezielle Organisationen gegründet und Programme entwickelt, deren Aufgabe darin bestand, die Kleinunternehmen z.B. durch Industrieansiedlungen in ländlichen Gebieten zu einem Schwerpunkt in der industriellen Entwicklung zu machen. In Japan siedelten sich auf diese Weise Leichtindustrien in vielen ländlichen Gebieten an, die heute zumeist als Subkontraktoren für Firmen in den Städten tätig sind. Diese Art der Arbeitsteilung führte zudem in einigen Fällen zu einem Technologietransfer von Großunternehmen an Kleinunternehmen. Hierin besteht jedoch auch das Risiko einer Abhängigkeit der Zulieferer von den Großunternehmen mit möglichen negativen Folgen. Thailand hat bisher mit dieser Form industrieller Entwicklung, mit Ausnahme des Textilsektors, kaum Erfahrung. Eine weitere Maßnahme stellt die von Taiwan verfolgte Entwicklungsstrategie des ausgeglichenen Wachstums zwischen Agrar- und Industriesektor mit folgender Formel dar: "Developing the industrial sector to promote the agricultural sector, and developing the agricultural sector to promote the industrial sector."[25] Gerade dieses fehlende Gleichgewicht in der Entwicklung der beiden Bereiche bildet unverändert eines der Hauptprobleme der thailändischen Wirtschaftsstruktur.

Thailands neuere Industrialisierungsstrategie versucht sich an diesen Erfahrungen anderer Länder zu orientieren. Dies beinhaltet den forcierten Aufbau ländlicher Industrien und von Klein- und Mittelunternehmen sowie die Durchführung von Großvorhaben wie das Eastern Seaboard. Außerdem sollen Zulieferindustrien in Zukunft größeres Gewicht eingeräumt werden. Diese Strategien werden von der Weltbank aus mehreren Gründen als sehr erfolgversprechend angesehen: "...small and medium enterprises' (SMEs) development is in fact potentially complementary to a strategy that sustains industrial growth through subcontracting and backward linkages...this industrial strategy can serve both growth and equity goals..."[26]

Im Bereich der Großindustrie stellt die Konzeption, Planung und Durchführung des bereits mehrfach erwähnten *Eastern Seaboard Development Programme* eines der bedeutendsten und anspruchsvollsten Projekte der wirtschaftlichen Strukturanpassungsmaßnahmen in den achtziger Jahren dar (siehe Schaubild 3). Bevor eine kritische Erörterung der Vor- und Nachteile dieses Projekts erfolgen kann, ist eine eingehendere Darstellung dieses Projektes notwendig, da es sich mit einem Gesamtumfang von ca. 4 Mrd.US$ um ein auch im Weltmaßstab großes Vorhaben handelt.[27] Die Zielsetzung dieses Projekts besteht primär in fünf Hauptaufgaben:

- Errichtung einer ausgedehnten Industriezone, die Thailand in kurzer Zeit zu einem NIC machen soll;
- Dezentralisierung der Industrie, um den bisherigen Ballungsraum Bangkok zu entlasten und eine breitere Basis der Industrialisierung zu erreichen;
- Entwicklung einer strukturarmen Region (Rayong Provinz) im Südosten außerhalb Bangkoks;
- Schaffung von neuen Arbeitsplätzen;
- Schaffung einer eigenen Petrochemischen Industrie zur Importsubstitution und für den Export.[28]

Die Implementation des Projekts begann 1981 und verzögerte sich zwischen 1985 und 1986 aufgrund veränderter weltwirtschaftlicher Rahmenbedingungen, der konsequenten thailändischen Austeritätspolitik sowie durch Bodenspekulationen in der Region, die zu hohen Grundstückspreisen beitrugen. Seit 1987 befindet sich der Bau jedoch in einer neuen Phase, die durch eine beschleunigte Aufbauarbeit gekennzeichnet ist. Mittlerweile arbeiten ca. 10.000 Bauarbeiter am ESDP.

Strukturanpassung und Wirtschaftswachstum 93

Es wird damit gerechnet, daß Ende 1991, mit Ausnahme eines Düngemittelprojekts, die wichtigsten Unternehmungen der ersten Bauphase fertiggestellt werden. Die wichtigsten Projekte des Programms werden nachstehend dargestellt.

Das *Entwicklungsprojekt Laem Chabang* beinhaltet den Bau des bisher einzigen rein kommerziell genutzten Tiefseehafens Thailands und die Anlage eines ausgedehnten, dem Hafen nachgelagerten Industriegebietes. Der Hafen soll Schiffe bis zu 33.000 BRT aufnehmen können und über mehrere Container- und Frachtpiers verfügen. Bereits jetzt ist ein weiterer Ausbau des Hafens auch für größere Schiffe (50.-70.000 BRT) geplant. Der Hafen selbst soll von privaten Unternehmen, die nach derzeitigen Überlegungen eine 20jährige Konzession erhalten werden, verwaltet und betrieben werden.

Das an den Hafen anschließende Industriegebiet umfaßt in der jetzigen Auslegung eine Gesamtfläche von 5,5 qkm. Hierauf sollen sich Industrieansiedlungen, eine zollfreie Produktionszone und eine gemischte Wohn- und Gewerbenutzung verteilen. Vorgesehen sind vor allem Fertigungsstätten für Möbel, Feinmechanik und Plastikerzeugnisse. Favorisiert werden dabei die Ansiedlung kleiner und mittlerer Unternehmen, deren Produktion als umweltfreundlich und exportorientiert geplant ist. Schon jetzt existieren Bewerbungen von thailändischen Unternehmen für Joint-Venture-Projekte.[29]

Das zweite Entwicklungsprojekt innerhalb des ESDP ist das *Projekt Map Ta Phud*. Neben einem zweiten Tiefseehafen wird die Errichtung eines petrochemischen Komplexes angestrebt. Das Hafenprojekt wurde in diesem Fall jedoch vorläufig zugunsten des petrochemischen Komplexes zurückgestellt und stand erst 1989 zur Ausschreibung an.

Das Industriegebiet dieses Teilprojekts wurde zunächst auf 12,8 qkm begrenzt, doch aufgrund der hohen Nachfrage nach Industrieland bereits auf 20 qkm erweitert. Der petrochemische Komplex entsteht in direkter Nachbarschaft der bereits fertggestellten Gas-Trennanlage. Betreiber dieses sogennannten 'National Petrochemical Complexes I' (NPC I) sind mit 49% der Anteile das PTT und 51% der private Sektor. NPC I ist eine Olefinanlage, die, zusammen mit vier weiteren 'Downstream-Anlagen'[30], Äthylene und Prophylene produzieren wird. Die NPC und die Downstream-Anlagen sollen den Poly-Olefin-Bedarf des Landes für die nächste Dekade decken und zusammen ca. 1 Mrd.US$ kosten. Es handelt sich damit um die bisher größte Einzelinvestition in Thailand. Die möglichen Deviseneinsparungen werden mit 350 Mio.US$ jährlich angesetzt. Ferner wird damit gerechnet, daß sich Weiterverarbeitungsbetriebe für die in der Olefinanlage erzeugten Stoffe Polyäthylen, Polypropylen und PVC im Industriegebiet niederlassen werden.[31]

## 94  Interne und externe Faktoren

**Schaubild 3:** Skizze des Eastern Seaboard Development Programme

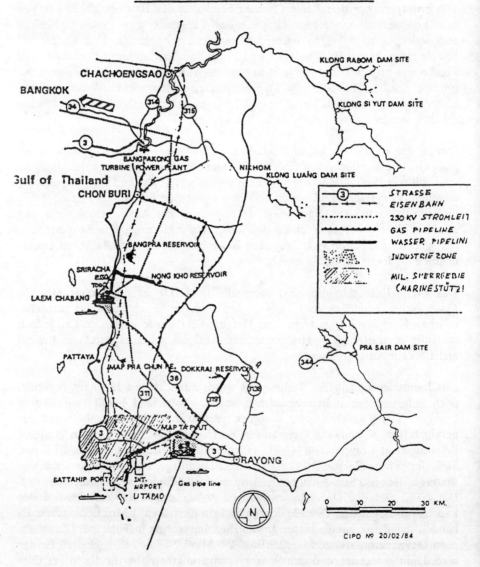

Quelle: Keine Angaben.

Inzwischen sind die Pläne für einen zweiten petrochemischen Komplex (NPC II) konkretisiert worden. Der *Business Review* schrieb dazu:

...with the confidence in the cooperation of the government in the implementation of such a large-scale industrial project, as was achieved in the first petrochemical complex, several investors have shown keen interest in investing in new facilities to produce various types of petrochemical products based on feedstocks that could be produced in the second complex.[32]

Der Bauauftrag wurde 1989 erteilt; bis Ende 1995 soll dieser Komplex fertiggestellt werden. Geplant ist die Großproduktion von Benzol, Toluol und Xylol, die für Schaumstoffe, Nylon, Polyester und Klebstoffe sowie für eine große Anzahl von chemischen Zwischenprodukten zur Umsetzung in marktgängige Endprodukte verwendet werden sollen.

Ein weiterer Teil des Geländes in Map Ta Phud ist für den Bau eines Düngemittelkomplexes (Natural Fertilizer Corporation Project, NFC) reserviert. Aufgrund einer durchgeführten Feasibility-Studie soll es sich um einen Komplex von internationaler Dimension handeln. Wegen anhaltender Meinungsverschiedenheiten von Befürwortern und Kritikern über die Wirtschaftlichkeit dieser Anlage ist es bisher jedoch nicht zu einem Baubeginn gekommen. Möglicherweise werden diesbezügliche Planungen auch vollkommen eingestellt.[33]

Als begleitende Maßnahmen wurden verschiedene Infrastrukturprojekte begonnen. Dabei handelt es sich um die Versorgung mit Frischwasser, die durch den Bau einer 30 km langen Pipeline vorerst sichergestellt wurde, sowie um den Bau einer Eisenbahnverbindung und den Ausbau eines in der Nähe des Industriegebietes liegenden Militärflughafen, der vom Militär freigegeben werden soll. Der mit dem Industrieaufbau gemeinsam geplante Ausbau der Infrastruktur dient dabei als zusätzlicher Mechanismus, um Wachstum und Entwicklung durch einen sogenannten 'infrastructure-led growth' zu erreichen.

Die Finanzierung der Projekte des ESDP erfolgt mehrheitlich durch private Investoren; öffentliche thailändische Mittel wurden hingegen kaum eingesetzt. Im Vergleich zu anderen Ländern der Dritten Welt ist dies eine ungewöhnliche Situation. Hierin kommt das Bestreben der thailändischen Regierung zum Ausdruck, eine hohe Verschuldung durch Großprojekte zu vermeiden und die in anderen Ländern bestehenden sogenannten 'Investitionsruinen' ohne Finanzierungsgrundlage zu verhindern. In der finanziellen Kalkulation werden hohe Erwartungen mit dem Projekt verbunden: "There would be a substantial long term saving in foreign exchange due to the local production of heavy industrial products and exports earnings from heavy industries and export processing activities. The figure is put at 40.000 million baht per year..."[34]

Die Einschätzungen über Zweck und Nutzen des Eastern Seaboard sind trotz dieser Prognosen bei Befürwortern und Gegnern geteilt. Viele Wirtschaftsexperten unterstützen insbesondere den Aufbau der petrochemischen Industrie in Map Ta Phud. Folgende Gründe werden von Befürwortern häufig genannt:

1. The domestic market is large and has potential for further growth.
2. Thai agriculture is big enough to create high demand for agricultural chemicals.
3. Thailand is an attractive production base for the transfer of industries in high-cost areas like Japan and the Asian NICs.
4. The large textile industry is hungry for chemical inputs some of which will be produced by the National Petrochemical Corporation - 2 project.[35]

Zudem gehen Schätzungen von der Schaffung 131.000 neuer Arbeitsplätze aus. Dadurch könnte u.a. die jährliche Migration nach Bangkok reduziert werden. Weiterhin würde das Projekt den Grundstein für eine tiefgehende industrielle Entwicklung legen, um ein 'sustained growth' (dauerhaftes Wachstum) einzuleiten, das weniger von makroökonomischen Einflüssen abhängig ist. Dieser optimistischen Einschätzung über die Zukunftserwartung an das Projekt wird jedoch auch widersprochen. Zu dem Vorhaben des petrochemischen Komplexes und seinem Nutzen für Thailand urteilt ein Report an die Weltbank:

> Petrochemicals have a very high capital-intensity, create few jobs and require large-scale production for efficient operations. Also large investments are under way in the countries of the Middle East, which have capital in abundance and can utilize natural gas that would otherwise be flared off. Thailand cannot compete with these and other large scale producers and it may import petrochemical products at a price much below the cost of domestic production.[36]

Insbesondere die hohe Kapitalintensität würde ein Problem für die gesamtwirtschaftliche Entwicklung Thailands ergeben, lautet die Argumentation. Bisher sei die Kapitalbildungsrate (Investitionen in das Bruttoanlagevermögen im Verhältnis zum verwendeten Gesamtprodukt) mit 22% relativ hoch. Doch ist dafür die Gewichtung von Kleinbetrieben und Großbetrieben von wesentlicher Bedeutung, da die Rate der Kapitalbildung generell in Großbetrieben geringer ist als in Kleinbetrieben. Wenn das relative Gewicht der Großbetriebe zunimmt, bedeutet dies, daß die Kapitalbildungsrate im Durchschnitt des Landes abnimmt. Unmittelbare Folgen davon ist das Sinken der Wachstumsrate des Sozialprodukts, wie die Nachkriegsentwicklung in den hochentwickelten Industrieländern bereits belegt hat. Daraus wiederum folgt u.a eine verstärkte Abhängigkeit vom Auslandskapital.

Neben der Höhe der Kapitalintensität und der Beschäftigungswirkung wird auch der behauptete Dezentralisierungseffekt des Projekts in Frage gestellt. Vielmehr würde sich Bangkoks zentrale Bedeutung aufgrund der geringen räumlichen Entfernung der Eastern Seaboard Development Zone noch weiter erhöhen. Dies würde bedeuten, daß die Auswirkungen des Projekts auf die wirtschaftliche Entwicklung anderer Regionen gering wären und somit nicht zu dem angestrebten Abbau ländlich-städtischer Disparitäten beitragen würden.

In letzter Zeit mehren sich außerdem kritische Stimmen, die vor weiteren problematischen Begleitumständen und negativen Auswirkungen des Projekts warnen. Verwiesen wird dabei auf die potentiellen Gefahren einer Umweltbelastung durch die chemische Produktion. Alle für den petrochemischen Komplex geplanten Industrien besitzen nach Auffassung der Kritiker ein hohes Potential zur Erzeugung von schwer belasteten Abwässern, Emissionen und festen Abfällen. Weiter wird argumentiert, daß es in Thailand keine ausreichenden gesetzlichen Grundlagen gibt, die Betreiber solcher Industrien zu bestimmten Sicherheitsvorkehrungen verpflichten. Somit würde die Betriebssicherheit allein der Verantwortung der Betreiber unterliegen.[37]

Um diesen Befürchtungen entgegenzutreten, formuliert der Sechste Entwicklungsplan zum Schutz der Umwelt: "In continuation of the Fifth Plan, the impact of industry on the environmental condition of the Eastern Seaboard will be closely inspected, monitored, and controlled."[38]

Zum Beleg dieses Vorhabens wurde von dem mit Umweltfragen beauftragten National Environment Board (NEB) eine Studie unter dem Titel *Eastern Seaboard - Regional Environment Management Plan (ESB-REMP)* erstellt. In dieser Studie werden die Auswirkungen der neuen Industriekomplexe in allen ökologisch relevanten Bereichen untersucht. Neben einer detaillierten Kosten-Nutzen-Analyse wird ein Programm mit 35 konkreten Einzelmaßnahmen aufgeführt. Die Studie schließt mit mehreren Empfehlungen zur Minimierung negativer Effekte.[39]

Doch schon 1989, zwei Jahre nach seiner Fertigstellung, wurde der Umweltschutzplan durch den Vorsitzenden des NEB zurückgenommen. In einem Interview mit der *Bangkok Post* nannte der Vorsitzende Finanzknappheit und ständige Vertagung durch das Kabinett als Hauptgründe: "'The plan is always the last topic in a meeting and time always runs out before it can be discussed. Even worse, we always end up with the budget problems' he said."[40] Dies unterstreicht, daß die Befürchtungen mancher Kritiker nicht völlig unbegründet sind und Umweltfragen in der Praxis dem Ziel einer schnellen Industrialisierung des Landes untergeordnet werden.

Unabhängig von dieser Diskussion ist bereits ein neues Großvorhaben der thailändischen Regierung in Planung. Hierbei geht es um die Industrialisierung des Südens von Thailand. Diese Region wurde besonders durch die Flutkatastrophe 1988/89 ins öffentliche Blickfeld gerückt. Als Soforthilfemaßnahmen für die von den Überschwemmungen am stärksten betroffenen Provinzen wurde die Bereitstellung finanzieller Mittel (3 Mrd. Baht) im Rahmen von vier Einzelprogrammen verfügt. Der größte Teil dieses Geldes ist für die Wiederherstellung und Verbesserung der Infrastruktur, Be- und Entwässerung und den Bau von Staubecken und Dämmen vorgesehen.[41]

Darüber hinaus soll, ähnlich dem ESDP, ein 'Upper South and Songkhla Lake Basin Development Project' oder auch 'Southern Seaboard'-Projekt entstehen. Zentrale Einheit dieses neuen Komplexes soll ein weiterer Tiefseehafen bei Krabi an der Westküste werden.[42] In der Umgebung Krabis sollen dazu Industriezonen für eine Ölraffinerie und exportorientierte Betriebe entstehen. Eine geplante Landverbindung soll den Transport von Öl und anderen Importprodukten in eine weitere Industriezone am Golf von Thailand ermöglichen.[43]

Ferner werden die Möglichkeiten für die Errichtung von Freihandelszonen in einigen Gebieten der Region untersucht. Diese Zonen sollen besondere Privilegien, wie Zollbefreiung für die exportorientierte Industrie, und andere finanzielle Anreize erhalten.

Mit der Untersuchung und Koordinierung aller Aktivitäten bezüglich dieses Projekts wurde ein Committee for Economic and Social Development of 14 Southern Provinces beauftragt. Die thailändische Regierung hofft, mit einer Industrialisierung des Südens nicht nur die wirtschaftliche Entwicklung des Landes insgesamt voranzutreiben, sondern auch zur politischen Befriedung der aufgrund seiner moslemischen Minderheit traditionell unruhigen südlichen Provinzen beizutragen.[44]

Das Beispiel Eastern Seaboard zeigt bisher, daß Thailand sowohl über die entsprechenden Planungskapazitäten als auch über investitionswillige Unternehmen und mobilisierbares Kapital verfügt, um 'large-scale projects' durchzuführen. An ausländischen Partnern für Joint Ventures scheint es auch für das Southern Seaboard-Vorhaben nicht zu fehlen. Aussagen zufolge haben bereits japanische, taiwanesische und singapurianische Investoren begonnen, über Makler große Gebiete aufzukaufen. Somit scheint sich zumindest vorläufig die Kritik an den Großprojekten nicht in allen Punkten zu bestätigen.[45]

### 1.3 Soziale Probleme des Wirtschaftswachstums

Wie in vielen anderen Entwicklungsländern wird auch in Thailand seit den sechziger Jahren der Aufbau eigener Industrie mit ausländischem Kapital forciert.

## Strukturanpassung und Wirtschaftswachstum

Dies bewirkte weitreichende Veränderungen der wirtschaftlichen und sozialen Strukturen, deren Folgen erst mit einiger zeitlicher Verzögerung eingetreten sind bzw. erwartungsgemäß noch eintreten werden.

Seit Anfang der sechziger Jahre hat Thailand wirtschaftliche Wachstumsraten bei gleichzeitiger Reduzierung des Bevölkerungswachstums zu verzeichnen. Während das BIP real um ca. 7-8% jährlich stieg, verlangsamte sich der Bevölkerungszuwachs von jährlich ca. 3% zu Anfang der sechziger Jahre auf unter 2% gegen Ende der achtziger Jahre. Das statistische Durchschnittseinkommen pro Kopf stieg in diesem Zeitraum ebenfalls beachtlich an und lag 1989 bei knapp 1.200 US$. Damit zählt Thailand noch zu der von der Weltbank aufgestellten Kategorie der Entwicklungsländer mit mittlerem Einkommen.

Aussagekräftiger als statistische Angaben für die Beurteilung der Entwicklung eines Landes sind jedoch die reale Verteilung der Güter und Dienstleistungen und der damit erreichte Lebensstandard der Bevölkerung. Beim Vergleich einer Reihe sozialer Indikatoren (z.B. Lebenserwartung, Ernährung, Alphabetisierung, Gesundheitsversorgung) schneidet Thailand in der Gruppe der Entwicklungsländer mit mittlerem Einkommen überdurchschnittlich gut ab.[46] Dennoch leben noch immer über ein Viertel der Bevölkerung in absoluter Armut, vor allem in den ländlichen Gebieten des Nordens und Nordostens sowie in den Slums von Bangkok. 30 Millionen der 56 Millionen zählenden Gesamtbevölkerung sind selbst nach Aussagen des Finanzministers als arm zu bezeichnen (siehe auch Tabelle 16).

Bereits jetzt sind eine Anzahl daraus resultierender sozialer und wirtschaftlicher Probleme erkennbar, die, sollten sie unbeachtet bleiben, die politische Stabilität des Landes gefährden und den Weg zu einem NIC verbauen. Bei einer genaueren Analyse der wirtschaftlichen Entwicklung Thailands lassen sich vor allem zwei miteinander verbundene Aspekte der sozialen Entwicklung benennen, die zunehmende soziale und wirtschaftliche Spannungen verursachen: die wachsenden Einkommensunterschiede zwischen den ländlichen und städtischen Regionen einerseits sowie die Migration ländlicher Bevölkerungsschichten in urbane Zentren, insbesondere nach Bangkok andererseits. Diese beiden Probleme und damit zusammenhängende Folgeprobleme des wirtschaftlichen Wachstums der letzten Jahrzehnte wie Bildungsfragen und Beschäftigungsmöglichkeiten werden bereits seit längerem in den Entwicklungsplänen erwähnt, ohne daß ihnen besondere Priorität eingeräumt worden wäre. Erst der Fünfte Entwicklungsplan, "...is credited with being the first in paying attention to the quality of population instead of merely focusing on issues of economic growth, growth and agricultural and industrial development."[47]

**Tabelle 16:** Verbreitung von Armut nach Regionen
(in % der Bevölkerung unterhalb der Armutsgrenze)

|                  | 1975/76 | 1980/81 | 1985/86 | 1988  |
|------------------|---------|---------|---------|-------|
| Whole Kingdom    | 30.02   | 23.04   | 29.51   | 25.16 |
| North            | 33.20   | 21.50   | 25.54   | 21.63 |
| Northeast        | 44.92   | 35.93   | 48.17   | 42.50 |
| Central          | 12.99   | 13.55   | 15.63   | 10.52 |
| South            | 30.71   | 20.37   | 27.17   | 23.86 |
| BMR - city core  | 6.90    | 3.70    | 3.11    | 2.40  |
| BMR - suburbs    | 5.00    | 2.58    | 2.51    | 1.62  |
| BMR - fringes    | 11.97   | 9.15    | 8.83    | 6.27  |

Quelle: TDRI.

Die Disparität in Einkommen und Lebensstandard zwischen der Zentralregion (einschließlich Bangkok) und den Provinzen, insbesondere im Nordosten, hat sich mit der dynamischen Wirtschaftsentwicklung in Bangkok und der Zentralregion seit Beginn der achtziger Jahre noch verschärft. Das Pro- Kopf-Einkommen im Nordosten beträgt im Durchschnitt nur ein Drittel des Einkommens in der Zentralregion (Bangkok ausgenommen) und nur ein Siebtel dessen in Bangkok.[48] In einer Studie für das NESDB wurde zudem festgestellt, daß sich der Abstand zwischen den Reichen und den Armen des Landes im Zeitraum von 1975 und 1986 weiter vergrößert hat (siehe auch Tabelle 17).

Demnach besaßen 20% der zur höheren Einkommensschicht des Landes gehörenden Bevölkerung 1975 einen Anteil von 49,3% am Bruttoinlandsprodukt. Dieser Anteil stieg bis zum Jahre 1986 auf 54,6% des BIP an. Demgegenüber besitzen 20% der zur unteren Einkommensschicht zählenden Bevölkerung nur einen Anteil von 4,6% am BIP in 1986 gemessen an 6,1% 1975.[49] Luther urteilte daher in einem Aufsatz, "Statt zu den vielzitierten 'trickle-down'-Effekten kam es demnach eher zu einem 'boost-up' für die oberen und insbesondere urbanen Einkommensschichten."[50]

**Tabelle 17:** Zusammensetzung der Einkommensverteilung der Bevölkerung am BSP in Gruppen (in % des Gesamteinkommens)

| Quintile | 1975/76 | 1980/81 | 1985/86 |
|---|---|---|---|
| 1-st | 49.26 | 51.47 | 55.53 |
| highest top 10% | 33.40 | 35.44 | 39.15 |
| second top 10% | 15.86 | 16.04 | 16.48 |
| 2-nd | 20.96 | 20.64 | 19.86 |
| 3-rd | 14.00 | 13.38 | 12.09 |
| 4-th | 9.73 | 9.10 | 7.87 |
| 5-th | 6.05 | 5.41 | 4.56 |
| second bottom 10% | 3.62 | 3.28 | 2.75 |
| lowest bottom 10% | 2.43 | 2.13 | 1.80 |
| Total share | 100.00 | 100.00 | 100.00 |

Quelle: NESDB.

Mitverantwortlich für diese Entwicklung ist auch das staatlich festgelegte Mindestlohnniveau für ungelernte Arbeitskräfte. Nachdem in den Jahren 1985 und 1986 aufgrund schwacher Konjunktur ein Lohnstopp von der thailändischen Regierung verhängt worden war, stiegen die Lohnkosten in den letzten zwei Jahren aufgrund des erzielten Wirtschaftswachstums erstmals wieder an. Das Lohnniveau ist jedoch weiterhin sehr niedrig und liegt derzeit bei 90 Baht täglich für Bangkok und dem metropolitanen Einzugsbereich. In den anderen Regionen variiert der Mindestlohn zwischen 74 und 90 Baht. Der reale Lohnzugewinn dürfte überdies aufgrund steigender Inflationsraten und damit einhergehender höherer Lebenshaltungskosten nur minimal sein. Die thailändische Regierung ist bestrebt, die Löhne nicht unkontrolliert steigen zu lassen, um bei ausländischen Investoren den Anreiz für eine Produktionsauslagerung nach Thailand aufrechtzuerhalten und dadurch einen Wettbewerbsvorteil zu sichern.[51]

Auch das Problem der Arbeitslosigkeit verschärft sich trotz einer vorübergehenden Abnahme in den Jahren 1988/89 weiter. Die Erfolge, die bei der Geburtenkontrolle erzielt wurden, werden sich erst in den neunziger Jahren spürbar auf den Arbeitsmarkt auswirken.[52] Derzeit wächst die Zahl der werktätigen Bevölkerung noch um ca. 3% bzw. 800.000 Beschäftigte im Jahr und entspricht damit dem Bevölkerungswachstum der sechziger Jahre. Die Arbeitslosenquote wird mit 5,8% im Jahr 1988 angegeben, dürfte aber tatsächlich, auch bedingt durch eine saisonale Unterbeschäftigung in der Landwirtschaft, deutlich höher liegen. Demnach belaufen sich die Arbeitslosenzahlen auf ca. 2,4 Millionen. Untersuchungen zufolge haben 68% der Arbeitslosen nur eine Grundschul- und 19% eine Hochschulausbildung.[53] Auffallend ist auch, daß die Zahl der Arbeitslosen mit höherer Bildung bis vor kurzem relativ hoch lag (siehe auch Tabelle 18). Der Grund hierfür war vor allem in den Sparmaßnahmen der Regierung zu Beginn der achtziger Jahre zu finden, in deren Folge die Zahl der Stellen im Staatsdienst reduziert wurde.

Tabelle 18: Arbeitslosigkeit nach Bildungsgrad: 1987-1988 (in Tausend)

|  | Arbeitslose[1] | | Arbeitslosenrate in % | |
| --- | --- | --- | --- | --- |
|  | 1987 | 1988 | 1987 | 1988 |
| **Bildungsgrad** | | | | |
| Grundschule und darunter | 1709 | 955 | 0,52 | 0,37 |
| untere Sekundarschule | 425 | 340 | 2,49 | 1,90 |
| obere Sekundarschule | 228 | 253 | 3,73 | 3,68 |
| Berufsschule | 465 | 402 | 5,87 | 4,97 |
| Lehrerausbildung | 111 | 93 | 1,79 | 1,54 |
| Universität[2] | 599 | 411 | 9,46 | 3,94 |
| **Gesamt** | 3547 | 2454 | 1,20 | 0,80 |

[1] Arbeitslose inkl. denen, die nach Arbeit suchen;
[2] inkl. akademischer und technischer Fortbildungsstätten.
Quelle: NSO Labor Force Survey.

"University graduates - 80 percent of whom graduated in social sciences and humanities - are no longer assured a career as civil servants as in previous times."[54] Erst durch den guten Konjunkturverlauf der letzten Jahre hat sich die Arbeitsmarktsituation wieder annähernd normalisiert. Dies gilt insbesondere für den Bereich der Akademiker und anderen ausgebildeten Arbeitskräfte, nach denen mittlerweile eine verstärkte Nachfrage im industriellen Sektor besteht, wie auch der Rückgang der Arbeitslosenrate in diesem Bereich in der Tabelle 18 belegt.

The recent surge in economic activity has been accompanied by significant shifts in the structure of labor demand, reflecting the growth of new industries. Demand for skilled labor in industries such as jewelry, machine tools, and shoes has risen sharply and severe shortages of science graduates have emerged, particularly in the engineering sciences..." [55]

Mittlerweile häufen sich die Berichte in den thailändischen Medien über fehlende Industriearbeiter vor allem in der Chon Buri-Provinz und in Rayong, wo das Eastern Seaboard-Projekt angesiedelt ist. Der Aufbau der neuen Industrien dort verursacht eine steigende Nachfrage nach ausgebildeten Arbeitskräften im technischen und geschäftlichen Management, dem das bestehende Schul- und Ausbildungssystem weder qualitativ noch quantitativ genügt.[56] "The education system suffers from a fault found in other countries with long histories of proud independence: schools turn out too many of yesterday's skills (generalist bureaucrats) and not enough of today's (engineers and managers)."[57]

Einige Firmen haben bereits ihre eigenen Ausbildungprogramme eingerichtet, um die Situation zu verbessern. Der Mangel an qualifizierten Industriearbeitern hat zudem die Gehälter in diesem Bereich stark ansteigen lassen. Die Folge ist eine verstärkte Abwanderung von Angestellten des öffentlichen Sektors in den privaten Sektor. Die dort gezahlten Löhne übersteigen die Gehälter des öffentlichen Dienstes oft um ein Mehrfaches.

Es bleibt jedoch zu berücksichtigen, daß sich dieser Arbeitskräftemangel nur auf einen sehr begrenzten Personenkreis des Arbeitsmarktes beschränkt. Für alle ungelernten Arbeitskräfte und auch Akademiker anderer Studienrichtungen sind die Aussichten auf einen Arbeitsplatz weiter relativ gering. Hieraus ergibt sich die Notwendigkeit in der weiteren Entwicklungsplanung des Landes, eine Reihe von Reformen im Bildungsbereich durchzuführen, die den veränderten Strukturen in der thailändischen Wirtschaft Rechnung tragen.

Die großen Industrialisierungspläne, wie z.B. der Aufbau der Industriezone am Eastern Seaboard, schaffen unabhängig von der erwähnten Nachfrage nach qualifizierten Industriearbeitern im Verhältnis zum hohem Kapitaleinsatz nur vergleichsweise wenige Beschäftigungsmöglichkeiten. Auch werden Produktionssteigerungen in Betrieben vielfach durch die Ausweitung kapitalintensiver statt arbeitsintensiver Produktionen erreicht. Demgegenüber ist die Gründung und Stärkung von Klein- und Mittelbetrieben, die als eine Möglichkeit zur Schaffung neuer Arbeitsplätze in ländlichen Regionen gesehen werden, außerhalb des Großraums Bangkok trotz aller Planungen sowohl von staatlicher als auch von privater Seite bisher nicht ausreichend praktiziert worden. Eine Ausweitung landwirtschaftlicher Anbauflächen, die in der Vergangenheit zum Wachstum der

Agrarproduktion beigetragen hat, ist mangels kultivierbaren Bodens kaum noch möglich. Die Umstellung auf intensivere Bodennutzung kann bei derzeit fallenden Erzeugerpreisen und relativ hohen Kreditkosten nur mittelfristig erfolgen. Somit dürfte auch die Absorptionsfähigkeit von Arbeitskräften in der Landwirtschaft künftig weit geringer sein als in der Vergangenheit.

Diese Faktoren führen oft auch zu einer Beschleunigung der Urbanisierung in vielen anderen Ländern der Dritten Welt. Die Urbanisierung in Entwicklungsländern gilt manchen Autoren daher als 'tickende Zeitbombe'. Das Metropolenwachstum in der Dritten Welt, wie es das Beispiel Bangkok nachfolgend zeigt, verursacht eine unausgeglichene Entwicklung und ist Ausdruck für soziale und wirtschaftliche Disparitäten vielfältiger Art. Die inzwischen von den Vereinten Nationen nach unten korrigierten Wachstumsprognosen für die Metropolen der Dritten Welt haben die Brisanz dieser Situation keineswegs entschärft.[58] Das Beispiel Thailands und die Entwicklung Bangkoks belegen, daß das Metropolenwachstum nicht nur die Aspekte einer Stadtentwicklung umfaßt, sondern auch Ausdruck der allgemeinen Entwicklung und Entwicklungspolitik eines Landes ist. Gerade Thailand, das auf seinem Weg zum Schwellenland bereits häufig als Erfolgsmodell gehandelt wird, weist tiefgreifende Strukturprobleme auf, in der die Primatfunktion Bangkoks, wo Modernität im westlichen Sinne und Armut besonders sichtbar aufeinandertreffen, einen der Indikatoren stellt.

Anhand der genannten Faktoren und Probleme gilt es, die Herausbildung Bangkoks zum Wirtschaftszentrum in einem entwicklungspolitischen Kontext zu analysieren und zu diskutieren. Dabei ist es notwendig, die demographische, verwaltungstechnische und wirtschaftliche Dimension des Problemkomplexes mit anderen Einflußfaktoren politischer, soziologischer und sozio-kultureller Art gemeinsam in einem integrierten Ansatz zu betrachten.

Bangkok, geographisch günstig gelegen, wurde systematisch als ein mit guter Infrastruktur versehenes Zentrum aufgebaut. Mit der Öffnung gegenüber der westlichen Welt im 19. Jahrhundert entwickelte sich Bangkok zum primären Handelsplatz Thailands mit allen für einen dynamischen kommerziellen Sektor notwendigen Verkehrsanbindungen und den erforderlichen Verwaltungsinstitutionen. Ein gutes Jahrhundert später fiel Bangkok während des Vietnam-Krieges die Rolle einer militärischen Versorgungsbasis für US-amerikanische Streitkräfte zu und man baute mit ausländischer Hilfe seine Funktion als Wirtschaftszentrum aus.

Die wichtigsten Bereiche einer kapitalintensiven Konsumgüterindustrie sind fast ausnahmslos im Raum Bangkok angesiedelt, das den größten Hafen des Landes besitzt sowie andere internationale Verkehrsanbindungen, ferner Zentrum des

Verteilungsnetzes des Landes ist und den größten Absatzmarkt darstellt. Die Betonung des Exportes hat seine ökonomische Primatfunktion noch weiter verstärkt. Fast alle Exporte verlassen Thailand über Bangkok, und rund 85% aller Importe werden hier umgeschlagen. 1987 wurden 49% des gesamten thailändischen Bruttoinlandsprodukts hier erzeugt. Tabelle 19 verdeutlicht diese Dominanz der Zentralregion, einschließlich Bangkoks, anhand des Anteils der verschiedenen Regionen am BIP.

**Tabelle 19: Bruttoinlandsprodukt nach Regionen (in Preisen von 1987 und Mio.Baht)**

|  | Thailand | Nordosten | Norden | Süden | Zentral[1] | Bangkok[2] |
|---|---|---|---|---|---|---|
| Jährl.Pro-Kopf-BIP (Baht) | 23.021 | 8.343 | 13.185 | 17.506 | 69.631 | 71.566 |
| Bevölkerung (Mio.) | 53,6 | 18,6 | 10,5 | 7,0 | 9,0 | 8,4 |
| **VERTEILUNG (Prozent)** | | | | | | |
| Landwirtschaft | 100,00 | 24,48 | 21,11 | 22,91 | 22,91 | 9,69 |
| Industrie | 100,00 | 6,81 | 7,20 | 4,85 | 16,48 | 69,86 |
| Dienstleistungen | 100,00 | 12,79 | 10,80 | 10,01 | 15,92 | 50,48 |
| **GESAMT** | | | | | | |
| BIP (Baht) | 100,00 | 12,59 | 11,21 | 10,11 | 17,24 | 50,66 |
| Bevölkerung (Mio.) | 100,00 | 34,70 | 19,59 | 13,06 | 16,79 | 15,67 |

[1] Zentralregion und östliche Regionen;
[2] Bangkok und Umgebung.
Quelle: NESDB.

Die Tatsache, daß die Landwirtschaft, die in den letzten Dekaden in immer stärkerem Maße diversifiziert wurde, noch immer 60% aller Erwerbstätigen stellt, aber nur 16% zum BIP beiträgt, führt zu einem zunehmenden Produktivitätsunterschied zwischen dem traditionellen Agrarsektor und dem modernen Industriesektor, der die Landflucht entscheidend stimuliert. Das ökonomische Leistungsgefälle und die Vernachlässigung des agrarisch strukturierten Hinterlandes sorgen zudem für das oben erwähnte hohe Wohlstandsgefälle in der Einkommensverteilung.

Trotz des anhaltenden Wirtschaftsbooms sind die negativen Konsequenzen und Folgeprobleme der wirtschaftlichen Entwicklung auf der Grundlage einer 'primate city' wie Bangkok schon jetzt nicht mehr zu übersehen. Bereits jetzt wächst die Einwohnerzahl Bangkoks jährlich um etwa 400.000 Menschen an. Die Hauptstadt ist rund 45 mal größer als die zweitgrößte Stadt Thailands, Chiang Mai, und hat mit ca. 7 Mio. weit mehr Einwohner als die zwölf nächstgrößeren Städte des Landes zusammen. Der Anteil der städtischen an der gesamten Bevölkerung betrug 1960 13%, 1980 17% und 1988 21%.[59] Das natürliche Bevölkerungswachstum trug den größten Anteil (über 70%) zu Bangkoks Bevölkerungswachstum bei, während der größte Anteil an Migrationsbewegungen von ländlichen in andere ländliche Regionen ging. 1980 bestand die Bevölkerung der BMA zu 27% aus Migranten aus dem Norden und Nordosten Thailands sowie der Zentralregion, die dauerhaft nach Bangkok eingewandert sind (siehe auch Tabelle 20).[60]

**Tabelle 20:** Stadt-Land Migrationsbewegungen - 1965-1970 und 1975-1980

| Migrationsströme | 1965-1970 % | 1975-1980 % |
|---|---|---|
| Land-Land | 62,60 | 52,00 |
| Land-Stadt | 10,50 | 14,30 |
| Stadt-Land | 5,40 | 9,40 |
| Stadt-Stadt | 8,90 | 17,20 |
| Richtung unbekannt | 12,50 | 7,10 |
| Gesamt | 100,00 | 100,00 |

Quelle: Keine Angaben.

Während der achtziger Jahre durchgeführte Erhebungen und Befragungen haben ergeben, daß die Mehrzahl der Migranten aufgrund besserer ökonomischer Perspektiven sowie zum Teil bereits mit Arbeitsverträgen, gefolgt von familiären Gründen oder geplanter Aus- und Weiterbildung nach Bangkok kommen. Verbleibstudien thailändischer Behörden ergaben, daß Zuwanderer zu 98% während des Untersuchungszeitraumes zumindest teilweise beschäftigt waren (Handwerk, Industrie, Dienstleistungssektor: z.B. Prostitution). Die Zuwanderer sind zumeist junge Erwachsene aus Dörfern und ländlichen Gemeinden, wobei der Anteil der Frauen stetig zunimmt.

Die Tabelle 20 veranschaulicht die Abnahme in der Land-Land-Migration und die Zunahme der Land-Stadt-Migration. Diese Tendenz dürfte sich in den achtziger Jahren weiter fortgesetzt haben und in den neunziger Jahren noch weit stärkere Ausmaße annehmen.

Die Ursachen der Landflucht beruhen zusammengefaßt auf mehreren Faktoren:

- Die Landlosigkeit nimmt zu, da wohlhabende Stadtbewohner Land aufkaufen. Dadurch werden die Farmer entweder abhängige Landarbeiter oder wandern in die Städte ab.
- Das Bevölkerungswachstum in ländlichen Gebieten ist nach wie vor relativ hoch. Dies führt zu steigender Arbeitslosigkeit, da die lokalen Wirtschaftssysteme nicht mehr alle Arbeitskräfte aufnehmen können.
- Die Einführung neuer Technologien in die Landwirtschaft, wie z.B. der Einsatz arbeitskräftesparender Maschinen, setzt in den verschiedenen Stadien Arbeitskräfte frei.
- Regionale Unterschiede in der wirtschaftlichen Entwicklung verursachen Disparitäten im Lebensstandard, die zur Migration führen. Dies geschieht z.B. von Regionen mit wenig Beschäftigungsmöglichkeiten in Regionen mit besseren Arbeitsplatzchancen bei höheren Löhnen.[61]

Die thailändischen Regierungsbehörden argumentieren bisher damit, daß das Land angesichts einer steigenden Agrarproduktion, einer relativ geringen ländlichen Bevölkerungsdichte und der Verfügbarkeit von neuem Ackerland bislang noch eine moderate Verstädterungsrate aufweist. Die Regierung und das NESDB werten folglich die ökonomisch dominante Rolle Bangkoks immer noch positiv. Sie folgen dem modernisierungstheoretischen Ansatz und stellen die komparativen Kostenvorteile Bangkoks in den Vordergrund. Eine zu frühe Verringerung des Wirtschaftswachstums in Bangkok könnte somit, trotz seiner sichtbaren negativen Folgen in der Stadt und auf dem Land, der Gesamtentwicklung und dem wirtschaftlichen Aufschwungs Thailands schaden.[62] Das TDRI stellte in einer Analyse sogar fest:

> ...rural to urban migration appears to have positive rather than negative effects on income distribution; it has raised agricultural productivity and increased the numbers of families sharing in the more rapid development of the industrial sector...The evidence also does not support the view that export-oriented growth has been responsible for increasing income inequality. To the contrary, growing exports have generated more employment and higher incomes which have spread to the rural areas through migration of family members and through forward and backward linkages.[63]

Kritiker befürchten hingegen, daß die Landflucht aufgrund fehlender Arbeitsplätze in der Landwirtschaft in den nächsten Jahren zunehmen wird, da kultivierbares Land für den Anbau landwirtschaftlicher Produkte kaum noch vorhanden ist und der Agrarsektor nicht mehr in der Lage sein wird, die wachsenden Bevölkerungszahlen wie in der Vergangenheit aufzunehmen. Sie geben zu bedenken, daß der Industriesektor für diesen Fall nicht genügend neue Arbeitsplätze bereitstellen könnte und somit ein Anstieg der Arbeitslosigkeit unausweichlich wäre. Im Ergebnis würde dies zur Verschärfung der bereits vorhandenen dualistischen Strukturen in der Entwicklung Thailands führen.

Die ökonomischen wie ökologischen Folgen für Bangkok - im Falle eines weiteren Metropolenwachstums - zeichnen sich hingegen bereits jetzt in vielen Bereichen ab. Ein Hauptproblem Bangkoks ist sein überproportionales Verkehrsaufkommen. Das Straßennetz Bangkoks gilt als vollkommen überlastet. Neben den großen Verkehrsadern ist das Netz an Zubringer- und Verbindungsstraßen gering. Der öffentliche Nahverkehr, für den die 1974 gegründete Bangkok Metropolitan Transit Authority verantwortlich ist, besteht ausschließlich in Bustransport. Bangkok gehört damit zu einigen der wenigen großen Städte auf der Welt ohne getrennte Massentransportsysteme. Das 'sky-train'-Projekt für eine Hochbahn in der City ist seit vielen Jahren in Planung, ohne daß es konkrete Schritte zu seiner Verwirklichung gab. Erst in den letzten Monaten kam es zu einer Auftragsvergabe.[64]

Die ökologische Lage Bangkoks hat ein bedrohliches Ausmaß angenommen. Die Aufrechterhaltung der kommunalen Versorgungsleistungen in Bangkok gestaltet sich zunehmend schwieriger. Die Vereinten Nationen beschreiben die Situation der Wasserversorgung als "...weniger als befriedigend"[65]. Ein Drittel der Bevölkerung verfügt nicht über geklärtes Wasser innerhalb des Wohnraumes, sondern muß Gemeinschaftspumpen in Anspruch nehmen, deren Wasser häufig ungereinigt ist. Rund 100.000 Menschen sind darauf angewiesen, Wasser für den Haushalt direkt aus den verschmutzten Kanälen und Flüssen zu entnehmen. In ländlichen Gebieten werden im Vergleich dazu sogar nur etwa 25% der Bevölkerung von der staatlichen Wasserversorgung erreicht. Die gesundheitliche Versorgung der ländlichen Bevölkerung mit Trinkwasser ist in weiten Teilen des Landes daher völlig unzureichend.[66]

Die Probleme der Müllbeseitigung, der Kanalisation, der Abwasserklärung, der Luftverschmutzung durch Autoabgase und Industrieemissionen sind von praktischen Lösungsvorschlägen weit entfernt. Die Verschmutzung der Gewässer hat in hohem Maße zugenommen. Viele Khlongs (Kanäle) wurden in der Vergangenheit für den Straßenbau zugeschüttet und dienen darüber hinaus auch zur Müllablagerung (nur ca. 80% des Hausmülls wird entsorgt) und zur Aufnahme von industriellen Abwässern. Ein unterirdisches Abwasserentsorgungssystem ist nur in geringem Umfang vorhanden. Die Kosten für die Errichtung einer Anlage zur umfassenden Abwasserklärung wären nach Schätzungen einer japanischen Studie von 1981 kaum noch finanzierbar. Der Report bezifferte die Kosten einer solchen Anlage auf 1,4 Mrd.US$: "...a huge sum by anyone's standards. It seems highly unlikely that Thailand will be able to raise this level of funding in the foreseeable future."[67]

Weitere ökologische Bedrohungen sind das Absinken des Grundwasserspiegels durch eine Übernutzung des Grundwassers, dem stürmischen Bauboom und dem Verkehr auf dem weichen geologischen Untergrund Bangkoks. Die Stadt sinkt zur Zeit jährlich um etwa 10 cm ab und liegt bereits teilweise unter dem Meeresspiegel. Die Gefahr der Grundwasserversalzung durch Hereinströmen von Meerwasser aus dem nahen Golf von Thailand und den regelmäßigen Monsunüberschwemmungen erhöht sich dadurch ständig. Projekte zur Regulierung und Reorganisation des Wasserverbrauches und des Überflutungsschutzes erfordern hohe Investitionen.[68]

Verantwortlich für diese Situation sind u.a. auch administrative Defizite. 1972 wurden Bangkok und Thon Buri zur Bangkok Metropolitan Region zusammengefaßt. Zuständig für diese Region ist die zugleich gegründete Bangkok Metropolitan Administration (BMA). Sie soll eine autonome städtische Behörde darstellen, besitzt aber nur eine sehr begrenzte Funktion. Sie hat weder eigene Planungskompetenzen noch die Autorität zur Koordinierung öffentlicher Investitionen im Rahmen der Entwicklungspläne. Ihre Hauptaufgaben liegen in den Bereichen Kanalisation, Müllabfuhr, Straßenbau- und -unterhaltung, Gesundheit und Primärschulen. Innerhalb der BMA wurden im Laufe der Jahre zahlreiche spezielle Exekutivbehörden eingerichtet wie z.B. die National Housing Authority, die Bangkok Metropolitan Transit Authority, die Metropolitan Water Works Authority, die Industrial Estates Authority sowie die Expressway and Rapid Transit Authority, die z.T. wiederum der Zentralregierung unterstehen. Hauptplanungsbehörde auch für Bangkok ist das NESDB, in enger Zusammenarbeit mit den zuständigen Ministerien.

Nach Ansicht von Pretzell fungiert die BMA als verlängerter Arm des Innenministeriums, was folglich politische Konflikte bei der Ämterbesetzung und in der Kompetenzverteilung bewirkt.[69] Dies führt in Bangkok zu Konflikten und Konkurrenzsituationen bei der Personal- und Mittelausstattung und mangelnder Koordination von Funktionen in den horizontalen und vertikalen Verwaltungsbeziehungen. Ein Resultat ist, daß viele Stadtentwicklungspläne bislang nicht verwirklicht wurden.

Die finanziellen Ressourcen der BMA sind zudem limitiert, d.h. sie werden von nur wenigen autonomen Steueraufkommen gestellt. Die BMA erhält dagegen größere Summen aus Steuern, welche die Zentralregierung erhebt. Dies geschieht jedoch nicht im Rahmen eines standardisierten Finanzausgleiches. Somit begünstigt dieses System wiederum wirtschaftsstarke Einheiten wie Bangkok auf Kosten regionaler Städte und Gemeinden.[70]

Bis vor wenigen Jahren gab es auch keinen wirkungsvollen Mechanismus für die Formulierung von Investitionsprioritäten in der Bangkok Metropolitan Region, weder sektoral noch in Form eines Flächennutzungsplans. Der NESDB räumt dieser Aufgabe inzwischen größere Prioritäten ein. Im Sechsten Nationalen Entwicklungsplan werden in einem neuen Ansatz Investmentpakete unter dem Kriterium der Finanzierbarkeit geprüft, danach in verschiedene potentielle problem- und zielgruppenorientierte Einzelprojekte unterteilt und einer Kosten-Nutzen-Analyse sowie einer Prüfung ihrer räumlichen und sektoralen Eignung unterzogen. Der Sechste Entwicklungsplan sieht für die BMR vor, von allen Investitionen 71% dem Transport- und Verkehrswesen, 21% der Wasserversorgung und dem Überflutungsschutz und 8% dem öffentlichen Wohnungsbau und der Slumsanierung zukommen zu lassen.[71]

Sivaramakrishnan und Green bewerten das sektorale Management mit den verschiedenen Exekutivbehörden gerade in den Bereichen Wasserversorgung, Transportwesen und Slumsanierung als teilweise recht erfolgreich und ambitioniert, wogegen die multisektorale Ebene mit ihren sektorenübergreifenden Verwaltungseinheiten keine positiven Impulse erfahren habe.[72]

Unabhängig davon darf der Einfluß der konstant betriebenen liberalen marktorientierten Wirtschaftspolitik Thailands auf die Standortentscheidungen im privaten Sektor als ein entscheidender Faktor für die Urbanisierung nicht unterschätzt werden. Die Importsubstitution und die Exportförderung, verbunden mit der Politik der Industrieförderung der Regierung, hat mit ihrer einseitigen Ausrichtung auf Bangkok eine negative Verstärkung des unausgewogenen Verstädterungsprozesses ausgeübt.

Darüber hinaus haben die Preispolitik der Regierung sowie die Finanz- und Kreditpolitik zu dieser unausgewogenen urbanen Entwicklung beigetragen. Die außerordentlich dynamischen Kräfte des Marktes, verstärkt durch politische Maßnahmen im Rahmen der jeweiligen Entwicklungsstrategien und einem Defizit im staatlichen Planungs- und Koordinationsbereich, haben die urbane Konzentration zugunsten des Primats Bangkoks und zum Nachteil der ländlichen Gebiete bestimmt.

## Strukturanpassung und Wirtschaftswachstum 111

Insgesamt, so folgert eine UN-Publikation, habe die Regierung inzwischen erkannt, daß ihr Einfluß auf urbane Entwicklungsmuster gering sei und ihre Rolle als moderates Regulativ mit dem Sechsten Entwicklungsplan akzeptiert.[73] Der stellvertretende Direktor des NESDB, Pakkasem, stellte fest, daß in den ersten drei Nationalen Entwicklungsplänen die Entwicklung von Städten außerhalb Bangkoks vollkommen vernachlässigt und somit die Primatfunktion der Hauptstadt zusätzlich verstärkt wurde. Erst mit dem Vierten Plan (1977-81) wurde zum ersten Mal in Thailand eine nationale Urbanisierungspolitik formuliert und eine Strategie für die ökonomische Dezentralisierung vorgeschlagen. Dieser Weg wurde im Fünften und gegenwärtig durchgeführten Sechsten Entwicklungsplan noch stärker betont mit dem Versuch, konkrete Schritte im operativen Bereich einzuleiten. Dazu zählen in erster Linie sechs Pläne, von denen die wichtigsten bereits vorgestellt wurden: Der Aufbau eines Tiefseehafens im ESDP zur Entlastung des Bangkoker Hafens, eine Verlagerung von Behörden in die Vororte von Bangkok, ein Begrünungsprojekt für den Nordosten, die Stadtentwicklungsprojekte, der Aufbau von Satellitenstädten in Industriegebieten um Bangkok und die Vergabe von Investitionsvergünstigungen verstärkt für Projekte außerhalb Bangkoks bei gleichzeitiger Reduzierung der Vergünstigungen für Projekte, die in Bangkok angesiedelt werden sollen.[74] Inwieweit diese Initiativen in den nächsten Jahren zum Erfolg führen, bleibt vorerst noch abzuwarten. Kritische Analysen weisen zumindest auf die immer noch bestehenden Defizite in der Umsetzung hin: "Integration and implementation of these plans in a coherent manner are difficult and have not been seriously attempted. The success of these plans depends largely on the ingenuity of the implementing agencies in putting them into practice."[75]

### 1.4 Finanzierung des Wachstums

Das Leistungsbilanzdefizit und die Außenverschuldung Thailands sind in den achtziger Jahren stark angestiegen. Die expandierende Wirtschaftstätigkeit, insbesondere in den Bereichen Industrieproduktion und Investitionen, verursachte ein überproportionales Anwachsen von Importen, überwiegend von Kapitalgütern und Rohstoffen, und vergrößerte das Handelsbilanzdefizit von 3,8 Mrd.US$ 1988 auf 5,1 Mrd.US$ für 1989.[76] Eine Reduzierung vor allem der konsumptiven Importgüter wird angesichts des mittlerweile erreichten Lebensstandards kaum zu realisieren sein.

Das stark gestiegene Handelsbilanzdefizit konnte auch durch den infolge des Tourismusbooms (50% höhere Deviseneinnahmen) gestiegenen Überschuß der Dienstleistungsbilanz nicht ausgeglichen werden. Die Leistungsbilanz verzeichnete somit ein Defizit von 1.688 Mio.US$ 1988. Dies entspricht 3,2% des BIP. Für 1989 wird mit einem weiteren Anstieg des Defizits auf 2.200 Mio.US$ gerechnet.

Die Kapitalverkehrsbilanz verdreifachte sich hauptsächlich durch den Zustrom privaten Anlagekapitals von 817 Mio.US$ 1987 auf 2.725 Mio.US$ 1988. Thailands Zahlungsbilanz verzeichnete dadurch einen Überschuß von ca. 40 Mrd. Baht. Gleichzeitig stiegen die internationalen Devisenreserven von 6,4 Mrd.US$ 1988 auf 10,2 Mrd.US$ 1989, was dem Gegenwert von 3,5 Monatsimporten entspricht.

Tabelle 21:     Staatshaushalt (in Mio. Baht)

| Ressort | Ausgabenplanung | |
|---|---|---|
| | 1989 | 1990 |
| Insgesamt | 285.500,0 | 335.500,0 |
| darunter | | |
| Zentraler Fonds | 39.473,0 | 28.561,4 |
| Büro d. Premierministers | 2.052,8 | 3.290,9 |
| Verteidigung | 44.484,1 | 52.634,7 |
| Finanzministerium | 68.318,6 | 73.462,7 |
| Auswärtiges | 1.249,7 | 1.505,7 |
| Landwirtschaft | 19.591,8 | 26.879,6 |
| Verkehrsministerium | 13.609,5 | 19.206,9 |
| Handel | 759,5 | 987,9 |
| Inneres | 27.301,9 | 38.020,7 |
| Justiz | 864,5 | 1.096,1 |
| Wissenschaft u. Energie | 2.016,8 | 2.984,7 |
| Bildungswesen | 40.365,0 | 50.340,3 |
| Gesundheitswesen | 11.733,0 | 15.926,5 |
| Industrie | 1.330,9 | 1.453,9 |
| Universitäten | 6.809,2 | 8.588,0 |
| Sonstige Behörden | 871,4 | 1.184,5 |
| Staatl. Unternehmen | 4.383,7 | 8.584,9 |
| Revolving fund | 285,0 | 290,6 |

Quelle:   Ministry of Finance.

Der Staatshaushalt 1988/89 weist mit Ausgaben von 286 Mrd.Baht und Einnahmen von 263 Mrd.Baht eine durch Staatsanleihen zu finanzierende Deckungslücke von 23 Mrd.Baht auf, was einer Reduzierung gegenüber dem Vorjahr um

Strukturanpassung und Wirtschaftswachstum 113

fast die Hälfte entspricht. Die stark ausgeweitete inländische Produktion und erhöhte Steuereinnahmen aus Grundbesitz bewirkten Steigerungen des Aufkommens von Steuern und Zöllen um 27,6% auf 245,6 Mrd.Baht. 1988 verzeichneten die öffentlichen Finanzen Thailands zum ersten Mal wieder seit 14 Jahren einen Überschuß in Höhe von 30,2 Mrd. Baht. Ursache hierfür war, neben den hohen Steuereinnahmen, vor allem die restriktive Ausgabenpolitik. Der Überschuß wurde teilweise zur vorzeitigen Tilgung von Schulden verwendet.

Die Erhöhung der Staatsausgaben, ohne die Tilgungen, blieb mit 6,2% auf 220 Mrd. Baht 1988 unter dem Durchschnitt. Größter Ausgabeposten waren mit 51% Löhne, Gehälter und Zinszahlungen. Der Anteil der Verteidigungsausgaben am Gesamthaushalt hat sich von 18,7% im Haushaltsjahr 1983/84 auf 15,7% 1989/90 kontinuierlich vermindert. Thailand gibt somit 3,3% (46 Mrd.Baht) des Bruttosozialprodukts für die Verteidigung aus. Weitere Hauptposten sind Erziehung und Wirtschaft mit jeweils ca. 17%. Die neue Ausgabenplanung für den Staatshaushalt 1989/90 ist der Tabelle 21 zu entnehmen.

Die Auslandsverschuldung Thailands erhöhte sich von 17,9 Mrd.US$ 1988 auf 19,1 Mrd.US$ 1989 und entspricht somit ca. 20% des BIP. Sämtliche Verbindlichkeiten gegenüber dem IMF sollen jedoch bis 1992 beglichen sein. Dabei erreichte die Schuldendienstrate mit 24,3% der Exporterlöse im Jahr 1986 ihren höchsten Stand; nach 19,7% für 1987 und 12,9% für 1988 verringerte sie sich 1989 auf ca. 11%. Den Auslandsverbindlichkeiten stehen derzeit Devisenreserven in Höhe von 7,5 Mrd.US$ gegenüber.

Nach einer Phase der Euphorie in der Mitte der achtziger Jahre im Hinblick auf schnelle Wachstumsraten beim landesweiten Ausbau der Energie-, Transport- und Kommunikationsinfrastruktur sowie im Industrie- und Dienstleistungsbereich haben die beschriebenen Handels-, Leistungsbilanz- und Haushaltsdefizite in Milliardenhöhe (in US$) während der letzten Jahre sowie das vorübergehende Anwachsen der Schuldendienstrate auf über 20% 1986 zu einer Revision staatlicher Entwicklungsplanungen und -aktivitäten geführt. Der Rat der mit Wirtschaft befaßten Minister (Council of Economic Ministers) beschloß daher 1989, folgende wesentliche Ziele neu zu benennen:

- Begrenzung des Defizits der Leistungsbilanz auf 4% des BIP;
- Reduzierung der Ersparnis-/Investitionslücke auf 4% des BIP;
- Erhöhung der öffentlichen Einnahmen auf 17,1% des BIP;
- Absenkung des Haushaltsdefizits von bisher 1,3% auf 1% des BIP sowie gleichzeitig Steigerung des investiven Teils der Staatsausgaben um 6% auf 20,6%;
- Anhebung der Obergrenze der öffentlichen jährlichen Auslandsverschuldung um 200 Mio.US$ auf 1,2 Mrd.US$;

– Verbesserung des Lebensstandards der ländlichen Bevölkerung. Im Haushaltsentwurf des Jahres 1990 werden hierfür 18 Mrd.Baht bereitgestellt, die für die Bekämpfung der Armut und für die Entwicklung benachteiligter Gebiete, insbesondere im Süden und Nordosten des Landes, eingesetzt werden.[77]

Die verstärkte Wirtschaftstätigkeit und die hohen Steuereinnahmen führten, über die oben beschriebene Reduzierung des Haushaltsdefizits hinaus, auch zu der Formulierung weitergehender Infrastruktur- und Investitionsprogramme. Für 37 Einzelprojekte sollen in den nächsten Jahren insgesamt 83,8 Mrd. Baht ausgegeben werden. Folgende Sektoren sollen in erster Linie von den Maßnahmen profitieren: Stromerzeugung, Fernmeldewesen, Landtransport, Luftverkehr, Wassertransport, Wasserwirtschaft und Wohnungsbau. Die vorgesehenen Infrastrukturinvestitionen sind insgesamt vordringlich, da die vorhandene Infrastruktur der wirtschaftlichen Entwicklung nicht mehr gewachsen ist. Dies führt mittlerweile zu einer Gefährdung der hohen Wachstumsraten und könnte kurzfristig kontraproduktive Folgen für die gesamte Wirtschaftsentwicklung nach sich ziehen.

Die Anpassung der Wirtschaftsplanung war auch aus diesen genannten Gründen dringend erforderlich. Dem Grundsatz der Entwicklungsplanung einer sparsamen Haushaltsführung und dem langfristigen Ziel der Rückführung des Budget-Defizits wurde dabei jedoch weiterhin Priorität eingeräumt. Dies wird deutlich, in dem die Anhebung der Obergrenze der öffentlichen Auslandsverschuldung der Entwicklung des BIP Rechnung trägt und niedriger liegt als die Entwicklung des Außenhandels und der Investitionen.

Zur Verringerung des Leistungsbilanzdefizits hingegen wurden bisher vom Rat der mit Wirtschaft befaßten Minister nur allgemeine Empfehlungen wie die Stärkung des Exports, die Verbesserung bilateraler Handelsbeziehungen ausgesprochen sowie allgemeine Rahmenbedingungen für die exportorientierte Industrie formuliert. Dies dürfte aller Voraussicht nach kaum ausreichen, den Trend zu höheren Defiziten umzukehren, solange der Investitionsboom die Importe stark anwachsen läßt.

## 2   Internationale Aspekte der Wirtschaftsentwicklung

Neben den internen Faktoren spielen die äußeren Faktoren eine wesentliche Rolle im wirtschaftlichen Entwicklungsprozeß Thailands. Sie haben einen erheblichen Anteil am Erfolg der Strukturveränderungen. Der zweite Teil des sechsten Kapitels beschäftigt sich mit den makroökonomischen Einflüssen und Wirkungen auf den thailändischen Wirtschaftsprozeß.

Im ersten Abschnitt werden Aspekte des thailändischen Außenhandels betrachtet. Daran schließt sich eine Untersuchung der Außenwirtschaftsbeziehungen zu den wichtigsten Handelspartnern Thailands an. Als Fallbeispiel folgt eine ausführlichere Diskussion über die bestehenden und zukünftigen Möglichkeiten einer regionalen Kooperation anhand der Association of Southeast Asian Nations (ASEAN) und Indochina. Dies erscheint, trotz der bisher nur schwach ausgeprägten Relevanz für Thailands Wirtschaftsentwicklung, sinnvoll, da Thailand im Rahmen weltwirtschaftlicher Veränderungen und notwendiger Diversifizierungsabsichten große Hoffnung in diese Region setzt. Dabei schwebt den thailändischen Wirtschaftsplanern schon heute die Schaffung neuer Märkte für ihre Produkte mit Thailand als neuem aufstrebendem Wirtschaftszentrum vor.

Der zweite Abschnitt behandelt die Rolle, Zweck und Funktion der ausländischen Direktinvestitionen in Thailand. Dazu gehören auch die Gründe, die Thailand zu einem begehrten Investitionsstandort in den achtziger Jahren werden ließen.

Der letzte Abschnitt setzt sich auseinander mit Form und Ausmaß bilateraler und multilateraler entwicklungspolitischer Zusammenarbeit mit Thailand. Neben einem Überblick über die daran beteiligten Staaten und Organisationen werden insbesondere die Bereiche, in denen Entwicklungshilfe geleistet wird, dargestellt. Als Fallbeispiel dient die Bundesrepublik Deutschland, die einen wesentlichen entwicklungspolitischen Beitrag leistet.

## 2.1 Außenwirtschaftsbeziehungen

In der Vergangenheit war der thailändische Außenhandel besonders durch zwei Merkmale geprägt: Einem anhaltenden Übergewicht der Importe gegenüber den Exporten und der starken Dominanz des Agrarsektors bei den exportierten Produkten. Während sich das Verhältnis zwischen Im- und Exporten nicht geändert hat, sondern aufgrund des Wirtschaftswachstums der letzten Jahre sogar noch zunimmt und somit zu einer weiteren Vergrößerung des Handelsbilanzdefizits beiträgt, hat bei den Exportprodukten eine zunehmende Diversifizierung eingesetzt. Hatten Reis und Kautschuk beispielsweise 1959 noch einen Anteil von 67,7% an allen Ausfuhrgütern, so betrug ihr Anteil 1987 nur noch 14,4%. Halb- und Fertigwaren erzielten dagegen im gleichen Jahr einen Anteil von 60% am Exporterlös.[78]

Seitdem hat der Exportboom der thailändischen Wirtschaft weiter angehalten. Thailands Exporte stiegen 1988 um 31% auf 15,7 Mrd.US$, wobei die acht Hauptausfuhrgüter um über 20%, andere Güter wie Computerteile, Plastikartikel, Möbel, Fußbekleidung, integrierte Schaltkreise und konservierte Meeresprodukte bis zu 40% zulegten. Die wichtigsten Exportgüter sind Textilien und Kleidung, Edelsteine und Schmuck, integrierte Schaltkreise sowie Reis, Tapioka, Kautschuk und Meerestiere. Nach Warengruppen bildeten Fertigwaren, Nahrungsmittel und Maschinen die wichtigsten Ausfuhrgüter (siehe auch Tabelle 22).

**Tabelle 22:** Ausfuhr nach Warengruppen (in Mio.Baht)

|  | 1987 | 1988 | 1989 Jan.-Sept. |
|---|---|---|---|
| Insgesamt | 299.853 | 403.570 | 384.130 |
| darunter | | | |
| Nahrungsmittel | 109.341 | 137.566 | 134.312 |
| Getränke u. Tabak | 1.428 | 1.613 | 1.587 |
| Rohstoffe | 26.751 | 35.649 | 27.605 |
| Mineral. Brennstoffe | 2.099 | 3.069 | 2.886 |
| Speiseöle u. -fette | 307 | 180 | 138 |
| Chemikalien | 4.528 | 4.838 | 4.670 |
| Verarb. Erzeugnisse | 58.751 | 76.865 | 68.713 |
| Maschinen | 35.522 | 63.769 | 66.034 |
| Sonstige Erzeugnisse | 60.363 | 78.751 | 77.355 |
| Re-Exporte | 763 | 1.250 | 830 |

Quelle: Customs Department; Ministry of Finance.

1989 stiegen die Exporte erneut um 24,2% auf 19,5 Mrd.US$ an. Seit 1983 nahmen die thailändischen Exporte im Durchschnitt jährlich um 20,6% zu. Sie sind somit eine entscheidende Ursache der erzielten hohen Wachstumsraten.[79] Dennoch ist bei diesen Zahlen zu berücksichtigen, daß trotz der kontinuierlichen Entwicklung zu mehr verarbeiteten Produkten der thailändische Exportboom mehrheitlich von einigen wenigen Gütern getragen wurde. Die angeführten zehn wichtigsten Exportgüter stellten 1989 allein 53% der Gesamtexporte. Im Vergleich dazu: allein der Tourismussektor erwirtschaftete einen Anteil von 16% der gesamten Einnahmen an ausländischen Devisen. Auch ist der thailändische Exportanteil am Welthandel mit 1,5% noch sehr gering.[80]

Für die auch im Weltmaßstab rasante Entwicklung des Exportsektors gibt es verschiedene Erklärungen. Ein Grund liegt, neben der beschriebenen Produktdiversifikation, in den komparativen Kostenvorteilen, die Thailand zu bieten hat. Dafür gibt es zwei wesentliche Ursachen: Länder wie Japan, Taiwan und Korea waren gezwungen, ihre jeweiligen Landeswährungen aufzuwerten, u.a. durch von den USA und der Europäischen Gemeinschaft (EG) ausgeübten politischen Druck von außen und gestiegene Lohnkosten im Inneren. "The principal explanation of recent export growth lies in the international economic restructuring caused by the success of the 'Gang of Four' and Japan, the revaluation of the yen and the rising labour costs in these countries..."[81]

Das Resultat sind höhere Kosten für die Exportprodukte dieser Länder auf dem Weltmarkt, von denen in der Region besonders Thailand und Malaysia profitieren. Dies führte auch zu einem Anstieg der ausländischen Direktinvestitionen und einer Verlagerung arbeitsintensiver Industrien aus diesen Ländern nach Thailand. Dadurch wiederum konnten die exportorientierten Industrien des verarbeitenden Gewerbes beschleunigt ausgebaut, die Produktionskapazität erhöht und die technische Qualität der Erzeugnisse verbessert werden.[82]

Die zweite wesentliche Ursache waren die Abwertungen des thailändischen Baht durch die Regierung in den Jahren 1981, 1984 und 1987. Hierdurch wurde bei den Exporten ein weiterer Wettbewerbsvorteil gegenüber anderen Ländern erzielt. "The export drive has been helped by an exchange rate policy that leaves the baht to float against an undisclosed basket of currencies in which the dollar is believed to account for some 80%."[83]

Einen weiteren Grund für die Exporterfolge der letzten Jahre stellten auch die hohen Weltmarktpreise für Agrarerzeugnisse dar. Die verstärkte Nachfrage wirkte unterstützend und stabilisierend auf die überwiegend von Halb- und Fertigprodukten getragene Exportsituation. "...firm commodity prices and tight supply-demand conditions in world markets provided a significant impetus to exports of major traditional agricultural products. For example, in 1989 the value of rice and sugar exports increased by about 80 per cent and 90 per cent, respectively."[84] Hierzu trug auch der Abbau von Ausfuhrbeschränkungen auf bestimmte Nahrungs- und Genußmittel durch die thailändische Regierung bei. Zudem führten die höheren Gewinne auf dem Weltmarkt zu Einkommenszuwächsen bei den Bauern, die deshalb ihre Produktion steigerten. Weitere Faktoren, die zum Exportboom beitrugen, waren die geringen Lohnkosten, die vergleichsweise gut ausgebaute Infrastruktur und die praktizierte staatliche Wirtschaftspolitik.

Demgegenüber gibt es mehrere Anzeichen, die mittelfristig die Konkurrenzfähigkeit Thailands auf dem Weltmarkt bedrohen und somit auch das Wachstum bei den Exporten gefährden. Bestehende Mängel in der gesamtwirtschaftlichen

Planung und Koordinierung haben zu dem bereits mehrfach angesprochenem Problem von Infrastrukturengpässen (Transport, Telekommunikation etc.) vorwiegend im metropolitanen Bereich geführt. Zwei weitere negative Auswirkungen, der Anstieg der Inflation und zunehmende Bodenspekulationen mit Agrarland für industriellen Gebrauch, sind bereits jetzt spürbar. Beides beruht auf der Kombination von Exportausweitung und ausländischen Investitionen. Während die Inflationsrate von 9% im Jahr 1989 zu höheren Lebenshaltungskosten führte, verursachen die Bodenspekulationen Verzögerungen beim Aufbau weiterer Industrien.[85] Der Präsident des TDRI, Phaichitr Uathavikul, benennt noch andere Mängel: fehlende eigene Technologie und fehlende qualifizierte Arbeitskräfte.

> Up to now, our development has been based almost entirely on imported technology, without much attempt at building up our own capabilities. This weakness will become an increasingly important handicap in our attempt to compete in the world market. A second obstacle is the shortage of skilled and semi-skilled labor force, which in turn, is a result of our education system[86]. This situation must be rectified..., otherwise, we shall not have a sufficient trained labor force for sustained development and for maintaining our competive position.[87]

Abgesehen von diesen Risiken wird eine fortgeführte Exportexpansion jedoch allein nicht ausreichen, um auch eine bessere Einkommensverteilung zu bewirken. Obwohl alle Einkommensgruppen von dem Exportboom profitierten, begünstigte die Gewichtung aber weit mehr die Bevölkerung im nicht-landwirtschaftlichen als im landwirtschaftlichen Sektor. Eine verstärkte Ausweitung des inländischen Marktes dürfte daher für die zukünftige Entwicklung unabdingbar sein. Dies würde bedeuten, daß die thailändischen Behörden der Förderung der arbeitsintensiven Industriegüterexporte zwar weiterhin eine hohe Priorität einräumen, dies aber nicht als alleinige und hinreichende Entwicklungsstrategie ansehen: "Die Politik sollte sich zielgerichteter als in den letzten Jahren der Entwicklung der internen Märkte als eines weiteren Wachstumsmotors annehmen... und dies sowohl aus Verteilungs- als auch aus Wachstumsgründen."[88]

Gleichzeitig führte der Exporterfolg und die steigende Produktion zu einem hohen Anstieg der Importe, besonders bei den Investitionsgütern. Hinzu kommt ein verstärkter Import von Konsumgütern um bei steigenden Touristenzahlen die ausreichende Versorgung des Tourismussektors sicherzustellen. Insgesamt erhöhten sich die Importe 1988 um 45,5% auf 19,5 Mrd.US$. Die wichtigsten Importgüter sind Maschinen, Erdöl und Erdölprodukte, Eisen und Stahl, Elektroartikel und Fahrzeuge. Wichtigste Import-Warengruppen waren mit weitem Abstand Maschinen, vor Fertigwaren, Chemieprodukten sowie Treib- und Schmierstoffen (siehe auch Tabelle 23). Wie bei den Exporten stiegen auch die Importe 1989 um 26,2% auf 24,6 Mrd.US$ erneut an.[89]

## Internationale Aspekte

An diesen Zahlen wird die Kehrseite des raschen exportorientierten Wachstums deutlich. Industrielle Entwicklung in der Dritten Welt bedeutet in der Regel eine Reduzierung der Importe von Fertigprodukten. Zugleich besteht aber in vielen Entwicklungsländern, wie auch in Thailand, die Notwendigkeit, die für die Produktion des Endprodukts notwendigen Ressourcen weiter zu importieren. Dazu gehören z.B. Maschinen, Zwischenprodukte und Rohstoffe zur Energiegewinnung. Die hohen Zuwachsraten beim Export konnten diesen ständig steigenden Bedarf der expandierenden Wirtschaft an diesen Produkten und die Verschlechterung der Terms of Trade bisher nicht ausgleichen.[90] Für die nächsten Jahre wird ein weiterer Anstieg des Handelsbilanzdefizits prognostiziert. Eine Umkehr dieser Entwicklung in der Zukunft setzt verstärkte Industrialisierungsbemühungen voraus, die eine Abkehr von den sehr arbeitsintensiven Leichtindustrien zu mehr kapital- und technologieintensiven Industrien zum Ziel haben, um dadurch Qualitätssteigerungen und evt. höhere Gewinne zu erzielen.

**Tabelle 23:** Einfuhr nach Warengruppen (in Mio.Baht)

|  | 1987 | 1988 | 1989 Jan.-Sept. |
|---|---|---|---|
| Insgesamt | 334.209 | 513.114 | 480.642 |
| darunter | | | |
| Nahrungsmittel | 13.946 | 24.238 | 22.117 |
| Getränke u. Tabak | 1.515 | 2.626 | 2.707 |
| Rohstoffe | 24.699 | 34.707 | 33.021 |
| Mineral. Brennstoffe | 44.177 | 38.829 | 42.460 |
| Speiseöle u. -fette | 175 | 483 | 566 |
| Chemikalien | 50.876 | 64.424 | 55.421 |
| Verarb. Erzeugnisse | 65.384 | 109.746 | 111.370 |
| Maschinen | 108.662 | 203.013 | 180.043 |
| Sonstige Erzeugnisse | 24.254 | 35.047 | 32.937 |
| Gold | 551 | 1 | |

Quelle: Customs Department; Ministry of Finance.

Einen weiteren Bereich stellen die direkten Handelsbeziehungen dar. Als Hauptshandelspartner hat Japan mit einem Anteil von 23% seine führende Stellung weiter ausgebaut. Es folgen die USA mit 17%, Singapur mit 8% und die Bundesrepublik Deutschland mit 5%. Die USA nehmen mit 21,7% den ersten Platz bei den Exporten ein, Japan denselben bei den Importen mit 30,5%. Die Europäische Gemeinschaft (EG) ist bei Ex- und Importen jeweils zweitwichtigster Handelspartner. Von diesen wichtigsten Handelspartnern abgesehen hält die südost- und ostasiatische Region, ohne Japan, einen Anteil von 25% bei den Im- und Exporten. Ebenfalls eine stabile Rolle spielt der Nahe Osten mit einem Exportanteil von 6%. Die Sowjetunion und Osteuropa dagegen nehmen mit einem Anteil von 0,5% thailändischer Exporte eine marginale Bedeutung ein (siehe auch Tabelle 24).[91]

Tabelle 24: Außenhandel nach Ländern (in Mio. Baht)

| Land | Einfuhr 1988 | Einfuhr 1989 | Ausfuhr 1988 | Ausfuhr 1989 |
| --- | --- | --- | --- | --- |
| Insgesamt | 513.114 | 647.800 | 403.570 | 512.900 |
| darunter aus/nach | | | | |
| Japan | 148.905 | 197.645 | 64.312 | 87.313 |
| USA | 69.557 | 72.296 | 80.865 | 111.393 |
| Singapur | 38.196 | 44.500 | 30.981 | 36.534 |
| Bundesrepublik Deutschland | 27.572 | 33.472 | 18.635 | 20.972 |
| Großbritannien | 15.185 | 16.502 | 14.885 | 19.081 |
| Malaysia | 10.748 | 16.179 | 11.946 | 14.727 |
| Hongkong | 6.369 | 8.576 | 17.969 | 20.366 |
| Indonesien | 4.390 | 6.831 | 2.160 | 4.122 |
| Philippinen | 4.815 | 2.155 | 1.500 | 2.658 |
| Brunei Darussalem | 4.242 | 4.806 | 531 | 776 |

Quelle: Department of Customs; Ministry of Finance und Bank of Thailand.

Derzeit wird die Entwicklung des thailändischen Außenhandels hauptsächlich mit einem Problem konfrontiert: dem wachsenden Protektionismus auf den wichtigen Exportmärkten für thailändische Produkte in den USA und der EG. Im Verhältnis zu den USA bestehen eine Reihe von Handelsbeschränkungen für bestimmte Produkte. "Measures imposed by the United States include antidumping duties on steel pipes and pipe fittings; countervailing duties on garments, rice, and nails; and quotas on sugar and textile products."[92]

Besonders der US-Farm Act über die Einfuhrbeschränkungen von Reis hatte negative Auswirkungen auf Thailands Reisexporte und führte zu hohen finanziellen Verlusten für die thailändische Volkswirtschaft. Der Hintergrund dieser protektionistischen Maßnahmen dürfte in erster Linie in dem Problem des US-Handelsbilanzdefizits liegen. Die Reduzierung bzw. Beseitigung des Defizits kann nur zu Lasten von Entwicklungsländern wie Thailand gehen. Doch auch die asiatischen NICs sind hiervon betroffen, wenn Überschußländer wie die Bundesrepublik Deutschland oder Japan diese Anpassungslast nicht übernehmen.[93]

Daneben stand in der Außenwirtschaftspolitik mit den USA der andauernde Konflikt um den Patentschutz und den Marktzugang für amerikanische Zigaretten im Vordergrund. In der seit langem kontrovers behandelten Frage des Schutzes geistigen Eigentums hat Thailand bisher nach Auffassung der USA noch keine ausreichenden Maßnahmen getroffen, um in den Bereichen Computer-Software, Pharmazeutika, Textilien etc. ausländische Urheberrechte wirksam zu schützen. Aus diesem Grund schränkte die USA einige Privilegien für thailändische Produkte auf dem US-Markt unter dem General System of Preferences (GSP) ein. Zudem wurde Thailand auf die sogenannte 'watch list' gesetzt und muß mit weitergehenden Maßnahmen rechnen, wenn es die Urheberrechte nicht anerkennt.[94]

Der zweite große Streitpunkt war der Zugang für amerikanische Zigaretten auf den thailändischen Markt. Erst nach einer Entscheidung mit Hilfe des General Agreement on Tariffs and Trade (GATT), nach dem ein Importverbot den GATT-Regeln widerspricht, hat sich Thailand dazu entschlossen, das bestehende Importverbot für ausländische Zigaretten, u.a. US-amerikanische, aufzuheben. Die thailändische Regierung erhebt nun eine 'Gesundheitssteuer' für ausländische Zigaretten. Aus Protest kündigten US-Handelsbeauftragte bereits Strafzölle für thailändische Produkte in die USA an.[95]

Die Europäische Gemeinschaft wird als Handelspartner für Thailand immer wichtiger. Doch auch in der EG bestehen eine Reihe von Reglementierungen für thailändische Produkte: "The European Community or its individual member countries have set quotas on tapioca products, sugar, textiles and tiles, among others."[96]

Ein neuer Aspekt in der zukünftigen Entwicklung des thailändischen Außenhandels mit Europa ist die Errichtung des EG-Binnenmarkts 1992, dessen Auswirkungen auf die Dritte Welt wie auch auf Thailand unterschiedlich eingeschätzt werden. Zum einen wird vermutet, daß dies zu höheren Handelshemmnissen gegenüber Nicht-Mitgliedsstaaten auf den europäischen Märkten führen könnte.

Large and powerful economies can protect themselves and cushion the impact of such an increase if and when it occurs. Already the United States and Japan are making heavy investments in Europe so that, no matter what happens, their national interests and competitive position will be safeguarded. As a small country, Thailand is not in a position to adopt the same protective measures.[97]

Das Ziel Thailands ist daher eine weitergehende Diversifizierung seines Handels und der ausländischen Direktinvestitionen, um seine Abhängigkeiten von den wichtigsten Märkten zu reduzieren.

Zum anderen wird aber auch spekuliert, daß der Binnenmarkt positive Effekte auf die Weltwirtschaft in Form von Handelsausweitungen besitzen kann. Ferner bedeutet der Binnenmarkt, daß Wirtschaftsbeziehungen zunehmend weniger durch Verhandlungen einzelnen Staaten geregelt werden, sondern durch Organisationen von Staatengemeinschaften wie der EG auf der einen Seite und evt. ASEAN auf der anderen. Eine Entwicklung, die bei Einhaltung der GATT-Regeln durchaus von Vorteil sein könnte.[98]

### 2.1.1 Fallbeispiel ASEAN und Indochina

Angesichts einer Vielzahl von neuen wirtschaftlichen Herausforderungen in der Region und in der internationalen Wirtschaft erscheint die Schaffung einer effizienteren Wirtschaftskooperation innerhalb der ASEAN heute umso erforderlicher und dringender für alle ihrer Mitgliedsstaaten. Die bereits erwähnten und sich immer stärker abzeichnenden protektionistischen Tendenzen in den Industrieländern und die Entstehung des EG-Binnenmarktes 1992 unterstreichen diese Notwendigkeit umso deutlicher. Diese neuen Heraufforderungen scheinen von der ASEAN bisher jedoch nicht vollkommen realisiert worden zu sein: "...ASEAN at this stage is only committed to building up the conditions and institutional infrastructure considered necessary for practical and efficient economic integration, without defining what such integration really means."[99]

Die wirtschaftlichen Beziehungen Thailands mit seinen südostasiatischen Nachbarländern (ausgenommen Birma und Indochina) waren rückblickend von jeher auf nur wenige Primärprodukte begrenzt. Auch sind die Beziehungen Thailands und der ASEAN bis heute geprägt "...by its economic structure in terms of production and its pattern of trade compared to that of other ASEAN countries."[100]

Diese traditionell schwach ausgebildeten Handelsbeziehungen sollten mit Hilfe einer gemeinsamen Organisation erweitert werden. Im August 1967 unterzeichneten Thailand, Malaysia, Singapur, die Philippinen und Indonesien das Gründungsdokument der ASEAN. Brunei schloß sich der ASEAN erst im Jahre 1984 an. Angestrebt wurde weniger eine politische Integration als vielmehr eine wirtschaftliche Zusammenarbeit. Wesentliche Punkte und Zielsetzungen in der Gründungsdeklaration sind daher die regionale Zusammenarbeit und Eigenständigkeit der Region durch wirtschaftliche, soziale und kulturelle Kooperation.[101] Dahinter stand der Grundgedanke, daß die Kooperation in einer Region der Dritten Welt die Chance böte, im Sinne des von den Vereinten Nationen propagierten Konzeptes des Regionalismus als Förderungsmittel von Entwicklung[102] einen neuartigen Entwicklungsschub einzuleiten.

Thailand spielte bei der Formation von ASEAN eine wichtige Rolle. Vor allem zwei Gründe bewogen Thailand, aktiv an der Bildung einer gemeinsamen Organisation teilzunehmen. Das war zum einen die Suche nach Alternativen zur Sicherung seiner inneren Stabilität und Sicherheit, um nicht ausschließlich auf die Hilfe der westlichen Mächte angewiesen zu sein. "...Thailand wished to conduct a policy of non-reliance on extra-regional countries...Thailand, therefore, was trying to enhance cooperation among intra-regional countries."[103]

Der zweite Grund lag in der Auffasssung, daß eine regionale wirtschaftliche Kooperation nicht nur die innere Stabilität und Sicherheit fördern, sondern zugleich eine Möglichkeit für eine weiterführende wirtschaftliche Entwicklung bieten könnte. "...Thailand believed that the security and stability built up by ASEAN cooperation would enable it to use its limited resources for economic and social development essential for the people's welfare and beneficial to raising its people's standard of living."[104]

Unterschiedliche wirtschaftliche Interessen und instabile politische Bindungen untereinander behinderten jedoch zunächst die Entwicklung von ASEAN. Erfolge wurden weniger in der angestrebten ökonomischen Kooperation erzielt, sondern waren vielmehr auf politischem Gebiet zu verzeichnen. In diesem Zusammenhang ist besonders die gemeinsame Haltung ASEANs zum Indochina-Konflikt zu erwähnen. Obwohl es sich bei ASEAN um keine militärische Allianz handelt und eine politische Kooperation in den Zielsetzungen der ASEAN von 1967 nie erwähnt wurde, profitierte besonders Thailand als ehemaliger Front-Staat gegenüber Indochina von dem neugegründeten Zusammenschluß. "...ASEAN provides Thailand a cushion of regional diplomatic support and leverage in world bodies that were not available in previous eras. The ASEAN factor also makes the local conflict a concern of the entire region."[105]

Die Ansätze zu einer wirtschaftlichen Kooperation hingegen blieben vorerst begrenzt. Bis 1976 war die Entwicklung der ASEAN weitgehend von Konzeptionslosigkeit, nationalen Egoismen und einem geringen Kooperationsniveau gekennzeichnet.[106] Erst mit dem Gipfeltreffen aller Staatschefs der Mitgliedsstaaten 1976 in Bali fand ein Wandel in den Beziehungen untereinander statt. Die dort geschlossenen Verträge (Treaty of Amity and Co-operation, Declaration of ASEAN Concord)[107] hatten neben einer Reform des Organisationsaufbaus die Konkretisierung der wirtschaftlichen Zusammenarbeit zum Ziel. In einem weiteren Gipfeltreffen, 1977 in Kuala Lumpur, wurden zusätzliche Beschlüsse für eine intensivere Kooperation im Nahrungs- und Energiesektor getroffen. Hinzu kamen Bestrebungen, den Außenhandel zu diversifizieren, um die Abhängigkeit von einigen wenigen Exportmärkten wie den USA, Japan und der EG zu verringern.

Aufgrund der bei den Gipfeltreffen erzielten Ergebnisse findet eine ökonomische Kooperation mittlerweile in den Bereichen Versorgung, finanzielle Zusammenarbeit, Handelsliberalisierung und industrielle Kooperation statt. Die Schwerpunkte dabei bilden bisher die Liberalisierung des Handels und die Zusammenarbeit auf dem Industriesektor.

Das Ziel der *Handelsliberalisierung* ist die Schaffung einer begrenzten Freihandelszone durch eine stufen- und produktweise Annäherung. Um die intra-regionalen Handelsbeziehungen auszubauen, unterzeichneten die Außenminister ASEANs im Februar 1977 ein 'Agreement on ASEAN Preferential Trading Agreements' (PTA). Es dient als eine Strategie zur Liberalisierung des ASEAN-Handels mit einem für alle Mitgliedstaaten akzeptablen Tempo. Bis 1992 sollen demnach mindestens 50 Prozent des Intra-ASEAN-Handels durch Zollpräferenzen abgedeckt sein. Gleichzeitig dürfen Ausschlußlisten nur noch 10 Prozent der gehandelten Güter umfassen.[108]

Dennoch stiegen die Exporte innerhalb der ASEAN-Staaten nicht in dem erwünschten Maße an. Der intra-regionale Handel erlangte, abgesehen vom Umschlaghafen Singapur und dem bilateralen Handel zwischen Malaysia und Singapur, auch weiterhin keine große Bedeutung. Primärprodukte, wie z.B. Kautschuk, Holz, Palmöl, Zinn, Reis und Rohöl, bilden nach wie vor den Hauptanteil von Im- und Exporten innerhalb der ASEAN.[109]

> As ASEAN members have similar pattern of domestic products, the expansion of trade among themselves according to the 'free trade' policy has, so far, been unsuccessful. The trade volume between ASEAN partners remains negligible because these nations desire foreign investment industrial goods, and manufacturing technology not agricultural products similar to their own.[110]

Dies führt dazu, daß sich die Exporte der ASEAN, trotz der beabsichtigten Diversifizierungsbemühungen, weiterhin auf die Märkte der Haupthandelspartner USA, Japan und der EG konzentrieren. Die hieraus resultierende Konkurrenz auf dem Weltmarkt beinträchtigt zugleich die Wettbewerbssituation der einzelnen Staaten. Bisher könnte man den langsamen Fortschritt der Handelsliberalisierung unter dem PTA als Ergebnis dieser sich wenig vorteilhaft ergänzenden Wirtschaften der ASEAN-Staaten deuten. Doch es gibt auch Erklärungsversuche, die das weitgehende Scheitern des PTA auf eine fehlende Bereitschaft zur Umsetzung innerhalb der ASEAN-Mietglieder selbst zurückführen.

Preferential tariff agreements have had very little impact on intra-ASEAN trade because member countries, in the process of negotiation, have attempted to protect their domestic producers from competition. Moreover, governments' reluctance to set final goals and a time frame for PTA made negotiations even more difficult.[111]

Diese Aussage trifft auch auf Thailand zu. Für Thailand hängt die Bedeutung getroffener Vereinbarungen meist von seiner jeweiligen wirtschaftlichen Situation und dem Grad seiner wirtschaftlichen Abhängigkeit von der ASEAN ab. Zumindest für die nahe Zukunft dürfte die PTA wenig Einfluß auf die wirtschaftspolitischen Entwicklungsvorstellungen Thailands haben.[112]

Der zweite Bereich der Zusammenarbeit von ASEAN auf wirtschaftlichem Gebiet ist die *industrielle Kooperation*. Sie stellt sich bislang als ebenso schwierig dar wie die Senkung von Handelsbarrieren. Ein Grund dafür ist, daß jedes ASEAN-Land eigene Konzeptionen seiner industriellen Entwicklung hat, die oft mit denen seiner Nachbarn konkurrieren. Die ASEAN-Staaten haben bisher drei industrielle Kooperationsprogramme entwickelt:

Das 'ASEAN Industrial Projects' (AIP) versucht, größere regierungsgeförderte industrielle Projekte aufzubauen. Ziel dieser Industrieprojekte ist die Herstellung von Industrieprodukten auf regionaler Ebene, deren nationale Fertigung die Kapazitäten eines Landes übersteigt. Ihr wesentlicher Sinn liegt somit vor allem in der Importsubstitution. Die geplanten gemeinsamen Industrieprojekte sollen dabei zu 60% Eigentum des Gastlandes bleiben, während die restlichen 40% zu gleichen Teilen auf die übrigen ASEAN-Staaten entfallen.[113] Die Verwirklichung des AIP-Programms gestaltet sich jedoch problematisch. Unterschiedlichen nationale Interessen, komplexe Planungen und Veränderungen in den Weltwirtschaftsbedingungen sowie unerwartet hohe Kosten sind dabei die größten Hinderungsgründe.[114] Im Falle Thailands war der Bau eines Projektes zur Herstellung von Pottasche (Rock Salt-Soda Ash Project) vorgesehen. Das Projekt war 1978 als drittes AIP-Vorhaben genehmigt worden. Sein Bau sah eine Investition von 170 Mio.US$ vor; von diesem Betrag sollten 120 Mio.US$ als Kredit von Japan zur Verfügung gestellt werden. Die Ausführung des Projekts verzögerte sich zunächst aufgrund von Differenzen über den Standort, obwohl die thailändische Regierung bereits 1980 Laem Chabang in der Chonburi-Provinz als Bauplatz beschlossen hatte. Zu diesem Zeitpunkt wurde auch Kritik an einer möglichen Umweltverschmutzung durch das Projekt geäußert. 1985 wurde das Projekt schließlich aufgrund der gestiegenen Inflation und Zweifeln an seinem wirtschaftlichen Ertrag verworfen.[115]

Als eine Ergänzung zu den größeren Industrieprojekten des AIP-Programms unterzeichneten die Mitgliedsstaaten der ASEAN 1980 ein weiteres Abkommen. Das 'ASEAN Industrial Complementation Scheme' (AIC) soll staatlich initiierte, aber vom privaten Sektor getragene Projekte umfassen. Hierbei ist eine dezentral organisierte, ergänzende Produktion vorgesehen. Vor- und Zwischenprodukte werden an verschiedenen Standorten hergestellt und schließlich in einem gemeinsamen Zentrum zusammengefügt. Durch dieses Programm sollen die verschiedenen Vorteile der produzierenden Sektoren in jedem Land maximiert und unwirtschaftliche Konkurrenz reduziert werden.[116]

1983 wurde auf einer Wirtschaftsministerkonferenz ein drittes Konzept, das 'ASEAN Industrial Joint Ventures Scheme' (AIJV), vorgestellt. Nach diesem Konzept partizipieren mindestens zwei oder mehr ASEAN-Länder an einem Gemeinschaftsunternehmen, welches vorzugsweise privatwirtschaftlich getragen wird. In diesen Projekten sind Unternehmen aus zwei oder mehr Mitgiedstaaten mit mindestens 51% beteiligt. Diese Joint Ventures im privaten Sektor haben sich schon jetzt als vielversprechender erwiesen als AIPs und AICs, da AIJVs als kleinere Projekte mit wenig Kapitaleinsatz und relativ geringem Risiko gegründet werden können. Überdies spielen bürokratische Hindernisse und Interessenunterschiede der einzelnen Staaten in dieser Projektform eine untergeordnete Rolle.[117]

Zusammenfassend ist festzustellen, daß die Realisierung aller ASEAN-Industrieprojekte insgesamt nur sehr langwierig und z.T. ineffizient durchgeführt wird. Mittlerweile wurden zwar einige Projekte fertiggestellt, andererseits wurden Projekte, wie das Beispiel Thailand zeigt, aber auch wieder zurückgezogen.

Größere Fortschritte wurden durch gemeinsames Auftreten der ASEAN-Staaten gegenüber den Haupthandelspartnern USA, Japan und der EG bei der Gestaltung der Außenwirtschaftsbeziehungen erzielt. Besonders das Treffen in Kuala Lumpur 1977 schuf hierfür entscheidende Grundlagen. ASEAN einigte sich auf gemeinsame Haltungen zu wirtschaftlichen Fragestellungen gegenüber einer Vielzahl internationaler Organisationen und gegenüber den Haupthandelspartnern. Die Verantwortlichkeit für die Koordination von Gesprächen und Beziehungen der ASEAN mit wichtigen Handelspartnern oder internationalen Organisationen wurde bestimmten Mitgliedstaaten übertragen. Thailand beispielsweise ist für die Kontakte zu den Vereinten Nationen zuständig. Die Bemühungen der ASEAN, die Beziehungen zur EG zu verbessern, sind besonders ausgeprägt. Dieses Engagement beruht auf dem Hintergrund, daß - verglichen mit Japan - westeuropäisches Wirtschaftsengagement in der ASEAN-Region unterrepräsentiert ist. ASEAN versucht damit, eine Balance in den Beziehungen zur EG, zu Japan und zu den USA zu erreichen. Mittlerweile setzt die Gemeinschaft zudem hohe Zukunftserwartungen in weitere Dialogpartner wie Kanada, Neuseeland und Australien.[118]

Zwar konnten in den Verhandlungen der ASEAN mit den USA, Japan und der EG viele Forderungen wie der bessere Zugang für ihre Produkte bisher nicht umgesetzt werden, jedoch brachten das gemeinsame Auftreten und die demonstrierte Einigkeit in außenwirtschaftlichen Verhandlungen der ASEAN die internationale Anerkennung als Wirtschaftsblock.

Auch wenn greifbare Resultate der ökonomischen Kooperation innerhalb der ASEAN gering sind, so dürfen doch die indirekten Effekte nicht unterbewertet werden. Die angestrebte wirtschaftliche Kooperation brachte zunächst politische Stabilität, welche wiederum maßgeblich zur wirtschaftlichen Attraktivität der Region beitrug. So fließen heute z.B. ca. 25% aller in Ländern der Dritten Welt getätigten Direktinvestitionen in die ASEAN-Länder. Trotz vieler Hindernisse wird ASEAN von seiten seiner Mitglieder zudem als wertvolles regionales Instrument für die Durchsetzung individueller Ziele in bezug auf die Reduzierung des Einflusses und der Abhängigkeit von anderen Handelspartnern betrachtet. Diese Einschätzung wird von der in Bangkok ansässigen ESCAP der Vereinten Nationen geteilt, die auch positive Einflüsse der Organisation auf Thailands Wirtschaftentwicklung bemerkt:

> Since its interception 21 years ago, ASEAN had exercised, and would continue to exercise considerable influence on Thai development planning. Compared with other third world regional economic groups ASEAN had been remarkably successful and was expected to continue to benefit its member States and play an influential role in the global economy and in political developments affecting the region.[119]

Die bisherigen Ergebnisse der ökonomischen Kooperation von ASEAN werfen jedoch die Frage nach neuen, für die zukünftige Entwicklung durchführbaren sowie erforderlichen Perspektiven der Staatengemeinschaft auf. Die Antworten sind bisher, abhängig vom jeweiligen Standpunkt, ambivalent. Die achtziger Jahre führten in den meisten ASEAN Staaten zu veränderten Wirtschaftdaten und Entwicklungsstrategien. Während alle ASEAN-Staaten mit Ausnahme Singapurs bis zu Beginn der achtziger Jahren in ihrer Wirtschaftsentwicklung die

Bildung importsubstituierender Industrien betrieben, verfolgen sie mittlerweile mehrheitlich eine Strategie, in der Wirtschaftswachstum durch exportorientierte Industrialisierungsstrategien erzielt werden soll. "Thailand, Malaysia und Indonesien - und mit deutlichen Abstrichen auch den Philippinen - ist es gelungen, eine erhebliche Verlagerung ihrer Exportstrukturen von Rohstoffen und Agrarprodukten hin zu industriellen Produkten zu entwickeln."[120]

Der Anteil von industrieller Fertigung an den Exporten hat in allen Ländern beträchtlich zugenommen.[121] Dennoch konnte die ASEAN aufgrund konträrer Interessen ihrer Mitgliedstaaten die Vorteile einer 'Economy of Scale' d.h., einer Massenproduktion und einem vergrößerten Markt, bislang nicht zur eindeutigen Verbesserung ihrer Handelsbeziehungen nützen. Vielmehr ist das individuelle Wirtschaftswachstum in erster Linie das Ergebnis der wirtschaftlichen Strategien der einzelnen Mitgliedstaaten selbst. Eine Erklärung besagt, daß eine Vielzahl von Investitionen in gleiche Sektoren erfolgte und folglich eine komplementäre Ausrichtung der Industriezweige verhinderte.

> In principle, all ASEAN countries follow open-economy policies; trade and investment supposedly being based on market factors. Thus, the ASEAN economies are more complementary to the advanced industrial countries, as evident in the extent of ASEAN's trade and investment with these countries.[122]

Unterschiedlich ausgeprägte politisch-wirtschaftliche Strukturen und Entscheidunsprozesse in den einzelnen Staaten führen mittlerweile zu beträchtlichen Diskrepanzen in der Geschwindigkeit der wirtschaftlichen Entwicklung. Inzwischen besteht die Möglichkeit einer ökonomischen Zweiteilung innerhalb der ASEAN. Auf der einen Seite stehen Singapur als NIC sowie Malaysia und Thailand, die aufgrund ihrer Wirtschaftspolitik den Anschluß an die Entwicklungsdynamik Taiwans und Südkoreas finden könnten. Auf der anderen Seite stehen der große Flächenstaat Indonesien mit sozialen Spannungen aufgrund seines ausgeprägten Stadt-Land-Gefälles und die Philippinen, deren oligarchische Großgrundbesitzerklasse eine wirtschaftliche Entwicklung stark behindert. Hinzu kommen zunehmende Differenzen in den wirtschaftlichen Interessen der einzelnen Mitgliedsstaaten, die eine gemeinsame Haltung zu internationalen Wirtschaftsaspekten erschweren.[123]

> Emerging perceptions of divergent economic interests could also play a part in the increasing irrelevance of the grouping. Malaysia and Thailand, for example, as near-NICs might begin to see their interests differently from those of less developed countries such as Indonesia and the Philippines.[124]

Besonders Thailand versucht mittlerweile, seine Beziehungen zu den USA und Japan auszubauen und reagierte bereits positiv auf eine Initiative Australiens, das ein Forum für Handel und wirtschaftliche Kooperation in der asiatisch-pazifischen Region anstrebt.[125] Darüber hinaus sieht Thailand neue diplomatische und ökonomische Wege in seiner Nachbarbeziehung zu Indochina, wie die nachfolgenden Ausführungen zeigen werden.

Die zu Beginn erwähnten wechselnden Konditionen im Welthandel implizieren mittelfristig die Notwendigkeit einer weiterreichenden Diversifizierung des thailändischen Außenhandels. Die jüngsten politischen Entwicklungen in Indochina eröffnen hierfür neue Perspektiven. Bereits in der Vergangenheit unterhielt Thailand intensive Handelsbeziehungen zu den Staaten Indochinas. Diese änderten sich erst in den fünfziger Jahren in der Folge des ersten Indochina-Krieges und dem seither andauernden internationalen Konflikt mit diesen Staaten. Die Erhaltung der nationalen Souveränität, Unabhängigkeit und Integrität des buddhistischen Königreiches war in den folgenden Jahrzehnten oberstes Prinzip jeder Indochina-Politik. Gegen die äußere Bedrohung suchte Thailand die Allianz mit der VR China, ohne deren Einfluß dominant werden zu lassen, sowie durch die Rückendeckung der ASEAN. Dabei ist die thailändische Indochina-Politik von einer flexiblen und pragmatischen Anpassung an externe wie interne Veränderungen und Konstellationen geprägt.[126]

Im Rahmen der internationalen Entspannungsbemühungen und aufgrund des Abzugs der vietnamesischen Truppen aus Kambodscha bietet sich nun die Chance einer friedlichen Regelung des langwährenden Indochina-Konflikts. Die Regierung Chatichai versucht, dazu einen eigenen Beitrag zu leisten. Die Ininiative zu einer neuen Indochina-Politik unter Premierminister Chatichai will den Indochina-Konflikt durch den Aufbau bilateraler ökonomischer anstelle von rein militärischen Strukturen aus nationalen sicherheitspolitischen und wirtschaftlichen Interessen heraus kontrollieren. Dies findet seinen Ausdruck in der Aussage Chatichais "to turn Indochina from a battlefield into a market- place"[127]. Die Einladung des kambodschanischen Premierministers Hun Sen nach Bangkok im Januar 1989 setzte im Rahmen dieser neuen Indochina-Politik ein weiteres Zeichen.

Thailand sieht in Indochina einen potentiellen Lieferanten für zukünftig benötigte neue Rohstoffe und Mineralien, welche in den Nachbarländern Laos und Kambodscha seit dem Ende der Kolonialzeit nicht mehr in großem Maße ausgebeutet wurden. Zum anderen produziert Thailand Überschüsse an zweitklassigen Industrieprodukten, die sich auf dem Weltmarkt nur schwer mit Gewinn absetzen lassen. Mit 200 Millionen Einwohnern bietet Indochina einen bisher fast unerschlossenen Absatzmarkt.[128]

Ein schwungvoller, zumeist illegaler Handel mit den Nachbarländern Laos und Kambodscha wurde von der thailändischen Regierung bisher stillschweigend gebilligt. Dieeser Handel soll nun im Rahmen einer Verbesserung der Beziehungen über offiziele Handelskontakte betrieben werden. Die von Premierminister Chatichai im Herbst 1988 initiierte Export- und Investitionsoffensive hat mittlerweile in den indochinesischen Nachbarländern zu einer verstärkten Präsenz bzw. größeren Aktivitäten thailändischer Unternehmen und Banken in Laos und Vietnam geführt.[129]

Viele der großen Holzfirmen in Thailand erhalten den seit Verhängung des Holzfällverbotes benötigten Nachschub aus Laos und Kambodscha. Nachdem Laos 1987/88 erste Schritte in Richtung einer wirtschaftlichen Öffnung vollzog, wurden Joint-Venture-Firmen mit thailändischen Teilhabern gegründet und Abkommen zur Nutzung laotischer Holzvorkommen geschlossen. Aus Kambodscha wird ebenfalls direkt Holz importiert. Im Gegenzug hierzu werden in Thailand zusammengebaute Automobile nach Kambodscha verschifft.[130] Darüber hinaus sind thailändische Konsumgüter in Kambodscha sehr verbreitet: "About 50 per cent of the goods on sale in most Cambodian urban areas are produced in Thailand, but mostly sold to Cambodia over through indirect transactions in which Japanese, Taiwanese and Singaporeans serve as middle-men."[131] Der Grund für die indirekten Kontakte liegt u.a. in den noch bestehenden Restriktionen für thailändische Geschäftsleute. Thailändischen Zeitungsberichten zufolge werden inzwischen informelle Gespräche von offizieller Seite über die Errichtung von Handelsposten entlang der kambodschanisch-thailändischen Grenze geführt.[132]

Thailand selbst sieht sich als durchaus prädestiniert für die Rolle des wirtschaftlichen Regionalzentrums auf der indochinesischen Halbinsel. Diese Auffassung wird auch von der Weltbank geteilt: "The World Bank believes Thailand is playing a leadership role in Southeast Asia and can make a significant contribution to the economic development of poorer countries in the region such as those in Indochina..."[133]

Thailands neue Indochina-Politik stößt dennoch auf unterschiedliche ausländische Reaktionen. Die ASEAN-Mitgliedstaaten beobachten die derzeitige Entwicklung überwiegend mit Skepsis. Bislang besteht Uneinigkeit über die möglichen politischen und wirtschaftlichen Folgen einer Annäherung an die indochinesischen Staaten. Einerseits könne eine Heranführung dieser Staaten an die ASEAN den Prozeß der regionalen Kooperation fördern. In diesem Fall könne langfristig ein großer Markt geschaffen werden, der z.B. als Gegengewicht zum Europäischen Binnenmarkt agieren würde. Andererseits wird jedoch auch auf die Gefahr einer Bildung zweier Staaten-Gruppen in Südostasien hingewiesen:

Eine sogenannte 'Suwannaphume' (Golden Peninsula) mit den Nationen des Kontinents auf der einen Seite und die Gruppe der Inselstaaten auf der anderen Seite.

Ausländische Investoren, insbesondere aus Japan und den ostasiatischen NICs, zeigen sich an den neuen Entwicklungen in Indochina hingegen sehr interessiert. Japan gilt aufgrund seiner Wirtschaftskraft als jenes Land, das erwartungsgemäß von den veränderten internationalen Rahmenbedingungen in dieser Region am meisten profitieren wird. Ein Berater von Premierminister Chatichai formulierte daher: "The growing recognition of the importance of economics...is a trend that is likely to confer disproportionately large benefits upon Japan. The end of the century is likely to see a fully fledged, regionwide economic Pax Japonica in Southeast Asia."[134]

Abschließend muß jedoch darauf hingewiesen werden, daß alle diese Überlegungen und ihre Realisierung abhängig sind von dem noch ausstehenden Ergebnis der tatsächlichen Konfliktlösung. Trotz des Abzugs der Vietnamesen aus Kambodscha dauert der Bürgerkrieg dort weiter an. Es bleibt daher abzuwarten, welche Ergebnisse im Indochina-Konflikt in naher Zukunft erzielt werden.

## 2.2 Ausländische Direktinvestitionen

Ausländische Investitionen in Form von Direktinvestitionen sowie privaten und öffentlichen Darlehen spielen für die Entwicklung der thailändischen Wirtschaft seit den sechziger Jahren eine wesentliche Rolle. Während die Direktinvestitionen vorwiegend im Industriesektor und bei der Entwicklung neuer Industrien Bedeutung erlangen, werden die Darlehen besonders für den Ausbau der Infrastruktur und öffentlicher Einrichtungen verwendet. Die Auslandsinvestitionen werden von der thailändischen Regierung primär als Chance gesehen, die im Fünften und Sechsten Entwicklungsplan festgelegten Ziele einer Verlagerung der bis in die siebziger Jahre hauptsächlich auf Importsubstitution beruhenden Wirtschaft hin zu einer exportorientierten Ausrichtung zu erreichen bzw. den Weg dahin zu beschleunigen. "Direct foreign investment is normally expected to make a positive contribution to the balance of trade and payments. This is because foreign companies are expected to be efficient producers of import substitutes as well as exportable items."[135]

Zuständig für die Direktinvestitionen ist das vor dreißig Jahren gegründete Board of Investment (BOI). Es untersteht dem Büro des Premierministers. Seine primäre Funktion besteht in der Prüfung, Bewertung und Genehmigung ausländischer, sich um Förderung bewerbender Projekte.[136] Die Beurteilung der Investitionsprojekte erfolgt anhand von vorgegebenen Regierungsrichtlinien. Dazu zählen folgende Kriterien:

- significantly strengthen the balance of payments, especially through export production;
- support the country's resource development;
- conserve energy or replace imported energy supplies;
- establish or develop industries which form the base for further stages of industrial development, or
- are considered important and necessary by the Government.[137]

Weitere Kriterien sind die Bevorzugung von Gebieten außerhalb des Großraums Bangkok, die Orientierung an Elektronik- und Leichtindustrien sowie eine Mindestbeschäftigtenzahl von 200 oder mehr Angestellten.

Das Genehmigungsprüfungsverfahren für Projektvorschläge beträgt nach Aussagen von Mitarbeitern des BOI zwei bis drei Monate. Diese Einschätzung erscheint jedoch angesichts des bürokratischen Verwaltungsaufwandes in Thailand zu optimistisch. Ungefähr ein Drittel bis die Hälfte aller Anträge, die vom BOI geprüft werden, fallen während des Bearbeitungsverfahrens aus dem Genehmigungsprozeß heraus, da sie den Anforderungen nicht genügen. Zwischen dem Ausstellen einer Genehmigung und dem tatsächlichen Projektbeginn liegt eine vom BOI gewährte Frist von 30 Monaten, nach deren Ablauf die Erlaubnis entzogen wird.[138]

Thailands Attraktivität für ausländische Investoren zeigt sich sowohl im umfangreichen Zufluß von ausländischem Kapital auf den nationalen Aktienmarkt als auch in der Zunahme der Bewerbungen, die das BOI erhält. Das BOI genehmigte in den ersten sechs Monaten des Jahres 1989 insgesamt rund 906 (1988: 1.300) Projekte mit einem Volumen von zusammen 207 (1988: 186) Mrd.Baht. Es wird damit gerechnet, daß durch diese Projekte 300.000 Arbeitsplätze geschaffen werden. Nach Schätzungen des BOI sind zwischen 60 und 70% aller Projekte, die eine Genehmigung erhalten haben, bereits begonnen worden. Von der Gesamtzahl der genehmigten Projekte befinden sich 500 in thailändischem Besitz. Der Rest befindet sich in ausländischem Besitz oder existiert in Form von Joint Ventures als sogenannte Transnational Corporations (TNCs) mit in- und ausländischen Kapitalhaltern. Hinzu kommen die ausländischen Investoren, die das Förderungsinstrumentarium des BOI nicht in Anspruch nehmen. Für 1989 und 1990 wurde mit einem leichten Rückgang der Investitionen gerechnet. Die derzeit wichtigsten Investoren sind Japan, Taiwan, Hongkong, die USA und die EG (siehe auch Tabelle 25).[139] Neu hingegen ist die Rolle Südkoreas als Investor: "Die südkoreanischen Firmen gelten als die 'vierte Welle' der Auslandsinvestition seit 1988. Führend ist Japan mit 5,7 Mrd. US$ (369 Projekte) und Taiwan mit 2 Mrd.US$ (400 Projekte) gefolgt von 36 Projekten der Südkoreaner..."[140]

**Tabelle 25: Ausländische Direktinvestitionen ausgewählter Länder in Thailand (in Mio.Baht)**

Applications for Promotion

|  | 1987 | | 1988 | | 1989[1] | |
| --- | --- | --- | --- | --- | --- | --- |
|  | Number | Amount | Number | Amount | Number | Amount |
| Total | 1.058 | 209.029 | 2.125 | 530.292 | 1.109 | 399.492 |
| Foreign | 630 | 163.322 | 1.271 | 394.212 | 735 | 290.397 |
| Japan (%) | 32 | 29 | 31 | 38 | 26 | 42 |
| Taiwan (%) | 28 | 9 | 31 | 14 | 5 | 10 |
| Hongkong (%) | 7 | 4 | 10 | 5 | 12 | 11 |
| US (%) | 10 | 12 | 11 | 24 | 9 | 8 |
| EC (%) | 17 | 20 | 12 | 19 | 15 | 15 |
| Total foreign (%) | 60 | 78 | 60 | 74 | 66 | 73 |

Applications Approved

|  | 1987 | | 1988 | | 1989[1] | |
| --- | --- | --- | --- | --- | --- | --- |
|  | Number | Amount | Number | Amount | Number | Amount |
| Total | 625 | 67.290 | 1.454 | 200.894 | 1.086 | 260.645 |
| Foreign | 385 | 50.064 | 888 | 156.419 | 700 | 190.009 |
| Japan (%) | 35 | 49 | 30 | 49 | 30 | 45 |
| Taiwan (%) | 26 | 15 | 35 | 14 | 29 | 11 |
| Hongkong (%) | 8 | 6 | 10 | 7 | 8 | 5 |
| US (%) | 9 | 9 | 12 | 11 | 9 | 7 |
| EC (%) | 13 | 14 | 12 | 17 | 18 | 21 |
| Total foreign (%) | 62 | 74 | 61 | 78 | 64 | 73 |

Projects Started

|  | 1987 | | 1988 | | 1989[1] | |
| --- | --- | --- | --- | --- | --- | --- |
|  | Number | Amount | Number | Amount | Number | Amount |
| Total | 172 | 18.577 | 224 | 17.930 | 272 | 26.174 |
| Foreign | 86 | 12.160 | 136 | 14.013 | 191 | 20.675 |
| Japan (%) | 35 | 46 | 34 | 54 | 47 | 67 |
| Taiwan (%) | 9 | 3 | 17 | 5 | 28 | 11 |
| Hongkong (%) | 13 | 20 | 13 | 14 | 8 | 9 |
| US (%) | 12 | 14 | 11 | 15 | 7 | 8 |
| EC (%) | 17 | 9 | 23 | 21 | 12 | 17 |
| Total foreign (%) | 50 | 65 | 61 | 78 | 70 | 79 |

[1] January - November
Quelle: Board of Investment.

Die Zunahme von Auslandsinvestitionen in Thailand, vor allem in der zweiten Hälfte der achtziger Jahre, ist im Zusammentreffen einer Reihe interner und externer Faktoren begründet. Auf der internen Seite zählen die Standortvorteile Thailands durch ein vergleichsweise niedriges Lohnniveau, eine Vielzahl natürlicher Ressourcen zur Weiterverarbeitung in der Industrie sowie die Steuererleichterungen für vom BOI genehmigte Investitionsprojekte. Von sehr viel größerer Bedeutung für Investoren ist jedoch die stabile politische Lage. Die gegenwärtige Regierung wurde demokratisch gewählt, und Erinnerungen an die Militärputsche früherer Jahre verblassen zunehmend.

Ferner haben die politische Instabilität auf den Philippinen und die Situation in China zu anhaltender Zurückhaltung hinsichtlich größerer Investitionen in diesen Ländern geführt. Und während Auslandsinvestitionen in Malaysia und Indonesien einerseits ebenfalls zunahmen, erweist sich andererseits der in diesen beiden Ländern vorherrschende Islam als Hinderungsgrund für einige Investoren.

Entscheidend für die hohe Zunahme von Investitionen waren jedoch externe Faktoren. Das Wirtschaftswachstum Japans und der asiatischen NICs führte zu steigenden Löhnen und einer Aufwertung der Währungen dieser Länder. Dazu kommen Handelshemmnisse für viele ihrer Exportgüter in Europa und Nordamerika. Als Reaktion hierauf haben sich Investoren aus diesen Ländern nach billigen Produktionsstandorten umgesehen, die noch keinen Einfuhrbeschränkungen unterliegen. Auf diese Weise versuchen sie, ihre Wettbewerbsfähigkeit im Export arbeitsintensiver Produktionen aufrechtzuerhalten.[141] Zudem hat auch die Unsicherheit über die politische Zukunft Hongkongs nach 1997 zu erhöhten Investitionen aus der Kronkolonie geführt. Die Regierungen Taiwans und Süd-Koreas haben außerdem zur Unterstützung dieser Entwicklung in ihren Ländern die Vereinfachung von Vorschriften bzw. Bestimmungen für Investitionen im Ausland beschlossen.

Insbesondere seit Mitte der achtziger Jahre wird die große Bedeutung ausländischer Investitionen in Thailand anhand folgender Auswirkungen deutlich: Ausländische Tochterunternehmen erwirtschafteten 1986 bereits 49% der gesamten Produktion des verarbeitenden Gewerbes im Vergleich zu 30% im Jahre 1976. Auch die Exportanteile der ausländischen Firmen verdeutlichen diese Tendenz. 1980 besaßen sie einen Anteil von 23% an den Gesamtexporten und von 39% bei den Exporten des verarbeitenden Sektors. Diese Zahlen sind in der Zeit danach weiter angestiegen. Dabei lag der Schwerpunkt der Investitionen bis 1985 vorwiegend auf Projekten für die Importsubstitution. Seitdem hat die Mehrzahl der Projekte jedoch eine exportorientierte Ausrichtung. Ein weiterer positiver Aspekt sind die geschaffenen Arbeitsplätze. Noch 1985 betrug der Anteil von ausländischen Firmen an der gesamten Beschäftigtenzahl des verarbeitenden Gewerbes lediglich 9%. Es wird erwartet, daß dieser Anteil durch die Zunahme arbeitsintensiver Industrien bis 1991/92 auf 20% steigt. Ein weitere positiver Effekt der ausländischen Direktinvestitionen ist vor allem auch die Einführung neuer Technologien in einigen Industriebereichen, die wiederum mittelbar zur Qualitätssteigerung thailändischer Produkte beiträgt. Dabei spielt die Tendenz thailändischer Unternehmen, ausländische Produktionsweisen zu kopieren, eine wesentliche Rolle.

Ausländische Investitionen haben seit langem besonders Thailands Großindustrie als Zielrichtung (siehe auch Tabelle 26):

> Foreign firms were concentrated majorly in chemical, petroleum, rubber and plastic products, iron steel and basic metal products, machinery and equipment and the mining industries. Foreign firms' activities in chemical, petroleum, rubber and plastic industries accounted for 95 percent of the total sales in these industrial sectors.[142]

Tabelle 26: Verteilung der ausländischen Direktinvestitionen nach Sektoren (in %)

|  | 1980 | 1985 | 1986 | 1987 | 1988 | 1989 |
|---|---|---|---|---|---|---|
| Finanzwesen | (5) | (29) | 7 | 5 | 10 | 12 |
| Handel | 19 | 25 | 26 | 9 | 14 | 18 |
| Bauwesen | 20 | 36 | 18 | 15 | 7 | 9 |
| Bergbau | 15 | 12 | 4 | 2 | 2 | 2 |
| Landwirtschaft | 5 | 2 | 3 | 3 | 1 | (0) |
| Industrie | 26 | 31 | 31 | 53 | 58 | 47 |
| Dienstleistungen | 18 | 24 | 12 | 13 | 9 | 13 |

Quelle: Board of Investment.

Die ausländischen Direktinvestitionen stellen dabei vor allem für industrielle Großprojekte wie das ESDP und das geplante Southern Seaboard eine wichtige Voraussetzung dar. Darüber hinaus ist besonders die chemische Industrie ein bevorzugtes Ziel der Direkinvestitionen. Im Bereich der chemischen, petrochemischen, Kautschuk- und Plastikindustrie beherrschten ausländische Firmen 1980 ca. 95% der Verkäufe. In den Jahren danach nahmen insbesondere die Investitionen im Chemiesektor weiter zu:

In Thailand, a dramatic increase in importance and attractiveness of the chemical industry to foreign investors was experienced. The share of FDI in the chemical industry to total FDI in the manufacturing sector rose markedly from 15.4 per cent and 9 per cent in 1983 and 1984, respectively, to 36.0 per cent and 23.0 per cent in 1985 and 1986, respectively.[143]

Dementsprechend liegt die chemische Industrie unter den Industriezweigen, welche vom BOI Vergünstigungen zugesprochen bekommen, nach der Höhe des Investitionsvolumens an der Spitze. Hauptinvestoren waren für den Zeitraum 1962 bis 1986 Japan und die Niederlande, gefolgt von den USA, Großbritannien und Taiwan. In letzter Zeit entwickelt sich auch Südkorea zu einem weiteren wichtigen Investor im chemischen Bereich. "South Korean chemical giants, the Korea Explosive Group, Kolon International Corp., and Dong Sung Chemical Co. are some of the companies eying Thailand for joint ventures."[144]

In diesem Zusammenhang stellt sich die Frage, ob diese hohen Investitionen in den verhältnismäßig verschmutzungsintensiven Bereich der chemischen Industrie keine kontraproduktiven Folgen für die Umwelt mit sich bringen. Für ein Land wie Thailand mit relativ wenigen Umweltschutzgesetzen und unzureichenden Sicherheitsvorschriften liegen hier zumindest potentiell große Gefahren.

Ferner sind vor allem Japan, die USA und in zunehmendem Maße auch Südkorea in den letzten Jahren dazu übergegangen, Thailand als kostengünstiges Fertigungsland für den Reexport in die Heimatländer oder den Weltmarkt zu nutzen. Diese Investitionsform bringt jedoch wenig Know-how-Gewinn, da sich die Firmen nahezu vollständig in ausländischem Besitz befinden und nur vorgefertigte Teile von thailändischen Arbeitnehmern montiert werden. Außerdem werden keine Marketingerkenntnisse an die thailändische Wirtschaft vermittelt. Dennoch findet eine Förderung gerade dieser Investitionen unter beschäftigungspolitischen Aspekten statt. "Direct foreign investment, in particular, was found to have been invested primarily on the basis of the life-cycle hypothesis - that is, to maintain the original cost competiveness by investing in low-cost production sites and exporting the products elsewhere."[145] Hieraus resultiert aber auch die Hauptkritik an dieser Form von Investitionen. Es wird bemängelt, daß diese Investitionen ohne jede Koppelungseffekte mit der übrigen thailändischen Wirtschaft bleiben und durch die 'Ausbeutung' der Arbeitskräfte zur Verschärfung der Entwicklungsprobleme beitragen.[146]

Im Hinblick auf die nahe Zukunft werden keine wesentlichen Veränderungen in Form, Art und Umfang der ausländischen Investitionen erwartet. Sollte sich das Wirtschaftswachstum der letzten Jahre jedoch fortsetzen, ist anzunehmen, daß Investitionen weniger profitabel werden, da wirtschaftliche Entwicklung mittelfristig auch zu steigenden Löhnen führt. Auch die Erhöhung der Ölpreise in der zweiten Hälfte 1989 bewirkt negative Folgen. Diese zeigen sich u.a. in der zunehmenden Inflationsrate und in steigenden Zinsen, mit der Folge sich verringernder Investitionen. Ferner können sich der Mangel an qualifizierten Fachkräften und die überlastete Infrastruktur als Hindernisse in den nächsten Jahren erweisen.

### 2.3 Bilaterale und multilaterale entwicklungspolitische Zusammenarbeit

Angesichts der fortbestehenden entwicklungspolitischen Probleme Thailands besteht neben den oben erwähnten ausländischen Direktinvestitionen bei der thailändischen Regierung ein großes Interesse an der Erhaltung finanzieller Mittel in Form von Entwicklungshilfe. Die Festigung der parlamentarisch-demokratischen Strukturen und Reformen im administrativen Bereich haben die Rahmenbedingungen für die wirtschaftliche und entwicklungspolitische Zusammenarbeit mit den demokratischen Industrienationen nachhaltig verbessert, so daß Thailand auch bei der Umsetzung des gegenwärtigen Sechsten Entwicklungsplans umfangreiche finanzielle und technische Unterstützung aus dem Ausland erhält.[147]

Japan liegt bei der bilateralen Zusammenarbeit - gemessen am Gesamtvolumen der jährlichen finanziellen Zusagen - mit weitem Abstand an erster Stelle. Es folgen als multilaterale Geber die Asiatische Entwicklungsbank und die Weltbank, gefolgt von den bilateralen Hilfen der USA, der Bundesrepublik Deutschland, Australien und Kanada. Die Aktivitäten der verschiedenen Geberländer sind regional und sektoral weit gefächert, mit einer gewissen Konzentration auf die ländliche Entwicklung im Norden und Nordosten des Landes.

Die japanischen Zusagen an Thailand mit rd. 26,3 Mio.US$ für Projekte der technischen Zusammenarbeit (TZ) für 1987 sind seit einigen Jahren rückläufig.[148] In Japan wird damit der gestiegenen Wirtschaftskraft Thailands Rechnung getragen. Die japanischen Mittel werden hauptsächlich für die Förderung der Bereiche Landwirtschaft, Ausbildung und öffentliches Gesundheitswesen verwendet. Derzeit existieren sechs sogenannte 'economic cooperation funds', über welche die Bereitstellung von Finanzmitteln erfolgt. Die wichtigsten Fonds sind der Overseas Economic Cooperation Fund (OECF) und die Official Development Assistance (ODA).[149]

Australien ist nach UNDP-Quellen mit tatsächlichen Leistungen in Höhe von 17,0 Mio.US$ im Jahre 1987 an die zweite Stelle aller Geber im Bereich der TZ gerückt. Dabei haben die Zusagen von 1985 bis 1987 in australischen Dollars zwar zugenommen, jedoch wegen einer Abwertung des australischen Dollars insgesamt abgenommen. Australien gibt keine Entwicklungshilfe auf Darlehensbasis an Thailand.

Die kanadische Entwicklungshilfe wird zum überwiegenden Teil als technische Hilfe auf Zuschußbasis gewährt und entspricht in ihrem Umfang fast der australischen TZ. Die tatsächlichen Leistungen betrugen 1987 ca. 16,1 Mio.US$. Die Organisation der Entwicklungspolitischen Zusammenarbeit (EZ) mit Thailand besitzt für Kanada Pilotcharakter, da hier erprobt wird, inwieweit eine Verlagerung der Projektfindung, -planung und -durchführung in das Empfängerland selbst erfolgen kann. Diesem Ansatz entspricht auch die Form der bilateralen TZ, die Stärkung der thailändischen entwicklungspolitischen Planungskapazitäten (z.B. NESDB), insbesondere aber dem TDRI, das über fünf Jahre mit insgesamt 5,0 Mio.US$ gefördert wird.

Die bilaterale Entwicklungshilfe der einzelnen EG-Staaten ist, mit Ausnahme Belgiens und der Bundesrepublik Deutschland, kaum nennenswert. Vor allem Frankreich bemüht sich fast ausschließlich um Exportaufträge und gibt entsprechende Finanzierungszusagen nur von Fall zu Fall ab. Es ist zudem das einzige Land, das eine Veröffentlichung seiner Leistungen im "Kompendium über Entwicklungshilfeleistungen" der VN an Thailand ablehnt.

Die von der thailändischen Regierung unter der Rubrik 'multilaterale Leistungen' geführte Entwicklungshilfe der EG ist mit 12,6 Mio.US$ in 1987 in Form reiner Zuschußleistungen relativ konstant. Das Schwergewicht liegt auf ländlichen Entwicklungsprojekten, die dazu beitragen sollen, die stark angewachsene Abhängigkeit eines großen Teils der thailändischen Landwirtschaft im Nordosten vom Tapiokaanbau zu verringern.

Wichtigste multilaterale Kreditgeber für Thailand sind die ADB und die Weltbank. Die ADB hat bis einschließlich 1987 insgesamt ca. 1,9 Mrd.US$ zugesagt, die Weltbank über 5,5 Mrd.US$. In den letzten Jahren haben sich die Finanzierungskonditionen der multilateralen Entwicklungshilfebanken jedoch im Verhältnis zu den bilateralen Konditionen erheblich verschlechtert. Die Auszahlungsrate beider Banken liegt derzeit weit unter den zugesagten Beträgen.

Von größter Wirkung auf die wirtschaftliche Entwicklung sind nach inoffiziellen Schätzungen die Leistungen Japans und der USA sowie der Weltbank. Dies würde auch den zur Verfügung gestellten Volumina entsprechen. Starke Beachtung in Thailand finden dabei vor allem Berichte der US-Botschaft wie auch der Weltbank über die wirtschaftliche Situation des Landes und der Ausblick auf die zukünftige Entwicklung, die häufig von den Medien aufgegriffen und zitiert werden.[150]

Durch seine gezielte Unterstützung von Entwicklungsplanungsinstitutionen (NESDB), vor allem aber des TDRI, sichert sich Kanada nach Auskunft einiger Beobachter einen unmittelbaren Zugang zu einflußreichen Entscheidungsträgern. Dadurch ist ein steigender Einfluß Kanadas zu erwarten.

Das strukturelle Defizit Thailands im Handel mit Japan hatte die Beziehungen zu Tokio über Jahre belastet. Dies änderte sich erstmals im Jahre 1986 infolge einer Aufwertung des Yen. Trotzdem war in der Vergangenheit die Verärgerung über den mangelnden Zugang zum japanischen Markt weit stärker als die 'Dankbarkeit' für die Entwicklungshilfe Japans an Thailand, das zusammen mit der VR China und Indonesien zu den wichtigsten Empfängern japanischer Hilfe zählt.

Ebenfalls seit einigen Jahren belasten amerikanische Restriktionen bei der Einfuhr von Textilien sowie die subventionierte Ausfuhr von Reis und Zucker aus den USA das Verhältnis zu Thailand.[151]

Die Entwicklungshilfe auf Darlehensbasis wird von thailändischer Seite in erster Linie als Handelsförderungsmaßnahme der Geberländer angesehen. Demgegenüber gewähren die Länder Australien, Kanada und die USA ihre Entwicklungshilfe zum größten Teil in Form nicht rückzahlbarer Zuschüsse.

Eine entwicklungspolitische Zusammenarbeit mit kommunistischen bzw. ehemals kommunistischen Staaten existiert nach wie vor kaum. Mit Jugoslawien, der VR China, Ungarn und Polen bestehen Rahmenabkommen über wissenschaftlich-technische Zusammenarbeit, die nur in den beiden ersteren Fällen zu einem geringen Austausch von Wissenschaftlern und Studenten geführt haben. Die UdSSR bietet seit einigen Jahren jährlich zwischen 50 und 100 Stipendien an. Studenten renommierter Universitäten nehmen allerdings an diesen Stipendienprogrammen fast nicht teil, um ihre Berufsaussichten nicht zu beeinträchtigen.

### 2.3.1 Fallbeispiel Bundesrepublik Deutschland

Seit Beginn der thailändisch-deutschen entwicklungspolitischen Zusammenarbeit im Jahre 1959 sind bis einschließlich 1989 kumulierte Gesamtleistungen in Höhe von insgesamt ca. 2,12 Mrd.DM zugesagt worden. Darin enthalten sind bilateral und multilateral weitergeleitete Beträge. Diese setzten sich in etwa zu einem Drittel aus nicht rückzahlbaren Zuschüssen und zu zwei Dritteln aus Darlehen zusammen.[152] Damit steht die Bundesrepublik Deutschland nach Japan und den USA bei den Gesamtleistungen unter den bilateralen Gebern an dritter Stelle.

Zusätzlich zur EZ erhalten Militär und Polizei seit Jahren Ausstattungshilfe, bisher in Höhe von insgesamt 10 Mio. DM. Damit wird in erster Linie der Aufbau eines modernen Kommunikationssystems für die Streitkräfte finanziert. Im Rahmen einer in diesem Zusammenhang durchgeführten Ausbildungshilfe wurden seit 1962 fast 200 thailändische Offiziere ausgebildet.[153]

Die Projekte der entwicklungspolitischen Zusammenarbeit sind sehr weit gefächert. Schwerpunkte der thailändisch-deutschen EZ bilden dabei die Bereiche ländliche Entwicklung, Berufsausbildung, Infrastruktur, Energieversorgung und Umweltschutz/Natur. Geographisch konzentriert sich die Förderung auf die ärmeren Landesteile außerhalb Bangkoks und der Zentralregion.

Die Projekte der *finanziellen Zusammenarbeit* sind hauptsächlich auf die ländliche Bewässerung und Trinkwasserversorgung sowie auf Verkehr und Energie im Norden bzw. Nordosten Thailands konzentriert. Darüber hinaus wird seit Anfang der achtziger Jahre ein Dorfentwicklungsprogramm an der thailändisch-kambodschanischen Grenze durchgeführt, das für Thailand relativ attraktiv ist, da es auf Zuschußbasis gefördert wird. Mittlerweile wurden von der Bundesrepublik über 82 Mio.DM für die bislang sechs Stufen des Programms zugesagt. Dieser Betrag ist im wesentlichen für Hausbau, sanitäre Anlagen, Trinkwasser- und Gesundheitsversorgung bestimmt. Mit diesem langfristig angelegten Vorhaben soll die im Grenzgebiet zu Kambodscha von den militärischen Auseinandersetzungen betroffene umgesiedelte thailändische Bevölkerung unterstützt werden. Ein erhebliches Manko dieses Entwicklungsprojekts liegt jedoch darin, daß die Menschen in ihren neuen Dörfern keine ausreichenden Erwerbsmöglichkeiten finden. Die Gründe liegen in den zu kleinen ihnen zugeteilten landwirtschaftlichen Nutzflächen und/oder 'schlechten', d.h. nur schwer kultivierbaren Böden. Bei der Fortführung des Programms wird daher versucht, den Schwerpunkt auf einkommenschaffende Maßnahmen zu verlagern.[154]

Im Rahmen der *technischen Zusammenarbeit* standen seit dem Beginn der thailändisch-deutschen Zusammenarbeit die Bereiche technische Berufsausbildung und landwirtschaftliche Entwicklung im Vordergrund. Hinzu kommt eine Vielzahl anderer Projekte, die zumeist in keinem Zusammenhang miteinander stehen und völlig unabhängig voneinander konzipiert und implementiert werden. Erwähnenswerte Einzelprojekte sind das King Mongkut's Institute of Technology in Nord-Bangkok, das bislang mit über 50 Mio.DM aus Mitteln der TZ gefördert wurde. An diesem Institut wird vor allem eine Facharbeiterausbildung sowie die Ausbildung von technischen Lehrern und Hochschulingenieuren durchgeführt.

Weitere Schwerpunkte sind 'integrierte' ländliche Entwicklungsprojekte (Siedlungsgebiete in Nord- und Nordostthailand/Bergregionenentwicklung) und Pflanzenschutz-/Tiergesundheitsdienstprojekte. In dem erwähnten Bergregionenprojekt geht es beispielsweise um die Verbesserung der Lebensbedingungen der Bergstämme in einzelnen Regionen Nordthailands. Durch Einführung neuer landwirtschaftlicher Produkte in diesen Regionen sowie durch Schaffung von Infrastrukturmaßnahmen sollen neue Erwerbs- und Lebensgrundlagen für die dortige Bevölkerung geschaffen werden, die bisher im wesentlichen vom Mohnanbau lebte.[155]

Insgesamt wurden seit Beginn der entwicklungspolitischen Zusammenarbeit über 3.000 thailändische Fach- und Führungskräfte in der Bundesrepublik fortgebildet. Hinzu kommen Projekte nichtstaatlicher deutscher Institutionen wie die Förderungsmaßnahmen deutscher Kirchen, Programme des Deutschen Entwicklungsdienstes (DED), der politischen Stiftungen und anderer privater Träger, deren Maßnahmen z.T. durch Bundesmittel unterstützt werden.

Eines der Hauptprobleme bei der Planung und Durchführung von EZ-Projekten in Thailand ist die extreme Zentralisieruung aller Entscheidungen in Bangkok bei gleichzeitig ausgeprägter 'Departmentalisierung'des Regierungsapparates. Dem steht zudem auf der Geberseite eine kaum noch überschaubare Zahl weitgehend selbständig und unabhängig voneinander agierender Organisationen und Institutionen multi- und bilateraler entwicklungspolitischer Zusammenarbeit gegenüber. Schon eine Abstimmung der aus deutschen öffentlichen Mitteln finanzierten entwicklungspolitischen Aktivitäten in Thailand mit anderen Gebern stößt daher auf schwer zu überwindende strukturelle Hindernisse.

Zukünftiger Schwerpunkt der EZ-Projekte für Thailand soll nach Angaben der Deutschen Botschaft in Bangkok die Verringerung der Strukturdifferenzen zwischen den armen und den wohlhabenden Regionen des Landes sein, d.h. die Förderung soll sich vorrangig auf die Befriedigung von Grundbedürfnissen in rückständigen Regionen sowie auf die Entwicklung der Landwirtschaft und der Agroindustrie in den ländlichen Gebieten konzentrieren. Daneben gewinnen Beratungsprojekte in den Bereichen Umweltschutz, Technologietransfer, Energieerzeugung und -verteilung sowie Kleinindustrie zunehmend an Bedeutung. Diese Beratungsmaßnahmen werden besonders von thailändischer Seite im Zuge der Industrialisierungsbemühungen gewünscht, insbesondere bei der Qualitätssteigerung und Vermarktung von Produkten aus dem Agrar- und Konsumgüterbereich. Auch der Bedarf an ausländischer Unterstützung im Bereich der technischen Berufsausbildung bleibt in Anbetracht des Facharbeitermangels unverändert groß.[156]

## VII  Schlußbetrachtung und Ausblick auf die neunziger Jahre

Die thailändische Wirtschaftsentwicklung in den achtziger Jahren war geprägt von einer konservativen Wirtschaftspolitik und einem sorgfältigen staatlichen Wirtschaftsmanagement. Diese äußerten sich besonders in der engen Anlehnung der Strukturanpassungsmaßnahmen an die Richtlinien der Weltbank und des Internationalen Währungsfonds. Sie bildeten die internen Grundlagen des Strukturwandels der thailändischen Wirtschaft in den achtziger Jahren. Eine kurze Rekapitulation der monetären und wirtschaftspolitischen Maßnahmen belegt dies deutlich:

In den achtziger Jahren wertete die thailändische Regierung den Baht mehrmals ab, um die Wettbewerbsfähigkeit thailändischer Exporte auf den internationalen Märkten zu erhöhen und komparative Kostenvorteile zu erzielen. In einem weiteren Schritt blockierte die Regierung Mitte der achtziger Jahre für zwei Jahre Lohnerhöhungen. Zum einen konnte auf diese Weise Thailands Inflationsrate vermindert werden, zum anderen wurde ein Anreiz für ausländische Investitionen geschaffen. Der Abbau von Beschränkungen im Kapitalverkehr mit anderen Ländern durch das Board of Investment diente ebenfalls dem Ziel, die Attraktivität Thailands für ausländische Investoren zu erhöhen.

Parallel dazu wurde in den letzten zehn Jahren im Rahmen der strengen Austeritätspolitik eine Kürzung der Staatsausgaben eingeleitet mit dem Ziel, das Zahlungsbilanzdefizit zu reduzieren und eine Möglichkeit zur Rückzahlung von Auslandskrediten zu schaffen. Im Zusammenhang damit stand auch der kontinuierliche Abbau von Nahrungsmittelsubventionen.

Weiterhin erfolgte ein zunehmender Rückzug des Staates aus der Wirtschaft - wie in den Entwicklungsplänen dargelegt -, um die Rolle des privaten Sektors zu fördern. Hierzu zählten z.B. die verstärkte Privatisierung von Staatsbetrieben und der Aufbau von Großprojekten wie des Eastern Seaboard, um die Entwicklung von Exportindustrien zu fördern und eine Dezentralisierung der Industrie außerhalb der 'Primate City' Bangkok zu erreichen. Außerdem wurde die Privatwirtschaft zur Entlastung des Staatshaushalts mit der Durchführung von Infrastrukturmaßnahmen betraut.

Einen wesentlichen Anteil an der konsequenten Umsetzung dieser Strukturanpassungsprogramme besaßen die im Planungs- und Entscheidungsprozeß Thailands besonders einflußreichen Ökonomen und Technokraten der jeweiligen Planungsbehörden und eine im Vergleich zu anderen Ländern der Dritten Welt effizient arbeitende Bürokratie, in der die Korruption geringere Ausmaße angenommen hat als in den meisten anderen Entwicklungsländern. Die politische

## Schlußbetrachtung

Stabilität trug ebenfalls maßgeblich dazu bei. Derzeit gibt es eine Balance zwischen Militär, König und Regierung, die weitere Militärputsche unwahrscheinlich werden lassen, jedoch weitere Demokratisierungstendenzen ermöglichen könnten.

Die Durchführung dieser Maßnahmen war auch um so bemerkenswerter, als Thailand nicht zu den großen Schuldnerländern der Dritten Welt zählt und daher nicht gezwungen war, sich dem Diktat der Weltbank bzw. des IMF zu unterwerfen. Thailand besitzt vielmehr eine moderate Verschuldungsrate und ist durch die hohen Kapitalzuflüsse aus dem Tourismus sowie aus den Auslandsinvestitionen finanziell relativ unabhängig.

Dennoch reichen die genannten Beispiele nicht aus, um die Erfolge der thailändischen Wirtschaftsentwicklung zu erklären. Weitere interne Faktoren haben eine wichtige Rolle gespielt, wie die bereits frühzeitig betriebene Diversifizierung der thailändischen Wirtschaft sowohl bei den Exportprodukten als auch in der Anzahl ausländischer Exportmärkte. In diesem Zusammenhang steht auch die Fähigkeit thailändischer Firmen, die Qualität ihrer Produkte zu verbessern und für ausländische Märkte akzeptabel zu machen. Ein Beispiel ist Japan, das früher außerhalb der Reichweite thailändischer Industrieprodukte lag. Dazu kommen die Wettbewerbsvorteile durch niedrige Produktpreise vor allem aufgrund der niedrigen Lohnkosten. Andere Gründe waren die hohe Kreditwürdigkeit Thailands im Ausland. Verantwortlich hierfür waren in erster Linie die ausländischen Investitionen und die steigenden Aktivitäten an der thailändischen Börse. Nicht zuletzt führte die Förderung eigener Gas- und Ölvorkommen zu einer Reduzierung der Abhängigkeit von ausländischen Primärenergien.

Darüber hinaus bestimmten externe Faktoren die Wirtschaftsentwicklung nicht unerheblich. Der niedrige internationale Ölpreis zwischen 1986 und 1988 verringerte die Aufwendungen für notwendige Rohstoffimporte zur Energiegewinnung erheblich. Die Neuordnung auf dem internationalen Devisenmarkt durch die Abwertung des Dollar und die Aufwertung des Yen trug ebenfalls zum Wirtschaftsaufschwung bei. Dazu kam der Kostendruck auf die asiatischen NICs durch eine Kombination von Lohnerhöhungen, Währungsaufwertungen und Exportbeschränkungen für ihre Produkte auf den Märkten der EG und USA. Hieraus erfolgte u.a. die Zunahme von Investitionen besonders aus Japan und Taiwan, deren Investoren bestrebt waren, Industrien auszulagern, um geringere Produktionskosten zu erzielen. Im Falle Japans gab es zudem einen erhöhten Nachfragedruck auf dem inländischen Markt mit dem Ergebnis höherer Exporte in dieses Land. Die hohen Preise für landwirtschaftliche Erzeugnisse auf dem Weltmarkt wirkten überdies als zusätzlicher Vorteil. All dies erfolgte unter günstigen weltwirtschaftlichen Bedingungen, indem der internationale Handel überdurchschnittlich wuchs und zu niedrigen internationalen Zinssätzen führte.

Diese bemerkenswerte Wirtschaftsentwicklung führt zu der Frage, ob Thailand ein NIC werden kann und auch soll. Das hohe Wirtschaftswachstum, die Wirtschaftspolitik des Landes, das erreichte Maß an innerer politischer Stabilität sowie die vorteilhaften Zukunftsaussichten haben viele internationale Organisationen zu der Auffassung gelangen lassen, Thailand werde in naher Zukunft den NIC-Status erlangen. Für diese Annahme sprechen eine Reihe von Indikatoren:

Die thailändische Produktion von industriellen Gütern hat den Anteil von 20% am BIP überschritten und lag 1989 bei 22,6% des BIP, verglichen mit 27% in Singapur, 29% in Südkorea und 40.8% in Taiwan. Der Exportanteil der Industriegüter beträgt bereits über 50% aller Exporte, wobei allein der Anteil des verarbeitenden Gewerbes 1989 ca. 66% vom Gesamtexport betrug. Zum Vergleich: In Singapur waren es ebenfalls 66%, in Taiwan und Südkorea hingegen 93% bzw. 95%. Auch der Anteil der im Industriesektor beschäftigten Arbeitskräfte hat stetig zugenommen. Es wird erwartet, daß der Anteil von derzeit 12% auf 20% zu Beginn des nächsten Jahrhunderts steigt. Ferner gehen Schätzungen davon aus, daß im Bereich der Dienstleistungsindustrie ein Anstieg von 24% im Jahr 1989 auf 32% bis zum Jahr 2000 erfolgt. Demnach würde etwa im Jahr 2000 die Zahl der Arbeitskräfte, die nicht in der Landwirtschaft tätig sind, bei 50% liegen - ein Verhältnis, das die meisten asiatischen NICs zu Beginn ihres 'take-off' besaßen.

Diesen vielversprechenden Ansätzen in der wirtschaftlichen Entwicklung auf dem Weg zum NIC stehen jedoch einige wesentliche Unterschiede gegenüber. Bisher lebt ein großer Teil der Bevölkerung weiterhin in Armut. Das Pro-Kopf-Einkommen von ca. 1.200 US$ im Jahr liegt noch deutlich unter den für das Erreichen des NIC-Status allgemein als Minimum anerkannten 2.000 US$. Dieser Abstand vergrößert sich noch weiter im Vergleich mit den asiatischen NICs. Singapur hat ein Pro-Kopf-Einkommen von 9.500 US$ und Taiwan von 5.900 US$. Dazu kommt, daß die Verteilung der Einkommen große regionale Disparitäten aufweist zwischen dem urbanen Zentrum Bangkok und den ländlichen Regionen, mit Ausnahme der Zentralregion. Eine bessere Einkommensverteilung und die Verringerung der bestehenden Diskrepanz zwischen den Reichen und den Armen des Landes bildet daher eine unabdingbare Voraussetzung für die weitere Entwicklung in Richtung NIC.

Ein Abbau dieser Disparitäten wird im Vergleich zu den asiatischen NICs ungleich schwerer zu erreichen sein. Als diese mit ihrer exportorientierten Industrialisierung begannen, gab es weniger Protektionismus, keine Ölkrisen und keine Konkurrenz von anderen Billiglohnländern. Auch sind die NICs sowohl von der Bevölkerungsgröße als auch vom Territorium kleiner als Thailand gewesen. Dadurch war es leichter, 'trickle down'-Effekte in ländlichen Gebieten zu erzielen und somit eine schnellere Verteilung des Wachstums auf alle Bevölkerungsgruppen zu ermöglichen. Die vier NICs besaßen zudem einen wesentlich kleineren Agrarsektor, was eine Transformation von der Subsistenzwirtschaft zu einer kapitalistischen Bewirtschaftung beschleunigte.

Die schnelle Industrialisierung Thailands führte überdies zu offenkundigen Mängeln und Problemen. Mängel in der gesamtwirtschaftlichen Planung und Koordinierung haben zu erheblichen infrastrukturellen Engpässen im metropolitanen Bereich geführt. Die dezentralisierte Entwicklung muß daher in Zukunft noch stärker akzentuiert und realisiert werden als in der Vergangenheit. Besonders die Transport- und Kommunikationsinfrastruktur außerhalb Bangkoks ist, von Teilen der Zentralregion abgesehen, für die neuen Erfordernisse vollkommen unzureichend. Das Fehlen qualifizierter Arbeitskräfte für die Industrieproduktion wird zu einem weiteren Hindernis für die wirtschaftliche Entwicklung, wenn verstärkt Verlagerungen von arbeitsintensiver zu kapital- und technologieintensiver Produktion stattfinden. In dem vernachlässigten Bereich des Umweltschutzes bildet sich ebenfalls eine gravierende Schwäche der thailändischen Wirtschaftsentwicklung heraus. Ohne eine Lösung dieser Probleme durch höhere Schulbildung, verstärkte Investitionen in die Infrastruktur und damit einhergehender Dezentralisierung von Industrien bestehen kaum Chancen, ein dauerhaftes Wachstum einzuleiten.

Zur Jahreswende 1990/91 steht die thailändische Wirtschaft zudem vor neuen internationalen Herausforderungen. Derzeit lassen sich insbesondere vier Themenkomplexe benennen, deren Entwicklung auch Rückwirkungen auf die zukünftige Situation haben kann, ohne daß alle hieraus resultierenden Fragen und möglichen Folgen bereits zufriedenstellend beantwortet oder prognostiziert werden könnten. Dazu gehören die bereits dargestellten Beschränkungen im Welthandel durch protektionistische Maßnahmen besonders in den Industrieländern und die Schaffung eines europäischen Binnenmarktes. Hinzu kommen zwei weitere Aspekte der internationalen Politik: die Entwicklungen in Osteuropa und der Golfkrieg.

Die Veränderungen in Osteuropa haben zu einer grundlegenden Veränderung der weltpolitischen Situation geführt. Es ist derzeit unmöglich, alle Aspekte dieses Veränderungsprozesses zu überblicken. Dennoch ist bereits jetzt zu erkennen, daß auch die Nord-Süd-Beziehungen in Zukunft von diesen Ergebnissen geprägt sein werden. Viele Länder in der Dritten Welt einschließlich Thailands befürchten negative Implikationen für ihre wirtschaftliche Entwicklung. So rechnet Thailand mit einem Rückgang der Entwicklungshilfeleistungen und dem Abzug von ausländischen Privatinvestitionen. Japan hat bereits sein Interesse an Investitionen in Osteuropa bekundet, und es ist anzunehmen, daß dies auch zu

Lasten Thailands gehen wird. Eine weitere Sorge Thailands betrifft die Entwicklung des Außenhandels, der überwiegend mit den Industrieländern erfolgt und in Zukunft stärkerer Konkurrenz durch die Länder Osteuropas ausgesetzt wird.

Ferner beginnen die seit Ausbruch des Golfkonfliktes gestiegenen Ölpreise auch das Wirtschaftswachstum Thailands zu gefährden. Während die thailändische Regierung hoffte, das Wachstum für 1990 noch bei 10% zu halten, wird für 1991 mit einer Verringerung auf 7-8% gerechnet. Im Falle des dann eingetretenen Krieges in der Golfregion errechneten Wirtschaftsexperten schon 1990 nur noch ein Wirtschaftswachstum von 4% für 1991. Zugleich bereitet die steigende Inflationsrate den Wirtschaftsplanern und der Regierung Sorgen. Sie liegt zur Zeit bei etwa 7%, würde aber noch weiter steigen, sollte die Regierung die gestiegenen Energiepreise voll an die Abnehmer weitergeben. Die in diesem Zusammenhang geplanten Joint-Venture-Unternehmen zur Sicherung der Energieversorgung befinden sich in einem Anfangsstadium und können erst langfristig Wirkungen zeigen. Eine internationale Ölkrise könnte das besonders von den Auslandsinvestitionen abhängige Wirtschaftswachstum verlangsamen und damit die innenpolitischen Probleme und Disparitäten weiter verschärfen.

Die Ausgangsbedingungen für die thailändische Wirtschaft insgesamt sind für die neunziger Jahre dennoch günstig. Die exportorientierte Industrialisierung, basierend auf der Verarbeitung von landwirtschaftlichen Erzeugnissen und Rohstoffen, wird in den nächsten Jahren aller Voraussicht nach die wichtigste Antriebskraft der Wirtschaft bleiben. Bei der Entstehung des BIP verlagert sich das sektorale Gewicht - wie die Vergangenheit zeigt - im Zuge der Diversifizierung zunehmend auf den Industrie- und Dienstleistungsbereich. Aufgrund einer weiteren Zunahme des Tourismus wird der Dienstleistungsbereich überproportional wachsen. Mittelfristig dürften auch die Kaufkraft und die Nachfrage am Binnenmarkt steigen, so daß sich der Anreiz zur Produktion im Hinblick auf inländische Vermarktung verstärken wird.

Dabei besitzt Thailand immer noch die Wahl zwischen alternativen Entwicklungsstrategien. Dies hängt jedoch davon ab, inwieweit anderen Überlegungen eine Chance eingeräumt wird. Bisher favorisieren Thailands Entwicklungspläne ein Entwicklungsmodell, das dem Industriesektor ein eindeutiges Übergewicht über die anderen Sektoren einräumt und an dessen Ende das Ziel des NIC steht. Demgegenüber ist die Wirtschaftsstruktur aber weiterhin dadurch gekennzeichnet, daß fast zwei Drittel des Bruttoinlandsprodukts im Dienstleistungssektor erzeugt werden und noch etwa 60 Prozent aller Erwerbstätigen im Agrarsektor beschäftigt sind. Im Hinblick auf diese Sachlage erscheint es richtig, auch über andere Entwicklungswege als die des NIC nachzudenken. Dazu zählt die Möglichkeit eines NAIC ebenso wie auch die einer mehr am Dienstleistungssektor orientierten Wirtschaftsstruktur, welche den anderen Ausgangsbedingungen Thailands gegenüber den asiatischen NICs Rechnung tragen könnte.

## Anmerkungen: Kapitel I

1) "A preliminary review on economic projections by the Bank of Thailand and the International Monetary Fund (IMF) shows a strong indication that Thailand will probably become a newly-industrialized country (NIC) within the next five years.", *The Nation* vom 8.03.1990.
2) Vgl. Bangkok Bank, *Monthly Review*, Vol.31/No.3, March 1990.
3) "...Thailand's economic performance bested that of almost, if not all, other countries throughout the world. (...) Thailand's economic expansion even outshone that of the traditional world star performers, namely the Asian NICs, as Taiwan was estimated to record a GDP growth in 1989 of 7 per cent, South Korea 7.2 per cent, Hong Kong 5 per cent and Singapore 8.5 per cent." *The Nation* vom 21.02.1990.
4) "A Taiwanese worker costs at least six times as a Thai worker and is no more than four times as productive." *The Economist*, "Tropical Balance. A Survey of Thailand", Oktober 1987, S.6.
5) "...it is to be anticipated that Thailand will also strongly benefit from the exodus of Hong Kong capital. According to non-official information, there is already a considerable illegal influx of well-to-do Hong Kong Chinese into Thailand." Rüland, Jürgen, *Another Asian Miracle in the Making?*, Freiburg 1989, S.5.
6) Die Inflationsrate betrug 1986: 1,9%; 1987: 2,5%; 1988: 3,8% und 1989: 5,4%. Vgl. Bundesstelle für Außenhandelsinformationen (BfAI), *Wirtschaftsdaten aktuell*, Oktober 1990.
7) *The Economist*, "Tropical Balance...", a.a.O., S.3.
8) Vgl. Luther, H.U., "Thailands Boom: Vom kalten Krieg zum heißen Markt", in: *Südostasien Informationen* 3/89, Bochum 1989, S.20.
9) Vgl. *The Bangkok Post* vom 21.02.1990.
10) Luther, H.U., "Thailands Boom...", a.a.O., S.20.
11) ADB - Asiatische Entwicklungsbank, Vierteljahresbericht, Nr.4 - 1988, S.5.
12) Ebenda.

## Anmerkungen: Kapitel II

1) Vgl. Albrecht, Ulrich, *Internationale Politik, Einführung in das System internationaler Herrschaft*, München 1986, S.13.
2) Vgl. Haftendorn, Helga, "Theorie der internationalen Beziehungen", in: Woyke, Wirchard, *Handwörterbuch Internationale Politik*, 3.Auflage, Opladen 1986, S.451 ff.
3) Vgl. Kuhn, Thomas, *The Structure of Scientific Revolution*, Chicago 1970.

## Anmerkungen

4) Ohne Berücksichtigung bleibt dabei in diesem Kapitel die marxistisch-leninistische Entwicklungs- bzw. Imperialismustheorie, da sie aus Sicht des Autors für die vorliegende Arbeit thematisch keinen relevanten Charakter besitzt.
5) Rostow, Walt W., *Stages of Economic Growth*, New York 1971.
6) Smith, Adam, *Der Wohlstand der Nationen - Eine Untersuchung seiner Natur und seiner Ursachen*, München 1974.
7) Ricardo, David, *Works and Correspondences*, London 1951.
8) Ohlin, Bertil, *Interregional and International Trade*, Cambridge 1967.
9) Perroux, Francois, *Independance de l'economie nationale et interdependance des nations*, Paris 1972.
10) Myrdal, G., *Ökonomische Theorie und unterentwickelte Regionen - Weltproblem Armut*, Frankfurt a.M. 1974.
11) Prebisch, Raul, *Für eine bessere Zukunft der Entwicklungsländer. Ausgewählte ökonomische Studien*, Berlin 1967.
12) Bhagwati, Jagdish, *The Economics of the Third World Countries*, New York 1966.
13) Vgl. Braun, Gerald, *Nord-Süd Konflikt und Entwicklungspolitik*, Opladen 1985, S.81-86.
14) Geiger, Wolfgang/Mansilla, H.C.F., *Unterentwicklung - Theorien und Strategien zu ihrer Überwindung*, Frankfurt 1983, S.69-70.
15) Ebenda, S.49.
16) Nohlen, Dieter (Hrsg.), *Lexikon Dritte Welt - Länder, Organisationen, Theorien, Begriffe, Personen*, Hamburg 1984, S.60.
17) Vgl. Nuscheler, Franz, *Lern- und Arbeitsbuch Entwicklungspolitik*, Bonn 1987, S.90
18) Lindert, Peter/Kindleberger, Charles, *International Economics*, Seventh Edition, Manila 1982, S.31-32.
19) Geiger, Wolfgang/Mansilla, H.C.F., a.a.O., S.62.
20) Nohlen, Dieter (Hrsg.), *Lexikon...*, a.a.O., S.61.
21) Vgl.: Prebisch, Raul, "Die Rohstoffexporte und die Verschlechterung der terms of trade", in: Bohnet, Michael (Hrsg.), *Das Nord-Süd-Problem. Konflikte zwischen Industrie- und Entwicklungsländern*, München 1971, S.115 ff.
22) Geiger, Wolfgang/Mansilla H.C.F., a.a.O., S.64.
23) Vgl. Kaiser, Martin/Wagner, Norbert, *Entwicklungspolitik. Grundlagen - Probleme - Aufgaben*, Bonn 1988, S.127.
24) Abramowski, Günther, *Das Geschichtsbild Max Webers*, Stuttgart 1966.
25) Parsons, Talcott/Shils, Edward A. (Hrsg.), *Toward a General Theory of Action*, New York 1965.
26) Lerner, David, *The Passing of Traditional Society*, Glencoe 1958.
27) Levy, Marion J., *Modernization and the Structure of Societies*, Princeton 1966.

28) Almond, Gabriel A./Coleman, James S. (Hrsg.), *The Politics of the Developing Areas*, Princeton 1960.
29) Eisenstadt, Samuel N., *Tradition, Wandel und Modernität*, Frankfurt a.M. 1979.
30) Vgl. Zapf, Wolfgang (Hrsg.), *Theorien des sozialen Wandels*, Köln 1971.
31) Vgl.: Nuscheler, Franz, "Zur Kritik an den Modernisierungstheorien", in: Nohlen, Dieter/Nuscheler, Franz (Hrsg.), *Handbuch ...*, a.a.O., S.195 ff.
32) Baran, Paul A., *Politische Ökonomie des wirtschaftlichen Wachstums*, Berlin 1966.
33) Geiger, Wolfgang/Mansilla, H.C.F., a.a.O., S.96.
34) dos Santos, Theotonio, "Über die Struktur der Abhängigkeit", in: Senghaas, Dieter (Hrsg.), *Imperialismus und strukturelle Gewalt. Analysen über abhängige Reproduktion*, Frankfurt a.M. 1972.
35) Frank, Andre G., *Abhängige Akkumulation und Unterentwicklung*, Frankfurt a.M. 1980.
36) Marini, Ruy M., "Dialektik der Abhängigkeit", in: Senghaas, Dieter (Hrsg.), *Peripherer Kapitalismus. Analysen über Abhängigkeit und Unterentwicklung*, Frankfurt a.M. 1974
37) Sunkel, Osvaldo, "Transnationale kapitalistische Integration und nationale Desintegration - Der Fall Lateinamerika", in: Senghaas, Dieter (Hrsg.), *Imperialismus...*, a.a.O.
38) Palma, J.G., *Dependency*, o.O., o.J., S.91.
39) Vgl. Kaiser, Martin/Wagner, Norbert, a.a.O., S.118-119.
40) Frank, Andre, *Kapitalismus und Unterentwicklung in Lateinamerika*, Frankfurt 1969, S.28.
41) Braun, Gerald, a.a.O., S.103.
42) Vgl. Kaiser, Martin/Wagner, Norbert, a.a.O., S.119.
43) Senghaas, Dieter, "Autozentrierte Entwicklung", in: Nohlen/Nuscheler (Hrsg.), *Handbuch der Dritten Welt, Bd.1, Unterentwicklung und Entwicklung: Theorien - Strategien - Indikatoren*, Hamburg 1982, S.366 ff.
44) Dag-Hammarskjöld-Bericht, "Was tun? Bericht über Entwicklung und internationale Zusammenarbeit", in: *Neue Entwicklungspolitik*, Heft2/3, Wien 1975, S.28.
45) Vgl. hierzu, Kapitel V. Abschnitt 3. und Kapitel VII.

**Anmerkungen: Kapitel III**

1) "When commodity prices declined in 1953, expanded production, investment funds generated by domestic saving, foreign grants and assistance, and some foreign investment funds maintained the growth momentum." Bunge, Frederica M., *Thailand: a country study*, Washington D.C. 1981, S.122.

2) "The decision to establish state industries was not based on a commitment to socialist ideals; rather, it reflected a deep suspicion on the Chinese, who dominated what private enterprise existed in the country." Keyes, Charles F., *Thailand - Buddhist Kingdom as Modern Nation-State*, Bangkok 1989, S.152.
3) Vgl. World Bank, *A Public Development Program for Thailand*, Baltimore 1959.
4) Seit 1972 umbenannt in das National Economic and Social Development Board (NESDB).
5) "...primarily the United States, the World Bank, and West Germany...such foreign grants and loans added at least 50 percent to the money the government invested in such projects (Anm.d.Verf.: für den infrastrukturellen Bereich) from its own revenues.", Keyes, Charles F., a.a.O., S.153.
6) Vgl. hierzu bes. Kapitel V, Abschnitt 1. und 2.
7) "In the late 1960s concern about Thailand's rapid population growth rate of around 3.2% a year led to an official national family-planning programme... By 1981 the population growth rate had fallen to about 2.2%." *The Economist*, Tropical Balance, a.a.O., S.9, und vgl. Atchaka Sibunruang, *Foreign Investment and Manufactured Exports in Thailand*, Bangkok 1986, S.108.
8) "Thailand started off its industrialization process in 1959 with the establishment of import substituting industries like food processing and those that made use of domestic raw materials." UN-ESCAP, Restructuring and Strategies, Background Papers Nos. 5 and 6, Bangkok 1989, S.25.
9) "By 1972, the easy phase of import substitution was exhausted, and the Government, faced with a chronic balance-of-payments deficit, began to promote manufactured exports...The clear policy shift towards export orientation provided the industrial entrepreneurs a signal to draw their attention to both the need and the potential of the export markets.", ebenda, S.25.
10) Luther, Hans-Ulrich, "'Tiger' auf dem Sprung - in die Falle? Thailands neuere Wirtschaftsentwicklung und die gesellschaftlichen Folgen", in: *Südostasien Informationen*, Dezember 1990, S.22.
11) "Growth continued throughout the early 1970s as Thailand was able to find significant export markets for such crops as cassava, sugar cane and pineapple as well as for new manufactured goods, notably textiles and garments.", ebenda, S.8-9.
12) Vgl. Keyes, Charles F., a.a.O., S.157.
13) Vgl. Atchaka Sibunruang, a.a.O, S.116-120.
14) Ebenda.
15) Aufgrund dieser Erfahrungen leitete die Regierung zu Beginn der achtziger Jahre eine Reihe von Strukturanpassungsmaßnahmen ein. Vgl. Kapitel V und VI.

16) Verschiedene Studien, die das Ausmaß der Einkommensungleichheiten empirisch zu ermitteln suchten, kamen ausnahmslos zu dem Schluß, daß diese seit Beginn der sechziger Jahre zugenommen haben. Vgl. Ikemoto Y./Limskul, K., "Income Inequality and Regional Disparity in Thailand, 1962-1981", in: *The Developing Economies*, No.3 1987, S.249-269.
17) Vgl. Phisit Pakkasem, *Leading Issues in Thailand's Development Transformation 1960-1990*, Bangkok 1988, S.4 f.

**Anmerkungen: Kapitel IV**

1) Für eine bessere Übersichtlichkeit werden in dieser Arbeit mit dem Begriff "Natürliche Ressourcen" nur die Vorkommen an Mineralien, Öl und Gas bezeichnet. Streng wissenschaftlich gehören auch die Bestände an Wald, landwirtschaftlicher Nutzfläche etc. zu den natürlichen Ressourcen. Sie werden aber aus methodologischen Gründen unter anderen Abschnitten (z.B. unter IV.2.1 Agrarsektor) aufgeführt.
2) Weitere Angaben zum Abbau von Mineralien finden sich im Kapitel IV, Abschnitt 2.2.
3) Die meisten Konzessionen gingen bisher an zwei amerikanische Gesellschaften, Union Oil und Texas Pacific. Vgl. Deissmann, Gerhard, *Thailand - Allgemeine Wirtschaftskunde*, Bremen 1985, S.46.
4) "Eleven fields in the Gulf of Thailand...have an estimated 8.5 trillon cubic feet of natural gas reserves and about 160 million barrels of condensate..., however, the Andaman Sea oilfields are so far unproductive." *Fact Sheet on Thailand, Oil & Gas Development in Thailand*, Bangkok 1987, S.2.
5) Vgl. hierzu: Kapitel IV, Abschnitt 2.2 und Kapitel VI, Abschnitt 1.2.
6) Vgl. *Fact Sheet on Thailand*, a.a.O., S.3-4.
7) Vgl. Thailand Development Research Institute, *Thailand Natural Resources Profile - Is the resource base for Thailand's development sustainable?*, Bangkok 1987, S.193-199.
8) Vgl. Kapitel VI.
9) Vgl. Thailand Development Research Institute, *Thailand Economic Information Kit*, Mai 1990.
10) Vgl. Deissman, Gerhard, a.a.O., S.34.
11) Hierzu auch: "Especially the US Farm Act, passed in 1985, caused great alarm in Thailand, because it provided American rice farmers with substantial subsidies. It was feared that the provisions of the Act would not only lead to a loss of important markets... but also to a further decline of the rice price on the world market." Rüland, Jürgen, *Another...*, a.a.O., S.22-23.
12) Vgl. Bundesstelle für Außenhandelsinformationen (BfAI), *Schwellenländer in Asien*, Bonn 1990, S.45, und zu den Gründen auch: "A major incentive for the rapid expansion of production in the crop sub sector is the high

prices for two successive years. Therefore, the total cultivated land area was increased in response to the price incentive... The production expansion and the high prices were instrumental in raising farm incomes." UN-ESCAP, Consultant Report - Thailand. Unveröffentlichtes Manuskript, Bangkok 1989, S.1.
13) Vgl. Bangkok Bank, *Monthly Review*, Vol.31/No.3, March 1990, S.126-127.
14) Hierbei spielte die hohe Nachfrage auf dem Weltmarkt nach bestimmten landwirtschaftlichen Produkten ebenso eine Rolle wie die Aufgeschlossenheit der thailändischen Landbevölkerung gegenüber dem Anbau neuer Kulturen, auch wegen der besseren Verdienstmöglichkeiten. Vgl. Jamlong Atikul, *A Planning Model for Thailand*, Bangkok 1976, S.146-147.
15) In der Diskussion wird als eine Erklärung dafür der im Vergleich zu anderen asiatischen Ländern verhältnismäßig geringe Düngemitteleinsatz genannt. Vgl. Deissmann, Gerhard, a.a.O., S.2.
16) Vgl. Paitoon Pongsabutra, "Die Landwirtschaft", in: Hohnholz, Jochen (Hrgs.), *Thailand*, Tübingen 1980, S.459.
17) "Yet, current prospects for agricultural modernization must be considered quite ambivalent. While, especially in the Central Region, remarkable diversification of crops has taken place and agro-industrial enterprises have emerged, large parts of the Northern, Northeastern and - to a lesser extent - the Southern Region are still engaged in subsistence production." Vgl. Rüland, Jürgen, *Another...*, a.a.O., S.21.
18) Vgl. Economist Intelligence Unit, *Thailand, Burma...*, a.a.O., S.16.
19) Kamm, Dirk, Forst- und Holzwirtschaft in Thailand, unveröffentlichtes Manuskript, Bangkok 1990, S.1-3.
20) "Traditional small scale enterprises have given way to large scale commercial operations with refrigeration facilities which allow extensive exports of frozen shrimp, lobster, squid and cuttlefish, while tuna has become a rapidly expanding line in recent years." Economist Intelligence Unit, *Thailand, Burma...*, a.a.O., S.16.
21) Vgl. BfAI, *Kurzmerkblatt Thailand*, Bonn 1988, S.2, und Dixon, Chris, "Thailand. Economy", in: *The Far East and Australasia 1986*, herausgegeben von Europa Publications Limited, London 1986, S.914.
22) Vgl. Dixon, Chris, a.a.O., S.913-914 und Bank of Thailand, *Annual Economic Report 1988*, Bangkok 1989, S.18.
23) "This high growth resulted from a combination of favorable general economic conditions, strong demand in both domestic and foreign markets, and low oil prices and interest rates ..." Bank of Thailand, a.a.O., S.19, und Bangkok Bank, *Monthly Review*, Vol.31/No.3, March 1990, S.127.
24) "...the share of total value added in manufacturing produced in Bangkok and nearby provinces was as high as 76.8 per cent. This means that a mere 23.2 per cent of the country's total value added in manufacturing is produc-

ed in other provinces, of which about 6.2 per cent was produced in the Eastern region, 6.1 per cent in the Central region, 3.8 per cent in the Northern region, and 2.1 per cent in the Southern region." Siriphan Kitiprawat, "The Regional Dispersal of Manufacturing: Some Lessons from Japan and Taiwan", in: Bangkok Bank, *Monthly Review*, Vol.31/No.6, June 1990, S.240.

25) "Aufgrund der überwiegend kapitalintensiven Technologien in den Industriesektoren werden dort weit weniger Arbeitsplätze geschaffen als es der Zuwachs an Arbeitskräften erforderte." Hohnholz, Jochen, a.a.O., S.445, und Kapitel VI.

26) Hierbei handelt es in erster Linie um eine Agro-Industrie für folgende Produkte: Reis und andere Getreide, Zucker, Tapiokaerzeugnisse, Konservierung von Obst und Gemüse, Produktion von Molkereierzeugnissen, Fleisch- und Fischverarbeitung, Herstellung von Getränken und Tabakwaren. Vgl. Deissmann, Gerhard, a.a.O., S.53.

27) Vgl. Economist Intelligence Unit, *Thailand...*, a.a.O., S.19.

28) Ausnahmen bilden die Ananas-Konserven- und die Fischverarbeitungsbetriebe, die als exportorientierte Fertigungsstätten mit ausländischen Teilhabern zusammenarbeiten. Vgl. Deissmann, Gerhard, a.a.O., S.53-5.

29) Vgl. Bangkok Bank, *Annual Report 1989*, Bangkok 1990, S.26.

30) "During 1983 new textile markets were opened up in Eastern Europe, Latin America and the Middle East but sales to these areas by no means compensate for the restriction of exports to the EEC and USA." Dixon, Chris, a.a.O., S.915, und vgl. Kapitel VI, Abschnitt 2.

31) Vgl. Bangkok Post (ed.), *Economic Review Year end 1989*, Bangkok 1989, S.84-86.

32) Ebenda, S.55-58.

33) "Up to about 15 years ago, the petrochemical industry in Thailand consisted of small plastic-processing plants producing finished products for the domestic market using imported plastic resins." Nopadol Kirivong, "Petrochemical Industry in Thailand: Opportunity and Future Prospects", in: *Business Review*, June 1988, S.3.

34) *Fact Sheet on Thailand*, a.a.O., S.3.

35) Auswertung von Informationen der Bundesstelle für Außenhandelsinformationen (BfAI).

36) Im Rahmen dieser Arbeit können nur einige Industriezweige ausführlicher dargestellt werden. Sie stellen einen Ausschnitt in der Entwicklung des gesamten Industriesektors, wobei die Auswahl keine Wertung in bezug auf die Priorität der einzelnen Bereiche darstellt.

37) Vgl. BfAI, *Wirtschaftsdaten...*, a.a.O., S.1.

38) "The high growth was mainly due to an increase in private construction, especially of houses and commercial buildings in Bangkok and regional areas, as general market conditions improved and purchasing power in-

creased... Public sector construction also expanded due to the increase in state enterprise construction in electricity, water supply, and telephones." Bank of Thailand, a.a.O., S.21.
39) "Rapid growth in construction in 1989 led to scarcity of almost all construction materials including cement and steel rods, as sales of these two products rose more than 30 per cent." Bangkok Bank, *Monthly Review*, Vol. 31/No.3, March 1990, S.132.
40) Vgl. Nart Tuntawiroon, "Probleme der Ressourcenschöpfung und Umweltzerstörung", in: Hohnholz, Jochen, a.a.O., S.118-119.
41) "Gerade im Zuge der weltweiten Ressourcenverknappung dürfte dieser Sektor in den nächsten Jahren zu einer wichtigen Säule der künftigen Wirtschaftsentwicklung von Thailand heranreifen." Hohnholz, Jochen, a.a.O., S.439.
42) *The Economist*, "Tropical Balance...", a.a.O., S.7.
43) Vgl. Bank of Thailand, a.a.O., S.23-24.
44) Vgl. *Bangkok Post* vom 2.11.1989.
45) "As a part of a concerted promotional effort the Tourism Authority of Thailand (TAT) and other sectors initiated a plethora of marketing and development activities to promote tourism and the result was a spectacular 24 per cent growth in arrivals from 1986 to 1987." *The Nation* vom 20.11.1989.
46) "Foreign investors also made a substantial contribution to the hotel industry, although foreign participation is restricted to minority ownership." Ebenda.
47) *epd-Dritte Welt Informationen*, "Als die Touristen kamen. Wem nützt der Urlaub in der Dritten Welt", Nr.15/75 1987, S.1.
48) Rüland, Jürgen, *Another Asian...*, a.a.O., S.13.
49) Vgl. *Der Tagesspiegel* vom 15.08.1989.
50) UN-ESCAP, *Consultant Report...*, a.a.O., S.43.
51) Vgl. *Bangkok Post* vom 3. und 30.01.1990.
52) Vgl. *Frankfurter Rundschau* vom 12.05.1990.
53) Vgl. Keyes, Charles F., a.a.O., S.152 ff.
54) Ebenda.
55) Auswertung von Informationen der Bundesstelle für Außenhandelsinformationen (BfAI).
56) Vgl. BfAI, *Schwellenländer...*, a.a.O., S.46.
57) Vgl. Suparb Pas-Ong, "Rückkehr nach Thailand", in: *Südostasien Informationen*, Nr.4, Dezember 1990, S.25.
58) "Between 1961 and 1987 the road network expanded from 8,500 km to 147,000 km of which 15,000 km are national highways. 32,000 km provincial highways and 100,000 km rural and local roads." Rüland, Jürgen, a.a.O., S.13.

59) Vgl. Prapeerapat Sukon/Rosit Samithisawad, "Infrastructure", in: Bangkok Bank, *Monthly Review*, Vol.31/No.5, May 1990, S.202-203.
60) Vgl. Bunge, Frederica M, a.a.O., S.155.
61) Ebenda, S.153.
62) Vgl. Kohler, Wilhelm L., "Fernmeldewesen in Thailand", in: *Auslandskurier*, Nr.11/28, November 1987, S.49-50.
63) Vgl. NESDB, *Energy Issues and Policy Directions in the Sixth National Economic and Social Development Plan (1987-1991)*, Bangkok 1985, S.17 ff.
64) Ebenda.
65) *Bangkok Post* vom 2.02.1990.

**Anmerkungen: Kapitel V**

1) Vgl. hierzu Kapitel III.
2) Alle Zahlenangaben in diesem Abschnitt beziehen sich, falls nicht anders ausgewiesen, auf Datenmaterial des NESDB.
3) Atchaka Sibunruang, a.a.O., S.106.
4) Sobald ein Projekt als förderungswürdig anerkannt ist, erhält dieses unabhängig davon, ob es sich um ein Unternehmen mit inländischer oder ausländischer Kapitalmehrheit handelt, die gesetzlich vorgesehenen Vergünstigungen. Vgl. Deissmann, Gerhard, a.a.O., S.93.
5) Diese entstand vor allem aufgrund des verstärkten militärischen Engagements der USA in Indochina und der damit einhergehenden militärischen Präsenz US-amerikanischer Streitkräfte in Thailand.
6) Atchaka Sibunruang, a.a.O., S.106.
7) Bunge, Frederica M, a.a.O., S.125.
8) "The size of the population increased from 26.5 in 1961 to 50.6 million in 1984, almost doubling within 23 years." Suchart Prasithrathsint, *Thailand's National Development: Policy Issues and Challenges*, Bangkok 1987, S.9.
9) "One of the main objectives of the population policy has been a reduction in population growth rates, from 3 per cent in 1972 to 2.5 per cent per annum in 1976, to 2.1 per cent in 1981 (at the end of the Fourth Plan), and to 1.5 per cent in 1986 (at the end of the Fifth Plan),...", ebenda, S.9.
10) Vgl. hierzu Kapitel VI, Abschnitt 1.3.
11) Bunge, Frederica M., a.a.O., S.126.
12) Vgl. hierzu Kapitel V, Abschnitt 2.
13) UNICEF-Thailand Programm Office, *Children in Thailand. A Situation Analysis*, Bangkok 1989, S.43.
14) UN-ESCAP, Consultant Report Thailand. Unveröffentlichtes Manuskript, Bangkok 1989, S.2.
15) Ebenda, S.3-5.

16) TDRI, *Thailand Economic...*, a.a.O.
17) Vgl. Phisit Pakkasem, a.a.O., S.68.
18) NESDB, *The Sixth National Economic and Social Development Plan (1987-1991)*, Summary, Bangkok 1987, S.5.
19) Ebenda, S.5.
20) Vgl. UN-ESCAP, *Restructuring Experience...*, a.a.O., S.25-26.
21) Vgl. Phisit Pakkasem, a.a.O., S.72 ff.
22) Vgl. hierzu Kapitel VI, Abschnitt 1.3.
23) Vgl. hierzu Kapitel VI, Abschnitt 1.1 und 1.2.
24) Vgl. hierzu Kapitel VI, Abschnitt 1.4.
25) Kulessa, Manfred, *The Newly Industrializing Economies of Asia - Prospects of Co-operation*, Berlin 1989, S.150.
26) Zitiert in: *Bangkok Post* vom 27.10.1989.
27) Zitiert in: *Bangkok Post* vom 25.11.1989.
28) Zitiert in: *Bangkok Post* vom 20.11.1989.
29) Zum Zeitpunkt der Recherche für diese Arbeit waren weitergehende Informationen noch nicht verfügbar. Insofern kann hier nur eine unvollständige Vorausschau auf einige Inhalte des 7. Entwicklungsplans gegeben werden.
30) Kulessa, Manfred, a.a.O., S.150.
31) Vgl. *The Nation* vom 21.08.1989.
32) Suchart Prasithrathsint, *Thailand's National...*, a.a.O., S.44.
33) Ebenda, S.30.
34) Vgl. Likhit Dhiravegin, *Politics and Government of Thailand*, Bangkok 1985, S.20 ff.
35) Suchart Prasithrathsint, *Thailand's National...*, a.a.O., S.52-53.
36) Vgl. Atchaka Sibunruang, a.a.O., S.167.
37) Vgl. Somsakdi Xuto, *Strategies and Measures for the Development of Thailand in the 1980s*, Bangkok 1983, S.140.
38) Rüland, Jürgen, "Urbanization, Municipal Government and Development", in: *Probleme der Internationalen Zusammenarbeit 106, Vierteljahresberichte 1986*, S.437.
39) Rüland, Jürgen, "Politischer und sozialer Wandel in Thailand 1973-1988", in: *Aus Politik und Zeitgeschichte*, Oktober 1989, S.3.
40) "State sponsored economic planning was fundamental to the growth of developing countries claiming to support the free market economy such as Japan and South Korea. It mattered little what formal ideology each country seemed to support." Harris, Nigel, a.a.O., S.5 ff.
41) Vgl. Likhit Dhiravegin, "Demi-democracy and the Market Economy: The case of Thailand", in: *Southeast Asian Journal of Social Science*, Vol.16/No.1 1988, S.5-7.
42) Giles Ji Ungpakorn, "Factors Influencing the Balance of Power in Thailand", in: *Asian Review*, Vol.2 1988, S.81.

43) Ebenda.
44) Der König verfügt zwar über keinen direkten politischen Einfluß, gilt in Thailand aber als eine Art überparteiliche moralische Instanz. In gewisser Weise ist seine Rolle vergleichbar mit der des Bundespräsidenten in Deutschland.
45) Vgl. *The Economist*, "Tropical Balance...", a.a.O., S.5.
46) Vgl. Albritton, Robert B., "Trade-offs Between Military Spending and Spending for Economic Development in Thailand", in: *Southeast Asian Journal of Social Science*, Vol.16/No.1, 1988, S.63 ff.
47) Rüland, Jürgen, *Politischer und*..., a.a.O., S.12.
48) Zitiert in: Asia & Pacific Review, *The Economic and Business Report*, Hongkong 1990, S.222.
49) Ebenda, S.7.
50) Vgl. Zühlsdorff, V., "Regierung und Politische Institutionen", in: Hohnholz, Jochen, a.a.O., S.266 ff.
51) Vgl. *Bangkok Post* vom 25.10.89.
52) Vgl. Tonkin, Derek, "The Art of Politics in Thailand", in: *Asian Affairs*, Vol.77/Part III, October 1990.
53) Giles Ji Ungpakorn, a.a.O., S.85.
54) "Es besteht deshalb bei beiden Seiten die Tendenz, Konflikte nicht rational auszutragen, sondern nach Kompromissen zu suchen, die das gegenwärtige soziale Über- und Unterordnungssystem nicht stören, aber die Ursachen des Konfliktes schließlich nicht immer beseitigen." Wehmhoerner, A., "Gewerkschaften", in: Hohnholz, Jochen, a.a.O., S.281.
55) Vgl. Asia & Pacific Review, a.a.O., S.221.
56) Vgl. *Thailand - News and Information*, "The First-Year Records of the Chatichai Administration", No.70, August 1989, S.1 und FEER vom 26.07.90.
57) Asia & Pacific Review, a.a.O., S.221.
58) "Especially the farming population and other low income groups are hardly represented in local (as well as national) politics. They therefore exert little influence on political decision-making..." Rüland, Jürgen, *Another Asian*..., a.a.O., S.49.

**Anmerkungen: Kapitel VI**

1) Rüland, Jürgen, *Another Asian* ..., a.a.O., S.21.
2) Der landwirtschaftliche Output pro Kopf in Thailand ist zwar höher als der Chinas und Indiens, aber niedriger als der Indonesiens oder der Philippinen, der nichtlandwirtschaftliche Output pro Kopf dagegen ist relativ hoch, und zwar doppelt so hoch wie der Chinas, Indiens, Indonesiens und der Philippinen. Vgl. ADB, a.a.O., S.7.

3) Ammar Siamwalla, u.a., "A Dynamic Analysis of Thai Agricultural Growth: Some Lessons from the Past", in: TDRI, *Quarterly Review*, Vol.5/No.1, March 1990, S.11.
4) "...Thailand has one of the lowest levels of fertilizer use in Asia in terms of average consumption per unit of cultivated area." Juanjai Ajanat, *Trade and Industrialization of Thailand*, Bangkok 1986, S.1.
5) Vgl. Twatchai Yongkittikul, "Strategies and Measures for Thailand's Economic Development in the 1980s", in: Somsakdi Xuto, *Strategies and Measures for the Development of Thailand in the 1980s*, Bangkok 1983, S.114-115.
6) "Available statistics show that the Northeast, the region with the largest agricultural land and population, is the least irrigated. The overwhelming majority of the farmers have to depend on rainfed farming in the main season. They cannot utilize labor all year round, earn only a meagre income, and have the highest migration rates compared to those living in other areas." Suchart Prasithrathsint, "Thailand in the 1980s: Strategies and Measures for Social and Population Development", in: Somsakdi Xuto, a.a.O., S.26.
7) Vgl. UN-ESCAP, *Consultant Report...*, a.a.O., S.15.
8) World Bank, *Thailand Country Economic Memorandum: Building on the Recent Success - A Policy Framework*, Washington D.C. 1989, S.69 und nächster Abschnitt 2.
9) Ebenda, S.70.
10) Der bereits in Kapitel III erwähnte 'US Farm Act' verursachte z.B. Verluste von mehr als 120 Mio.US$ für Thailands Landwirtschaft. Vgl. Suchart Prasithrasint, *Thailand's National...*, a.a.O., S.153.
11) Vgl. *The Nation* vom 11.10.89.
12) *The Economist*, "Tropical Balance...", a.a.O., S.17.
13) Vgl. *The Nation* vom 10.10.89.
14) World Bank, *Thailand Country...*, a.a.O., S.iii.
15) Vgl. hierzu Kapitel VI, Abschnitt 2.2.
16) Phisit Pakkasem, a.a.O., S.202.
17) World Bank, *Thailand Country...*, a.a.O., S.VII.
18) Vgl. *Bangkok Post* vom 07.09.87 und *The Nation* vom 11.10.89. Eine ausführliche Diskussion dieses für die Zukunft Thailands wichtigen Bereichs würde den Rahmen dieser Arbeit überschreiten. Vgl. hierzu: Martin, Sherman Lee, *An Analysis of Research and Development Constraints within Thailand a Developing Nation*, Washington D.C. 1975.
19) International Monetary Fund (IMF), Thailand - Recent Economic Development. Not For Public Use. Washington D.C. 1989, S.15.
20) Vgl. Kapitel VI. Abschnitt 1.3.
21) Ebenda.

## Anmerkungen zu Kapitel VI

22) Thailand plant derzeit die Schaffung von fünf Investitionförderungsgebieten bei Chiang Mai, Nakhon Ratchasima, Khon Kaen, Songkhla und in Amphoe Muang.
23) Siriphan Kitiprawat, a.a.O., S.243.
24) Ebenda, S.244.
25) Ebenda, S.245.
26) World Bank, *Thailand Country...*, a.a.O., S.V.
27) Für eine ausführliche Diskussion dieses Projekts vgl. Suchart Prasithrathsint, *Thailand's National...*, a.a.O., S.104 ff.
28) Auswertung von Informationen der Bundesstelle für Außenhandelsinformationen (BfAI).
29) Ebenda.
30) "The downstream units produce petrochemical products that are finally sold to the processing industry." Nopadol Kirivong, a.a.O., S.34.
31) Auswertung von Informationen der Bundesstelle für Außenhandelsinformationen (BfAI).
32) Nopadol Kirivong, a.a.O., S.32.
33) "...the national fertilizer project, was sent back for a feasibility review...the findings...indicate that the project is not viable even under the most favourable conditions in the near future." Suchart Prasithrathsint, *Thailand's National...*, a.a.O., S.109.
34) Ebenda, S.128.
35) Preyaluk Donavanik, "The Thai Chemical Industry", in: *Bangkok Bank Monthly Review*, August 1988, S.339.
36) Balassa, Bela, *Industrial Development Strategy in Thailand*, Washington D.C. 1980, S.26.
37) Vgl. TDRI, *National Strategy for Major Accident Prevention in the Chemical Industry*, Bangkok 1986, S.26 und 72 ff.
38) NESDB, *The Sixth...*, a.a.O., S.324.
39) Vgl. National Environment Board (NEB), *Eastern Seaboard Regional Environmental Managment Plan (ESB-REMP)*, Volume 1 & 2, Executive Summary, Bangkok 1986.
40) Vgl. *Bangkok Post* vom 09.11.89.
41) Auswertung von Informationen der Bundesstelle für Außenhandelsinformationen (BfAI).
42) Der Tiefseehafen soll bis zu 200.000 Tonnen große Schiffe aufnehmen und damit der größte Hafen Thailands werden.
43) Die Regierung setzt darauf, daß der Überlandtransport von Gütern billiger ist als das Umschiffen der malayischen Halbinsel. Nach Fertigstellung soll diese Landbrücke ein Teil des 'Southern Seaboard Programme' bilden. Vgl. *Bangkok Post* vom 8. und 22.09.1989.
44) Auswertung von Informationen der Bundesstelle für Außenhandelsinformationen (BfAI).

45) Interview-Material und vgl. Rolle von ausländischen Direktinvestitionen in den Großprojekten Kapitel VI, Abschnitt 2.2.
46) "...97 per cent literacy rate, 92 per cent of districts boasting a hospital." *The Nation* vom 10.10.89.
47) Suchart Prasithrathsint, *Thailand in...*, a.a.O., S.20.
48) Nach Angaben von *The Nation* beläuft sich das Pro-Kopf Einkommen im Jahr für Bangkok auf 2.300 US$, demgegenüber für den Nordosten des Landes nur auf 300 US$. Vgl. *The Nation* vom 18.12.88.
49) Vgl. *Bangkok Post* vom 20.11.1989 und Kapitel VI, Abschnitt 1.3.
50) Luther, H.-U., "'Tiger' auf...", a.a.O., S.22.
51) Vgl. *Bangkok Post* mehrere Ausgaben von Januar und März 1990.
52) "As the population growth is expected to slow down to 1.3 percent by 1991, the excess labor will ease in the 90s. Labor force projections assume that the growth of the work force will decrease from 3.4 percent (1970-78) to 2.6 percent (1995) and further to 2.2 percent by the year 2000." Rüland, Jürgen, *Another Asian...*, a.a.O., S.45.
53) "Following two years of increasing unemployment associated with the economic slowdown of 1985-86, the rate of unemployment remained unchanged at 6.8 percent in 1987 before declining to 5.8 percent in 1988." International Monetary Fund (IMF), Thailand - Recent Economic Developments, Washingthon D.C. 1989, S.20.
54) Rüland, Jürgen, *Another Asian...*, a.a.O., S.46.
55) IMF, Thailand - Recent Economic..., a.a.O., S.20.
56) "Only 15.4 percent of Thai University students graduated in science and technology, compared with 40 percent in South Korea. Thai universities produce only 2,500-3,000 engineering graduates per year, but demand is put at somewhere between 7,000 and 10,000. The most serious shortages will be in chemical, industrial, civil, agricultural and sanitary engineering." Rüland, Jürgen, *Another Asian...*, a.a.O., S.46.
57) *The Economist*, "Tropical Balance...", a.a.O., S.18.
58) Vgl. Schmidt-Kallert, Einhard, "Leben und Überleben in den Metropolen", in: Südostasien Informationen, Nr.3 September 1990, S.4 ff.
59) Zum Vergleich: zwischen 1965 und 1985 veränderte sich der Anteil der städtischen Bevölkerung an der Gesamtbevölkerung in Malaysia von 26% auf 38%, in Brasilien von 50% auf 73%. Vgl. *The Economist*, "Tropical Balance...", a.a.O., S.15.
60) Aufgrund fehlender neuerer Erhebungen beruhen die meisten Angaben auf Daten von Untersuchungen, die in den siebziger und zu Beginn der achtziger Jahre durchgeführt wurden. Vgl. hierzu: C.Sussangkarn/ K.Chimkul u.a., *The Long-Term View on Growth and Income Distribution*, Bangkok 1988 und C.Ashakul, Urban Poor, Working Paper, NESDB, Bangkok 1986.

## Anmerkungen zu Kapitel VI

61) Vgl. Suchart Prasithrathsint, *Thailand in...*, a.a.O., S.20-21.
62) Vgl. Phisit Pakkasem, a.a.O., S.81 und 89.
63) Zitiert in: *The Nation* vom 09.01.89.
64) Vgl. Kapitel IV, Abschnitt 3.
65) United Nations (UN), Population growth and Policies in Mega-Cities: Bangkok, Population Policy Paper No.18, New York 1987, S.29.
66) Ebenda, S.30.
67) TDRI, *Thailand Natural...*, a.a.O., S.332.
68) Vgl. UN, Population Growth..., a.a.O., S.30.
69) Pretzell, Klaus Albrecht, "Politik in Thailand. Demokratie und Praxis", in: *Südostasien aktuell*, März 1990 und Sivaramakrishnan, K.C./ Green, Leslie, *Metropolitan Management - The Asian Experience*, Oxford 1986.
70) Vgl. UN, Population Growth..., a.a.O., S.39-41.
71) Ebenda, S.39-41.
72) Vgl. Sivaramakrishan, K.C./Green, Leslie, *Metropolitan Management - The Asian Experience*, Oxford 1986, S.6-9.
73) Vgl. UN, Population Growth..., a.a.O., S.43.
74) Vgl. Kapitel V, Abschnitt 1.3 und 1.4 sowie Kapitel VI, Abschnitt 1.2.
75) Suchart Prasithrathsint, *Thailand in...*, a.a.O., S.20.
76) Alle Zahlenangaben in diesem Abschnitt beruhen, soweit nicht anders ausgewiesen, auf Wirtschaftsdaten der Bangkok Bank.
77) Auswertung von Informationen der Bundesstelle für Außenhandelsinformationen (BfAI).
78) "Thailand has shifted its export product composition rapidly, from reliance on primary products (two-thirds just a decade ago, but only one-third today) to manufactured exports, now over 60% of total exports. This is the same type of flexibility exhibited by Taiwan..." *Bangkok Post* vom 19.12.89.
79) Vgl. BfAI, *Wirtschaftsdaten aktuell*, a.a.O., S.1-2.
80) Vgl. *Bangkok Post* vom 27.12.89.
81) *Bangkok Post* vom 19.12.89.
82) Vgl. hierzu Kapitel VI, Abschnitt 2.2.
83) *The Economist*, "Tropical Balance...", a.a.O., S.6.
84) *The Nation* vom 09.11.89.
85) Vgl., "The Thai Economy in 1990: Problems and Prospects in the External Sector", in: TDRI, *Quarterly Review*, a.a.O., S.13.
86) "...the lack of adequate secondary education - enrollment ratios more than 25 years behind Taiwan and well below Indonesia and the Philippines today - are a serious impediment to Thailand's ability to adjust and to take advantage of technical change." *Bangkok Post* vom 19.12.89.
87) Phaichitr Uathavikul, a.a.O., S.13-14.
88) ADB, a.a.O., S.7.
89) Vgl. BfAI, *Wirtschaftsdaten aktuell*, a.a.O., S.1-2.

90) Vgl. Kapitel VI, Abschnitt 1.4.
91) Vgl. *Bangkok Post* vom 19.12.89.
92) IMF, Thailand - Staff Report for the 1988 Article IV Consultations, Staff Paper SM/89/24, Washington D.C. 1989, S.51.
93) Vgl. *The Nation* vom 02.10.89.
94) Thailand gehört zu einem der wenigen Länder auf der Welt, die dem Abkommen zu Patentschutz noch nicht beigetreten sind. Vgl. *The Nation* vom 06.03.90 und *Bangkok Post* vom 10.10.90.
95) Vgl. *Bangkok Post* vom 15.10.90.
96) IMF, Thailand - Staff Report..., a.a.O., S.51.
97) Phaichitr Uathavikul, a.a.O., S.14.
98) Vgl. Bangkok Post (ed.), *Economic Review...*, a.a.O., S.75.
99) Narongchai Akrasanee, "ASEAN Economic Cooperation", in: Martin, Linda G.(Hrsg.), *The ASEAN Success Story. Social, Economic, and Political Dimensions*, Hawaii 1987, S.100.
100) Narongchai Akrasanee, *Thailand and ASEAN Economic Cooperation*, Singapore 1981, S.48.
101) Vgl. Ministry of Foreign Affairs, ASEAN Documents, Bangkok 1983, S.1-2.
102) Vgl. Charter of the United Nations, Chapter VIII, Regional Arrangements, Article 52.
103) Vinita Sukrasep, *ASEAN in International Relations*, Bangkok 1989, S.9.
104) Ebenda.
105) Turley, William S. (Hrsg.), *Confrontation or Coexistence. The Future of ASEAN-Vietnam Relations*, Bangkok 1985, S.4.
106) "ASEAN verzettelte sich in zahllosen Komitees und endlosen Diskussionen über Prioritäten und kleinliche Streitereien über nationale Paritäten." Dauth, Jürgen, "ASEAN - Die Gemeinschaft der südostasiatischen Nationen", in: *Aus Politik und Zeitgeschichte* Nr.8/79, Bonn 1979, S.32.
107) Vgl. Ministry of Foreign Affairs, a.a.O., S.6-9 und 19-22.
108) Vgl. Garnaut, Ross (Hrsg.), *ASEAN in a Changing Pacific and World Economy*, Canberra 1980, S.192 und "In this scheme each country offers in each round of negotiations a list of selected import commodities on which it would be willing to reduce tariffs from ASEAN suppliers (the socalled 'voluntary preferences' and also submits a list of products for which the country would like to receive tariff concessions bilaterally from other ASEAN countries... The PTA provides for all ASEAN member states to grant 50% discounts on existing tariff rates for ASEAN products on the PTA list." Villages, Bernado M., "The Challenge to ASEAN Economic Cooperation", in: *Contemporary Southeast Asia*, Vol.9, Nr.2, September 1987, S.121.
109) Innerhalb des ASEAN Marktes machen Rohmaterialien fast vier Fünftel des gesamten Intra-ASEAN-Handels aus. Vgl. *The Economist*, Vol.298, Nr.7433, 15.2.1986, S.72.

## Anmerkungen zu Kapitel VI

110) Vinita Sukrasep, a.a.O., S.34.
111) Narongchai Akrasanee, "ASEAN Economic...", a.a.O., S.112.
112) "This is due to the...current industrial development policy in Thailand, the method of selective tariff reduction, and the new tariff rates in Thailand." Narongchai Akrasanee, *Thailand and...*, a.a.O., S.7.
113) Vgl. Garnaut, Ross, a.a.O., S.185.
114) Vgl. Wong, John, "ASEAN's Experience in Regional Cooperation", in: *Asian Development Review*, Vol.1/Nr.2 1985.
115) Vgl. Vinita Sukrasep, a.a.O., S.44.
116) Vgl. Wong, John, a.a.O. und "The first scheme is the automobile industrial complementation...which was implemented in January 1982..." Vinita Sukrasep, a.a.O., S.48-49.
117) Bisher wurden neun Projekte unter dem AIJV genehmigt. In sechs von ihnen ist Thailand als Investor engagiert. Vgl. Daiwey, Edwin P., "Survival and the ASEAN", in: *Sarilakas*, No.1, Manila 1988.
118) Vgl. Morrison, Charles, a.a.O.
119) UN-ESCAP, Report of the Seminar on Planning Regional Economic Cooperation. For Participants Only, Moscow 1988, S.23-24.
120) Schmidt, Frithjof, "ASEAN - Eine Region im wirtschaftlichen Aufwind?", in: *Südostasien Informationen*, Nr.12 Dezember 1990, S.4.
121) In Thailand erreicht die industrielle Fertigung inzwischen einen Anteil von über 52% der Exporte, in Malaysia von über 41%, in den Philippinen von über 36% und in Indonesien über 25%. Vgl. Davies, B., "First among equals. The young tigers: who's ahead", in: *South*, September 1989, S.33 ff.
122) Narongchai Akrasanee, "ASEAN Economic...", a.a.O., S.113-114.
123) Vgl. Schmidt, Frithjof, a.a.O., S.6.
124) *The Nation* vom 18.07.1989.
125) Die Initiative beruht auf einem Vorschlag des australischen Premierministers im Jahr 1989 und ist seitdem in der Diskussion. Vgl. *Bangkok Post* vom 6.09.1989 und *The Nation* vom 30.09.1989.
126) Vgl. Corrine Phuangkasem, *Determinants of Thailand's Foreign Policy Behavior*, Bangkok 1986.
127) Bangkok Post (ed.), *Economic Review...*, a.a.O., S.73.
128) Vgl. Luther, H.-U., Thailand vom..., a.a.O., S.21.
129) Vgl. Bangkok Post (ed.), *Economic Review...*, a.a.O., S.74 und *The Nation* vom 15.03.1989.
130) Vgl. Van der Kroef, Justus M., "Thailand and Cambodia: Between 'Trading Market' and Civil War, in: *Asian Profile*, Vol.18/No.3, June 1990.
131) *The Nation* vom 10.09.89.
132) Vgl. *The Nation* vom 26.09.89 und 18.12.89.
133) *Bangkok Post* vom 07.03.1990.
134) *Bangkok Post* vom 18.07.1989.

135) UN-ESCAP, *Patterns and Impact of Foreign Investment in the ESCAP Region*, Bangkok 1985, S.240.
136) "The BOI deals primarily with the relatively modern and large-scale manufacturing enterprises in which foreign investments are concentrated. It is the institution directly responsible for the administration of the Promotion of Industrial Investment Act. The structure of the BOI has been changing according to different revisions of the investment law, but the main function in promoting industrial investment remains virtually the same." Tambunlertchai Somsak, *Foreign Direct Investment in Thailand's Manufacturing Industries*, Duke University 1975, S.77.
137) Thailand, *News and Information*, No.70, London 1989, S.2.
138) Vgl. *Bangkok Post* vom 28.02.1990.
139) Ebenda.
140) Luther, H.-U., "Thailands Boom...", a.a.O., S.24.
141) "The strength of the yen and American pressure on Taiwan and South Korea to upvalue their currencies make Thailand an attractive alternative for the export-oriented light manufacturing that Japan and the established Asian NICs will not be able to maintain competitively for much longer." *The Economist*, "Tropical Balance...", a.a.O., S.17.
142) Samarn Thangtongtawi, a.a.O., S.7.
143) UN-ESCAP, *Environmental Aspects of Transnational Corporation Activites in Pollution-Intensive Industries*, Bangkok 1989, S.26.
144) *Bangkok Post* vom 14.08.1989.
145) TDRI, *Thailand in the International Community*, Bangkok 1990, S.6.
146) Vgl. *epd - Dritte Welt Informationen*, "Mikroelektronik - Eine Chance für die Dritte Welt?", No.12/13 1988, S.5.
147) Finanzielle Zusammenarbeit (FZ) bedeutet, daß den Entwicklungsländern - hauptsächlich in Form günstiger Kredite - ein nichtrückzahlbarer Finanzierungsbeitrag zur Verfügung gestellt wird. Dies geschieht entweder für konkret vereinbarte Projekte und Programme, als Warenhilfe zur Deckung eines bestimmten Einfuhrbedarfs oder als Strukturhilfe zur Unterstützung struktureller Anpassungen in den Entwicklungsländern. Die Technische Zusammenarbeit (TZ) wird als Zuschuß gegeben. Generell unterscheidet man zwischen der staatlichen TZ, die im Auftrag einer Regierung durchgeführt wird, und der nichtstaatlichen TZ, die private Träger in eigener Verantwortung, aber mit staatlichen Zuschüssen gefördert, durchführen. Die Maßnahmen der TZ erfolgen unentgeltlich. Sie knüpfen an bestehende oder von Entwicklungsländern zu gründende Organisationseinheiten (Träger) an; die partnerschaftliche Zusammenarbeit mit den Entwicklungsländern soll diese befähigen, möglichst bald ihre Aufgaben ohne fremde Hilfe wahrnehmen zu können. Vgl. Journalisten-Handbuch, *Entwicklungspolitik '89/90*, Bonn 1989, S.19 u. 148-153.

## Anmerkungen zu Kapitel VI

148) Alle Zahlenangaben dieses Abschnitts, falls nicht anders ausgewiesen, beziehen sich auf offizielle Angaben des Auswärtigen Amts.
149) Weitere Fonds sind der ASEAN-Japan Development Funds (AJDF), die ASEAN-Japan Investment Corporation (AJIC) und die Japan-ASEAN Investment Corporation (JAIC). Vgl. *The Nation* vom 27.10.1989 und "The OECF has played the most significant role by far. In fact, Thailand has obtained a substantial portion of loans floated by OECF to developing countries... As Thailand has succeeded in developing its economy...funds given to Thailand in the form of ODA have gradually dried up." Ebenda.
150) Beispielhaft hierfür zu nennen ist der Weltbank-Report: Thailand Economic Memorandum. Building on the Recent Success - A Policy Framework, a.a.O.
151) Vgl. hierzu auch Kapitel IV, Abschnitt 2.2.
152) Der Betrag setzt sich wie folgt zusammen: Die Zusagen für FZ betragen bis 1989 einschließlich 974,7 Mio.DM; die TZ-Zusagen belaufen sich bis einschließlich 1989 auf insgesamt 622,5 Mio.DM; und die Thailand zugute kommenden multilateralen deutschen EZ-Leistungen über verschiedene internationale Organisationen (UNDP, ESCAP, UNIDO etc.) belaufen sich bis einschließlich 1989 auf rund 328 Mio.DM. Auswertung von Informationen der Bundesstelle für Außenhandelsinformationen (BfAI).
153) Ebenda.
154) Vgl. Köhler, Volkmar, "Förderung der ärmeren Landesteile Thailands", in: *Auslandskurier*, Nr.11, November 1987, S.38-39.
155) Auswertung von Informationen der Bundesstelle für Außenhandelsinformationen (BfAI).
156) Interview-Material.

## Summary in English

Thailand is rapidly and fundamentally changing. Once known as an agricultural country, it started industrializing some 30 years ago, a process which has accelerated in the past few years. Thailand is now tipped to join the ranks of the Newly Industrializing Countries to which its neighbours Hongkong, Taiwan, Singapore and South Korea already belong.

Thai Society has gradually been transformed by this industrialization and modernization. Changes in traditional economic and social systems, much of them rooted in rural life, have accelerated recently as well. The rapid and often forced pace of this change has had enormous social and economic consequences, not all of them positive.

Lying at the hub of Southeast Asia, Thailand has enjoyed consistent economic growth for around three decades. During the '60s and '70s average annual growth exceeded seven per cent, an impressive rate by any standards. But only over the last decade has Thailand become the real industrial powerhouse of the region. Abundant and inexpensive natural and human resources, a relatively stable political situation and an open-door policy to the outside world have succeeded in attracting a huge inflow of foreign capital and technology to the country.

The present cycle of growth kicked off in 1986 following a two-year world recession. Previously, the economy suffered from instability following a series of devastating oil crises and the resultant global disruption. The years since that time have been characterized by enormous rates of growth in almost all sectors.

Therefore, Thailand's post-war development can be broadly divided into three phases. The first (1950-72) was characterized by rapid growth and development, driven from the late 1950s by the adoption of an industrial strategy that was oriented to the private sector and by a rapid improvement in infrastructure. The second (1973-85) was dominated by the need for domestic adjustment in the face of severe external shocks: attempts to maintain growth through expansionary policies in the late 1970s were followed by a series of adjustment programmes designed to restore internal and external balance. From 1986 onward, these adjustment efforts, aided by a favourable external environment, began to bear fruit and Thailand embarked on a remarkable economic expansion.

Economic growth in the years since 1987 has run at over 10 per cent per annum, a rate which made the country the fastest growing economy in the region and perhaps in the world. With the growth has come an influx of foreign investment, growth of the service sector, especially tourism, reduced unemployment and manageable levels of inflation.

It also has brought significant changes in the structure of the economy. The principal change has been a general drift away from the agricultural sector, which has shrunk in overall importance, to the manufacturing sector, whose share of overall production grew from 21.8 per cent in 1986 to 25.4 per cent in 1990. Its share looks set to increase still further in the years ahead. Manufacturing output and exports have not only increased but become more diversified; more than half of the export growth over the period has been due to non-traditional exports including computer parts, consumer electronics, travel goods and toys. At the same time, both construction - associated with a boom in real estate prices and development - and services, particularly in the financial sector and as noted above in tourism, have grown rapidly.

Simultaneously, international trade has become much more important. The value of exports and imports grew from 44 per cent of GDP in 1986 to 68 per cent in 1990. On average, export revenues soared by over 25 per cent per year during the period, while tourism, another major foreign exchange earner, saw its importance grow in leaps and bounds.

The driving forces underlying the expansion have been two-fold: first, a boom in manufacturing exports which have grown by an average 29 per cent annually in volume terms during the period; and second, a surge in private investment, particularly in the export-oriented manufacturing sector, whose share in GDP more than doubled, from 14 per cent to 29 per cent between 1986 and 1990. These developments, in turn, had several common causes. First, by 1986 a depreciation of the baht had improved the competitiveness of Thai exports. Second, particularly after 1988, Thailand - like other countries in the region - benefited from a surge in foreign direct investment, much of which reflected plant relocations from Japan and the Asian NICs in response to economic restructuring in those countries. Third, export growth was also boosted by the elimination of most export taxes and other burdens on exporters, while domestic costs - particularly wages - remained quite low compared to Thailand's main competitors.

Problems came to a head in the latter part of 1989 and 1990. The accelerating economy brought with it inflation and serious instrastructure and manpower constraints. Infrastructural bottlenecks - which had been apparent for a number of years - became increasingly serious, especially in transportation, port capacity, and water and electric supply. At the same time, shortages of skilled labour, particularly engineers and technicians, began to emerge. Moreover, the strength of investment demand was reflected in buoyant capital inflows and in increasing balance of payments surpluses, resulting in turn in accelerated monetary growth, which the Bank of Thailand found increasingly difficult to sterilize, given the openness of the capital account and the limited monetary instruments at its disposal. The government already has turned its full attention to improving the infrastructure and authorities have also taken a number of steps to reduce shortages of skilled labour, but headway is being made slowly.

Although praises are sung for the country's economic progress, alongside the advances are stark poverty and an ever-increasing gap between the rich and the poor. There is a constant widening of social and spatial disparities and - due to an urban bias in the country's industrialization strategy - a deepening urban-rural gap. In this regard, poverty is primarily a rural phenomenon. About three quarters of the poor are farmers, typically located in less accessible areas and cultivating the less profitable crops such as rained glutinous rice, kenaf and jute. In opposite, poverty is least important in the Bangkok Metropolitan Region in which much of Thailand's recent growth has been concentrated.

Furthermore, environmental destruction has been devastating. Economic development has damaged the environment by encroaching on natural areas and threatening existing ecosystems, thereby depleting the country's resources and burdening the society with huge costs due to the damages wrought by natural disasters such as droughts, floods and soil erosion.

At the beginning of 1991, Thailand was looking forward to its first year of economic "downs" after half a decade of euphoric growth. The Gulf War with its promise of economic devastation lay just around the corner. The oil price, the pacemaker of all economies, was fluctuating at a high level and on an almost daily basis. And global trade looked like entering a period of decline and heightened protectionism following a breakdown in talks of the Uruguay Round.

To add to all that, the democratically elected government of Chatichai Choonhavan was overthrown by a military coup in the second month of the year and a new "caretaker" government was installed. To any other country in the world, such a scenario might have spelled economic disaster. And yet, on Thailand, there seem to have been few negative repercussions. The bearish global economic factors acted to cool down Thailand's already-overheating economy. Fears of inflation were stilled and greater stability brought to the economy while the rate of economic growth has been dragged down to levels below the double-digit rates experienced in previous years. Present estimates peg Thailand's growth rate (GDP expansion) for 1991 somewhere in the region of 8.5-9 per cent - way down on the performance of recent years but still high and much more manageable.

Yet, while there are good grounds for the widespread optimism that the country will reach the present stage of economic development of the so-called "four tigers" some time in the future, one must caution that this will by no means be an automatic process. Thailand is still at an early stage of industrialization and economic development. This means that development can turn either way: dynamically expanding such as in the East Asian countries or stagnating such as in countries in Latin America. In any case, it will take considerably more time for Thailand to become a NIC than for the East Asian countries. This is due to several structural differences in Thailand's development:

When East Asian countries embarked on their industrial development, there were no oil crises, little protectionism and little competition from other industrializing low-wage countries in the Third World. Also, East Asian countries are smaller than Thailand, both in territory as well as in population. Hence, it is easier to effect economic change so that it will not only benefit enclaves and a certain percentage of the urban population. "Trickle down effects" come about faster and the allocation of growth benefits tend to be spatially more equitable in small countries. Moreover, in a smaller territory infrastructure modernization can be achieved at a faster pace and at lower costs.

Additionally, at the beginning of their industrialization process East Asian countries had a smaller agricultural sector than Thailand, thus facilitating the transformation from traditional subsistence to capitalist agriculture. Given the fact that at present some 60 per cent of the Thai labour force is still engaged in agriculture, around 75 per cent living below or only marginally above the poverty line, it will take many years until the urban sector can gainfully absorb this agricultural "surplus" population. In Thailand this transformation from a rural into an urban society will thus need considerably more time than in East Asia.

At the present there is a strong tendency in Thailand to focus on the macro-economic experiences of these countries. While it is not denied that lessons can be drawn from such studies, it is important to recognize that Thailand still has the ability to choose between different concepts in her development strategy. This, for example, is the case with the proposal that, instead of becoming a NIC, Thailand should rather become a Newly Agro-Industrializing Country (NAIC). Such strategies might be more adequate because they seem better geared towards Thailand's resource endowment and competitive advantages.

However, one of the main economic challenges for Thai policymakers over the next years continues to be how best to sustain the expansion of the past four years. Efforts to improve the quality of economic growth, which has been affected in recent years by both environmental problems and by a deterioration in income distribution, will be crucial to ensure the sustainability of Thailand's development over the longer term. As, on the one hand, the role of the government recedes through deregulation and the various reforms designed to strengthen the role of the private sector, the policymakers, on the other hand, will need to devote increasing attention to the development of new, market-based instruments to reduce the environmental costs of economic development and to improve income distribution, while minimising the impact on incentives and growth.

# Literaturverzeichnis

## Monographien

Albrecht, Ulrich, *Internationale Politik, Einführung in das System internationaler Herrschaft*, München 1986
Atchaka Sibunruang, *Foreign Investment and Manufactured Exports in Thailand*, Bangkok 1986
Balassa, Bela, *Industrial Development Strategy in Thailand*, Washington D.C. 1980
Bohnet, Michael (Hrsg.), *Das Nord-Süd-Problem. Konflikte zwischen Industrie- und Entwicklungsländern*, München 1971
Bothe, Adrian/Leah Panganiban, *Exports as an Engine for Growth? The Philippines and Thailand*, Kiel 1985
Braun, Gerald, *Nord-Süd Konflikt und Entwicklungspolitik*, Opladen 1985
Bunge, Frederica M., *Thailand: A Country Study*, Washington D.C. 1981
Corrine Phuangkasem, *Determinants of Thailand's Foreign Policy Behavior*, Bangkok 1986
Deissmann, Gerhard, *Thailand - Allgemeine Wirtschaftskunde*, Bremen 1985
Donner, Wolf, *Thailand ohne Tempel - Lebensfragen eines Tropenlandes*, Frankfurt 1984
Economist Intelligence Unit (Hrsg.), *Thailand, Burma Country Profile 1989-90*, London 1989
Fajardo, Feliciano, *Economic Development*, Manila 1985
Garnaut, Ross (Hrsg.), *ASEAN in a Changing Pacific and World Economy*, Canberra 1980
Geiger, Wolfgang/Mansilla, H.C.F., *Unterentwicklung - Theorien und Strategien zu ihrer Überwindung*, Frankfurt 1983
Harris, Nigel, *The End of the Third World - Newly Industrializing Countries and the Decline of an Ideology*, New York/London 1986
Herrick, Bruce/Kindleberger, Charles P., *Economic Development*, Singapore 1983
Hohnholz, Jürgen, *Thailand*, Tübingen 1980
Jamlong Atikul, *A Planning Model for Thailand*, Bangkok 1976
Juanjai Ajanant/Supote Chunanuntathum/Sorrayuth Meenaphant, *Trade and Industrialization of Thailand*, Bangkok 1986
Kaiser, Martin/Wagner, Norbert, *Entwicklungspolitik. Grundlagen - Probleme - Aufgaben*, Bonn 1988
Kay, Cristobal, *Latin American Theories of Development and Underdevelopment*, New York 1989
Keyes, Charles F., *Thailand - Buddhist Kingdom as Modern Nation-State*, Bangkok 1989
Kramm, Lothar, *Politische Ökonomie. Eine kritische Darstellung*, München 1979
Kuhn, Thomas, *The Structure of Scientific Revolution*, Chicago 1970

Kulessa, Manfred (Hrsg.), *The Newly Industrializing Economies of Asia - Prospects of Co-operation*, Berlin 1990
Kunio, Yoshihara, *The Rise of Ersatz Capitalism in Southeast Asia*, Manila 1988
Lal, Deepak, *The Poverty of Development Economics*, London 1983
Likhit Dhiravegin, *Politics and Government of Thailand*, Bangkok 1985
Lindert, Peter H./Kindleberger, Charles P., *International Economics*, Quezon City 1982
Mingsarn Santikarn, *Technology Transfer - A Case Study*, Singapore 1981
Narongchai Akrasanee, *Thailand and ASEAN Economic Cooperation*, Singapore 1981
Nohlen, Dieter (Hrsg.), *Lexikon Dritte Welt - Länder, Organisationen, Theorien, Begriffe, Personen*, Hamburg 1984
Nohlen, Dieter/Nuscheler, Franz (Hrsg.), *Handbuch der Dritten Welt, Bd.1, Theorien und Indikatoren von Unterentwicklung und Entwicklung*, Hamburg 1974
Nuscheler, Franz, *Lern- und Arbeitsbuch Entwicklungspolitik*, Bonn 1987
Phisit Pakkasem, *Leading Issues in Thailand's Development Transformation 1960 - 1990*, Bangkok 1988
Phuangkasem, Corinne, *Thailand's Foreign Relations, 1964-80*, Singapore 1983
Rüland, Jürgen, *Another Asian Miracle in the Making? Thailand's Prospects of Becoming a NIC in the Nineties*, Freiburg 1989
Rüland, Jürgen (Hrsg.), *Urban Government and Development in Asia. Readings in Subnational Development*, München, Köln, London: Weltforum-Verlag 1988
Senghaas, Dieter (Hrsg.), *Imperialismus und strukturelle Gewalt. Analysen über abhängige Reproduktion*, Frankfurt a.M. 1972
Senghaas, Dieter (Hrsg.), *Peripherer Kapitalismus. Analysen über Abhänggigkeit und Unterentwicklung*, Frankfurt a.M. 1974
Sivaramakrishnan, K.C./Green, Leslie, *Metropolitan Management - The Asian Experience*, Oxford 1986
Somsak Tambunlertchai, *Foreign Direct Investment in Thailand's Manufacturing Industries*, London 1976
Somsakdi Xuto, *Strategies and Measures for the Development of Thailand in the 1980s*, Bangkok 1983
Suchart Prasithrathsint, *Thailand's National Development: Policy Issues and Challenges 1960-1990*, Bangkok 1987
Supote Chunanuntathum/Somsak Tambunlertchai/Atchana Wattananukit, *Trade and Financing Strategies for Thailand in the 1980s*, London 1987
Thaweewat Bhisanuwat, *Economics Study in Thailand*, London 1974
Turley, William S., *Confrontation or Coexistence - The Future of ASEAN-Vietnam Relations*, Bangkok 1985
Vinita Sukrasep, *ASEAN in International Relations*, Bangkok 1989
Zapf, Wolfgang (Hrsg.), *Theorien des sozialen Wandels*, Köln 1971

## Aufsätze

Albrecht, Jochen, "Thailands Eastern Seaboard Development Programme", in: *Südostasien aktuell*, Nr.3/6 November 1984
Albritton, Robert B./Thosaporn Sirisumphand, "Trade-offs between military spending and spending for economic development in Thailand 1961-1982", in: *Southeast Asian Journal of Social Science*, Nr.16/1 1988
Ammar Siamwalla, u.a., "A Dynamic Analysis of Thai Agricultural Growth: Some Lessons from the Past", in: TDRI (Hrsg.), *Quarterly Review*, Vol.5/No.1, March 1990
Angel, Shlomo, "'Where have all the people gone?' Urbanization and Counter-Urbanization in Thailand", in: *Journal of the Siam Society*, Vol.76, 1988
Angel, Shlomo/Supreeporn, Chuated, "The Down-Market Trend in Housing Production in Bangkok, 1980-87", in: *Third World Planning Review*, Vol.12, No.1/1990
Buszynski, Leszek, "New Aspirations and Old Constraints in Thailand's Foreign Policy", in: *Asian Survey*, Vol. XXiX, No.11/November 1989
Chomaak, Samphong, "A Thai Perspective on the Indochina Issue", in: Jackson, Karl/Wiwat Mungkandi (Hrsg.), *Thai-American Relations*, Berkeley 1986
Cumming-Bruce, Nicholas, "Thailand", in: *Asia & Pacific Review - The Economic and Business Report*, Hongkong 1990
Dag-Hammarskjöld-Bericht, "Was tun? Bericht über Entwicklung und internationale Zusammenarbeit", in: *Neue Entwicklungspolitik*, Heft2/3, Wien 1975
Dixon, Chris, "Thailand. Economy", in: *The Far East and Australasia 1986*, hrsg. von Europa Publications Limited, London 1986
Dos Santos, Theotonio, "Über die Struktur der Abhängigkeit", in: Senghaas, Dieter (Hrsg.), *Imperialismus und strukturelle Gewalt. Analysen über abhängige Reproduktion*, Frankfurt a.M. 1972
Economist, The (Hrsg.), "Survey of Thailand Tropical Balance", London Okt. 1987
Giles Ji Ungpakorn, "Factors Influencing the Balance of Power in Thailand", in: *Asian Review*, Vol.2 1988
Ginsburg, Norton, "Reflections on Primacy: Cases from Asia", in: Costa, Frank and Ass. (Hrsg.): *Asian Urbanization: Problems and Processes*, Berlin/Stuttgart 1988
Haftendorn, Helga, "Theorie der internationalen Beziehungen", in: Woyke, Wirchard, *Handwörterbuch Internationale Politik*, 3.Auflage, Opladen 1986
Ikemoto Y./Limskul, K., "Income Inequality and Regional Disparity in Thailand, 1962-1981", in: *The Developing Economies*, No.3 1987
Kohler, Wilhelm L., "Fernmeldewesen in Thailand", in: *Auslandskurier*, Nr.11/28, November 1987
Köhler, Volkmar, "Förderung der ärmeren Landesteile Thailands", in: *Auslandskurier*, Nr.11/28, November 1987

Lachmann, Werner, "Überwindung der Not in der Dritten Welt durch marktwirtschaftliche Ordnung?", in: *Aus Politik und Zeitgeschichte*, B8/87 Februar 1987
Likhit Dhiravegin, "Demi-Democracy and the Market Economy: The Case of Thailand", in: *Southeast Asian Journal of Social Science*, Vol.16/No.1, 1988
Luther, H.U., "Thailands Boom: Vom Kalten Krieg zum heißen Markt", in: *Südostasien Informationen*, Nr.3 September 1989
Luther, H.-U., "'Tiger' auf dem Sprung - in die Falle? Thailands neuere Wirtschaftsentwicklung und die gesellschaftlichen Folgen", in: *Südostasien Informationen*, Nr.4 Dezember 1990
Marini, Ruy M., "Dialektik der Abhängigkeit", in: Senghaas, Dieter (Hrsg.), *Peripherer Kapitalismus. Analysen über Abhängigkeit und Unterentwicklung*, Frankfurt a.M. 1974
Martellaro, Joseph A./Kanoklada Charoenthaitawee, "Buddhism and capitalism in Thailand", in: *Asian Profile*, Nr.15/2 April 1987
Medhi Krongkaew, "Agricultural Development, rural poverty and income distribution in Thailand", in: *The Developing Economies*, Nr.23/4 December 1985
Meier, Richard L., "The Measurement of Metropolitan Performance: Singapore and Bangkok as Peacemakers", in: Jacobson,Leo/Prakash, Ved (ed.): *Metropolitan Growth. Public Policy for South and Southeast Asia*, New York 1982
Narongchai Akrasanee, "ASEAN Economic Cooperation", in: Martin, Linda G. (Hrsg.), *The ASEAN Success Story. Social, Economic, and Political Dimensions*, Hawaii 1987
Nart Tuntawiroon, "Probleme der Ressourcenschöpfung und Umweltzerstörung", in: Hohnholz, Jürgen (Hrsg.), *Thailand*, Tübingen 1980
Neville, Warwick, "Economic development and the Labour force in Thailand", in: *Contemporary Southeast Asia*, Nr.8/2 September 1986
Nunnenkamp, Peter, "Die wirtschaftlichen Beziehungen zwischen Industrie- und Entwicklungsländern", in: *Aus Politik und Zeitgeschichte*, B33-34/87 August 1987
Nuscheler, Franz, "Zur Kritik an den Modernisierungstheorien", in: Nohlen, Dieter/Nuscheler, Franz (Hrsg.), *Handbuch der Dritten Welt*, Bd.1, Hamburg 1974
Paitoon Pongsabutra, "Die Landwirtschaft", in: Hohnholz, Jürgen (Hrsg.), *Thailand*, Tübingen 1980
Prapeerapat Sukon, "Infrastructure", in: Bangkok Bank, *Monthly Review*, Vol.31/No.5, May 1990
Prebisch, Raul, "Die Rohstoffexporte und die Verschlechterung der terms of trade", in: Bohnet, Michael (Hrsg.), *Das Nord-Süd-Problem. Konflikte zwischen Industrie- und Entwicklungsländern*, München 1971
Pretzell, Klaus Albrecht, "Malaysias 5. Entwicklungsplan und der 6. Entwicklungsplan Thailands: vergleichende Notizen", in: *Südostasien aktuell*, Nr.6/1 Januar 1987

Pretzell, Klaus Albrecht, "Politik in Thailand. Demokratie und Praxis, in: *Südostasien aktuell*, März 1990
Preyaluk Donavanik, "The Thai Chemical Industry", in: Bangkok Bank, *Monthly Review*, August 1988
Ramsay, Ansit, "Thailand: surviving the 1980's", in: *Current History*, Nr.86/519 April 1987
Rüland, Jürgen, "Politischer und sozialer Wandel in Thailand 1973 - 1988", in: *Aus Politik und Zeitgeschichte*, B44/89 Oktober 1989
Rüland, Jürgen, "Urbanization, Municipal Government and Development", in: *Probleme der Internationalen Zusammenarbeit* 106, Vierteljahresberichte 1986
Schier, Peter, "Anmerkungen hinsichtlich einiger elementarer Bestandteile einer dauerhaften politischen Lösung des Kambodscha-Konflikts", in: *Südostasien aktuell*, Mai 1989
Schmidt, Frithjof, "ASEAN - Eine Region im wirtschaftlichen Aufwind?", in: *Südostasien Informationen*, Nr.12 Dezember 1990
Schmidt-Kallert, Einhard, "Leben und Überleben in den Metropolen", in: *Südostasien Informationen*, Nr.3, September 1990
Senghaas, Dieter, "Autozentrierte Entwicklung", in: Nohlen/Nuscheler (Hrsg.), *Handbuch der Dritten Welt, Bd.1, Unterentwicklung und Entwicklung: Theorien - Strategien - Indikatoren*, Hamburg 1982
Senghaas, Dieter, "Die Entwicklungsproblematik - Überlegungen zum Stand der Diskussion", in: *Aus Politik und Zeitgeschichte*, B8/87 Februar 1987
Siriphan, Kitiprawat, "The Regional Dispersal of Manufacturing: Some Lessons from Japan and Taiwan", in: Bangkok Bank, *Monthly Review*, Vol.31/No.6, June 1990
Suchart Prasithrathsint, "Thailand in the 1980s: Strategies and Measures for Social and Population Development", in: Somsakdi Xuto, *Strategies and Measures for the Development of Thailand in the 1980s*, Bangkok 1983
Sunkel, Osvaldo, "Transnationale kapitalistische Integration und nationale Desintegration - Der Fall Lateinamerika", in: Senghaas, Dieter (Hrsg.), *Imperialismus und strukturelle Gewalt. Analysen über abhängige Reproduktion*, Frankfurt a.M. 1972
Suparb Pas-Ong, "Rückkehr nach Thailand", in: *Südostasien Informationen*, Nr.4, Dezember 1990
Suthy Prasartset, "The impact of transnational corporations on the economic structure of Thailand", in: *Alternatives*, Nr.7/4 1982
*Thailand - News and Information*, "The First-Year Records of the Chatichai Administration", No.70, London August 1989
Twatchai Yongkittikul, "Strategies and Measures for Thailand's Economic Development in the 1980s", in: Somsakdi Xuto, *Strategies and Measures for the Development of Thailand in the 1980s*, Bangkok 1983

Van der Kroof, Justus M., "Thailand and Cambodia: Between 'Trading Market' and Civil War", in: *Asian Profile*, Vol.18/No.3 June 1990
Villages, Bernado M., "The Challenge to ASEAN Economic Cooperation", in: *Contemporary Southeast Asia*, Vol.9, Nr.2, September 1987
Voravidh Charoenloet, "The crisis of state enterprises in Thailand", in: *Journal of Contemporary Southeast Asia*, Nr.19/2 1989
Wehmhoerner, A., "Gewerkschaften", in: Hohnholz, Jürgen, *Thailand*, Tübingen 1980
Wong, John., "ASEAN's Experience in Regional Cooperation", in: *Asian Development Review*, Vol.1/Nr.2 1985
Zühlsdorf, V., "Regierung und Politische Institutionen", in: Hohnholz, Jürgen, *Thailand*, Tübingen 1980

**Dokumente/Statistiken**

Bangkok Bank, *Annual Report 1989*, Bangkok 1990
Bangkok Bank, *Monthly Review*, August 1988, February - June 1990, Bangkok
Bank of Thailand, *Annual Economic Report 1988*, Bangkok 1989
Board of Investment, *Thailand: Key Indicators*, Bangkok 1986
Botschaft der Bundesrepublik Deutschland, Länderaufzeichnung Thailand, Bangkok 1989
Botschaft der Bundesrepublik Deutschland, Industrialisierung Thailands, Wi 402.10/5 Nr. 0418/89, Bangkok 1989
Botschaft der Bundesrepublik Deutschland, Eastern Seaboard Development Programme (ESDB), Wi 402.10/5 Gr/Wa, Bangkok 1989
Botschaft der Bundesrepublik Deutschland, Industrialisierung Thailands, Wi 402.10/5 Nr. 1417/87, Bangkok 1987
Botschaft der Bundesrepublik Deutschland, Jahresbericht Thailand 1988, Bangkok 1989
Botschaft der Bundesrepublik Deutschland, Thailändische Wirtschaftspolitik, Wi 400 Nr. 0568/89, Bangkok 1989
Botschaft der Bundesrepublik Deutschland, Forst- und Holzwirtschaft in Thailand, Wi 403.00 Nr. 0158/90, Bangkok 1990
Botschaft der Bundesrepublik Deutschland, Wirtschaftslage Thailands zum Jahresende 1989, Wi 400.10 Nr. 1851/89, Bangkok 1990
Botschaft der Bundesrepublik Deutschland, Bericht über die entwicklungspolitische Zusammenarbeit mit Thailand, EZ 440.00, Bangkok 1989
Bundesministerium für wirtschaftliche Zusammenarbeit (BMZ), *Achter Bericht zur Entwicklungspolitik der Bundesregierung*, Bonn 1990
Bundesstelle für Außenhandelsinformationen (BfAI), *Kurzmerkblatt Thailand*, Bonn 1989

Bundesstelle für Außenhandelsinformationen (BfAI), *Schwellenländer in Asien*, Bonn 1990
Bundesstelle für Außenhandelsinformationen (BfAI), *Wirtschaftsdaten aktuell*, Bonn 1990
*Fact Sheet on Thailand, Oil & Gas Development in Thailand*, Bangkok 1987
International Monetary Fund (IMF), Thailand - Recent Economic Developments, Staff Paper SM/89/37, Washington D.C. 1989
International Monetary Fund (IMF), Thailand - Staff Report for the 1988 Article IV Consultations, Staff Paper SM/89/24, Washington D.C. 1989
National Economic and Social Development Board (NESDB), *The Sixth National Economic and Social Development Plan (1987-1991)*, Bangkok 1987
National Economic and Social Development Board (NESDB), *Energy Issues and Policy Directions in the Sixth National Economic and Social Development Plan (1987-1991)*, Bangkok 1985
National Environment Board, *Eastern Seaboard - Regional Environmental Management Plan*, Vol.1 & 2, Bangkok 1986
Statistisches Bundesamt, Statistik des Auslands, *Länderbericht Thailand 1987*, Wiesbaden 1987
Thailand Development Research Institute (TDRI), *Thailand Economic Information Kit*, Bangkok 1988 und 1990
Thailand Development Research Institute (TDRI), *Thailand Natural Resources Profile - Is the resource base for Thailand's development sustainable?*, Bangkok 1987
Thailand Development Research Institute (TDRI), *National Strategy for Major Accident Prevention in the Chemical Industry*, Bangkok 1986
Thailand Development Research Institute (TDRI), *Quarterly Review*, Vol.5/No.1, March 1990
UN-ESCAP, *Economic and Social Survey of Asia and the Pacific 1989*, Bangkok 1990
UN-ESCAP, *Transnational Corporations from Developing Asian Economies*, Bangkok 1985
UN-ESCAP, *An Evaluation of Export Processing Zones in Selected Asian Countries*, Bangkok 1985
UN-ESCAP, *Patterns and Impact of Foreign Investment in the ESCAP Region*, Bangkok 1985
UN-ESCAP, Report on the Seminar on Planning Regional Economic Co-operation, Moscow, Riga, USSR, 17 September - 3 October 1988, For Participants Only, Bangkok 1989
UN-ESCAP, Background Paper: Restructuring the Developing Economies of Asia and the Pacific in the 1990s, For Participants Only, Bangkok 1989
UN-ESCAP, Restructuring and Strategies, Background Papers Nos. 5 and 6, For Participants Only, Bangkok 1989

UN-ESCAP, Consultant-Report Thailand. Unveröffentlichtes Manuskript, Bangkok 1989
UN-ESCAP, *Trends in Migration and Urbanization in Selected ESCAP Countries*, Bangkok 1988
UN, Population Growth and Policies in Mega-Cities - Bangkok. Population Policy Paper No.18, New York 1987
World Bank, *Annual Report 1988* und *1989*, Washigton D.C. 1988/1989
World Bank, *World Development Report 1988* und *1989*, Washington D.C. 1988/1989
World Bank, *The Development Data Book. A Guide to Social and Economic Statistics*, Washington D.C. 1988
World Bank, *Thailand. Industrial Development Strategy in Thailand*, Washington D.C. 1980
World Bank, Thailand Country Economic Memorandum: Building on the Recent Success - A Policy Framework, For official use only. Restricted distribution. Not available in any bookstore., Washington D.C. 1989

**Wissenschaftliche Periodika**

*Aktueller Informationsdienst Asien und Südpazifik* (Hamburg)
Allgemeine Statistik des Auslandes/*Länderbericht Thailand* (Bonn)
*Alternatives* (Guildford)
Asian Development Bank: *Vierteljahresbericht* (Manila)
*Asian Development Review* (Manila)
*The Asian Economic Review* (Hyderabad)
*Asian Profile* (Hongkong)
*Asian Studies* (Quezon City)
*Asian Survey* (Berkeley/Cal.)
*Asien* (Hamburg)
*Aus Politik und Zeitgeschichte* (Bonn)
Bank of Thailand: *Monthly Review* (Bangkok)
Bank of Thailand: *Quarterly Bulletin* (Bangkok)
*Blickpunkt Thailand* (Bonn)
*Contemporary Southeast Asia* (Singapore)
*Current History* (Philadelphia/Pa.)
*The Developing Economies* (Tokyo)
*Economic and Social Survey for Asia and the Pacific* (Bangkok)
*Entwicklung und Zusammenarbeit* (Bonn)
*Entwicklungspolitik: Materialien* (Bonn)
*Entwicklungspolitik: Spiegel der Presse* (Bonn)
*epd-Entwicklungspolitik: Dritte Welt Informationen* (Frankfurt)

*Focus on Thailand* (Bangkok)
*Journal of Contemporary Asia* (Manila)
*Journal of Developing Economies* (Amsterdam)
*Journal of Development Studies* (London)
*Journal of Southeast Asian Studies* (Singapore)
*Sarilakas* (Manila)
*South East Asian Economic Review* (Kuala Lumpur)
*Southeast Asian Journal of Social Science* (Singapore)
*Südostasien aktuell* (Hamburg)
*Südostasien Informationen* (Bochum)
*Thailand: News and Information* (London)
TDRI: *Quarterly Review* (Bangkok)


**Zeitungen**

*Asian Wall Street Journal* (Hongkong)
*Asiaweek* (Hongkong)
*The Bangkok Post* (Bangkok)
*The Economist* (London)
*Far Eastern Economic Review* (Hongkong)
*Frankfurter Allgemeine Zeitung* (Frankfurt)
*Frankfurter Rundschau* (Frankfurt)
*International Herald Tribune* (London)
*The Nation* (Bangkok)
*Newsweek* (New York)
*Der Spiegel* (Hamburg)
*Süddeutsche Zeitung* (München)
*Der Tagesspiegel* (Berlin)
*Time* (New York)
*Die Zeit* (Hamburg)


**Nachschlagewerke**
*Aktuell '89* (Dortmund)
*Dritte Welt Lexikon* (Hamburg)
*Handbuch der Dritten Welt* (Hamburg)
*Jahrbuch Dritte Welt 1991* (München)
*Journalisten Handbuch Entwicklungspolitik '89/90* (Bonn)
*Internationale Beziehungen* (Opladen)

## Weiterführende Literatur

Abramowski, Günther, *Das Geschichtsbild Max Webers*, Stuttgart 1966
Almond, Gabriel A./Coleman, James S. (Hrsg.), *The Politics of the Developing Areas*, Princeton 1960
Baran, Paul A., *Politische Ökonomie des wirtschaftlichen Wachstums*, Berlin 1966
Bhagwati, Jagdish, *Foreign Trade Regimes and Economic Development: Anatomy and Consequences of Exchange Control Regimes*, Cambridge 1978
Czada, Peter/Tolksdorf, Michael/ Yenal, Alparslan, *Wirtschaftspolitik - Aktuelle Problemfelder*, Berlin 1987
Eisenstadt, Samuel N., *Tradition, Wandel und Modernität*, Frankfurt a.M. 1979
Frank, Andre G., *Abhängige Akkumulation und Unterentwicklung*, Frankfurt a.M. 1980
Lerner, David, *The Passing of Traditional Society*, Glencoe 1958
Levy, Marion J., *Modernization and the Structure of Societies*, Princeton 1966
Martin, Sherman Lee, *A Developing Nation - An Analysis of Research and Development Constraints within Thailand*, Washington D.C. 1975
Myrdal, G., *Ökonomische Theorie und Unterentwickelte Regionen - Weltproblem Armut*, Frankfurt a.M. 1974
Parsons, Talcott/Shils, Edward A. (Hrsg.), *Toward a General Theory of Action*, New York 1965
Perroux, Francois, *Independance de l'economie nationale et interdependance des nations*, Paris 1972
Prebisch, Raul, *Für eine bessere Zukunft der Entwicklungsländer. Ausgewählte ökonomische Studien*, Berlin 1967
Ricardo, David, *Works and Correspondences*, London 1951
Rostow, Walt W., *Stages of Economic Growth*, New York 1971
Smith, Adam, *Der Wohlstand der Nationen - Eine Untersuchung seiner Natur und seiner Ursachen*, München 1974

# Südostasien aktuell

**Institut für Asienkunde Hamburg**

## Informationsauswertung über Südostasien

Dies erfordert, Informationen aus zahlreichen Quellen in mehreren Sprachen systematisch und kontinuierlich auszuwerten.

## Dafür haben Sie keine Zeit! Wir lesen für Sie

und veröffentlichen die verarbeiteten Informationen über diese Länder für Interessierte in Politik, Medien und Wissenschaft leicht abfragbar in der alle zwei Monate erscheinenden Zeitschrift Südostasien aktuell.

Wir informieren Sie im jeweiligen Berichtszeitraum über zusammenhängende Ereignisse in Südostasien allgemein, in den ASEAN-Ländern und über die Rolle Japans in der Region. Danach folgen Länderinformationen über Thailand, Malaysia, Singapur, Indonesien, die Philippinen, Birma, Brunei und Papua-Neuguinea sowie ein Informationsteil für Laos, Kambodscha und Vietnam.

Wichtige Entwicklungen und Zusammenhänge werden in speziellen Artikeln analysiert. Ein Anhang enthält wichtige Gesetze, Erklärungen usw.

*Studentenabonnement DM 60.- plus Porto
Bei Vorlage der Immatrikulationsbescheinigung*

**Jahresabonnement, 6 Hefte, (zuzügl. Porto): DM 96.–
Einzelheft (zuzügl. Porto): DM 16.–
Bitte fordern Sie ein Probeheft an.
Zu bestellen beim Herausgeber:**

## Institut für Asienkunde

**Rothenbaumchaussee 32 - W-2000 Hamburg 13
Telefon (040) 44 30 01-03 - Fax (040) 410 79 45**

Werner Draguhn (Hrsg.)

# Asiens Schwellenländer: Dritte Weltwirtschaftsregion?

**Wirtschaftsentwicklung und Politik der "Vier kleinen Tiger" sowie Thailands, Malaysias und Indonesiens**

Mitteilungen des Instituts für Asienkunde Hamburg, Nr. 195
Hamburg 1991, 171 S., DM 28,-

Im Schatten Japans sind in den letzten drei Jahrzehnten, bedingt durch anhaltendes wirtschaftliches Hochwachstum und einen ungebrochenen Strukturwandel und angetrieben von einer historisch bisher einzigartigen Dynamik, eine ganze Reihe von Ländern zu erfolgreichen "NIEs" und aufstrebenden Entwicklungsländern herangewachsen. Sie sind gekennzeichnet durch ein aus dem Erfolg geborenes Selbstbewußtsein, nicht durch "sklavische Nachahmung", sondern teilweise eigene Antworten auf politisch-wirtschaftliche Herausforderungen, durch spätestens seit Mitte der 80er Jahre einsetzende eindeutige Integrationstendenzen zu einer neuen Weltwirtschaftsregion mit eigenständigen Konturen, durch eine politische Kultur, die nationales Wirtschaften und eine starke weltwirtschaftliche Position der eigenen Volkswirtschaft als höchste "nationale Mission" empfindet, begleitet von einem starken Demokratisierungstrend und einem wachsenden Druck zur gleichmäßigeren Einkommensverteilung, verbunden mit einer beschleunigten Verlagerung von arbeitsintensiven Produktionsstätten nach Südostasien und damit indirekt zu verstärkten Integrationserscheinungen der Gesamtregion. Daß diese wirtschaftlichen Erfolgsfälle ausnahmslos in sogenannten konfuzianischen bzw. post- oder metakonfuzianischen Gesellschaften zu finden sind, ist sicher nicht mit bloßer Zufälligkeit erklärbar. Jedoch zwingt eine eingehende Betrachtung zu einer deutlichen Relativierung des "konfuzianischen Erklärungsmusters".

Im vorliegenden Sammelband werden zunächst diese Grundthesen zur Entwicklung in Ost- und Südostasien herausgearbeitet. Dann folgen Einzelbeiträge, die die Besonderheiten der wirtschaftlichen Entwicklungsstrategien und politischen Implikationen bei den "Vier kleinen Tigern" (Singapur, Südkorea, Taiwan, Hongkong) sowie den aufstrebenden Entwicklungsländern Thailand, Malaysia und Indonesien herausarbeiten.

Zu beziehen durch:

**Institut für Asienkunde
Rothenbaumchaussee 32
W-2000 Hamburg 13**
Tel.: (040) 44 30 01-03
Fax: (040) 410 79 45